云南省中青年学术和技术带头人后备人才项目资助
大理大学学科团队建设项目资助

成人与成己

问道教育之学

田夏彪 —— 著

九州出版社
JIUZHOUPRESS

图书在版编目（CIP）数据

成人与成己：问道教育之学 / 田夏彪著. —北京：
九州出版社，2023.3
ISBN 978-7-5225-1447-5

Ⅰ.①成… Ⅱ.①田… Ⅲ.①学校教育－研究 Ⅳ.
①G4

中国版本图书馆CIP数据核字（2022）第224730号

成人与成己：问道教育之学

作　者	田夏彪　著	
责任编辑	周红斌	
出版发行	九州出版社	
地　址	北京市西城区阜外大街甲35号（100037）	
发行电话	（010）68992190/3/5/6	
网　址	www.jiuzhoupress.com	
印　刷	天津中印联印务有限公司	
开　本	710毫米×1000毫米　16开	
印　张	21	
字　数	310千字	
版　次	2023年3月第1版	
印　次	2023年3月第1次印刷	
书　号	ISBN 978-7-5225-1447-5	
定　价	69.00元	

目 录
CONTENTS

第二编　学校是打开学生生命亮光的窗口

第三编　教学是开启师生生命交往的场域

总　论

　　学校教育从"五育"并举到"五育"融合，其所涉及的共同问题是用什么内容来"育人"，以怎样的形式来"育人"，又如何实现内容和形式相统一。"五育"，即人们常常所言的"德、智、体、美、劳"五个方面，它融合了学校教育形式之现实和理想。之所以说是现实，是因为学校的教育方式事实上是"五育"并举的，学生在学校的学习生活受"德、智、体、美、劳"各"育"的影响，虽然各"育"所占分量在不同学校、不同学生中有所差异，但五育皆有为现实；之所以说是理想，是因为五育并举不乏呈各行其是之状态，相互间尚未形成有机的整体，难以发挥其促进学生身心和谐的作用，故而走向融合是理想。结合现实，对学校五育融合实践的思考，除了从横向层面看到"五育"由"不全"到"并举"再至"融合"所体现出的学校教育内容充实、进步之外，更应从纵向层面审视出"五育"由"不足"到"多元"再至"融合"所隐匿着的学校教育价值导向转变。前者涉及学校教育的结构要素，讲求外在内容的全面和系统性，可谓之"五育"并举；后者涉及学校教育的精神气质，注重其内在的自由和主体性，可谓之"五育"融合。

　　因此，"五育"融合实乃是培养学生全面自由发展的学校教育之道，这意味着，"五育"融合在内容结构上不只是"数量"之补充，在形式上也不只是"类型"之变化，而是在生产力和科学技术日新月异、文化价值多元碰撞的新时代背景下，学生在面对经由历史发展所形成的更为复杂多变的诸如感性与理性、现实与理想、共性与个性、自然与社会等社会矛盾关系时，让讲求外在内容的"五育"融合为注重内在而自由的教育理念，围绕学生身心的全面、自由发展来选择、组织和构建"活"的学校教育内容和形式，切实让学生成为学习的主人，在"乐学""共学""用学"中不断去认识和超越自我，成为具有终身学习意识的生命主体，在学习和生活中有理有节、有义有情地去发挥自己的知、情、意、行，为他人、社会和世界增添文明和温情。

一、师生关系的"源始性"：学校"五育"融合实践的生命关怀

学校"五育"融合的实质，在于所培养的学生身心能够得到全面而个性化的发展。其中，"全面"是基于现实的社会关系而非抽象的知识结构，作为人类自我意识表征的知识理论不应只起着"解释世界"的功能，还要朝着具有"改变世界"的作用转化；"个性"是基于具体的主体性个体而非单个人所固有的抽象物，作为个体的人不仅具有类本质，还可凭借自我个性拓展人类潜能的向度。那么，促进学生全面而个性化发展之所以可能的教育力量何在？其优先性是不是在于人类引以为傲的"知识""理性"或"技术"？或者说以"知识""理性""技术"为内容和方法的教育能不能直接促进学生全面而个性化发展？

（一）师生现实交往：学校"五育"融合实践的属人关系

学校"五育"融合不被抽象的意识或知识所遮蔽，一个直接的验证就是回到教育的源初关系领域，即教育者和学习者之间的现实交往关系，这种关系没有被逻辑的理性或知识所完全覆盖，其中有着前"逻辑、理性或知识"的感性生活，"意识在任何时候都只能是被意识到了存在，而人们的存在就是他们的实际生活过程……思辨终止的地方，即在现实生活面前，真是描述人们的实践活动和实际发展过程的真正实证的科学开始的地方"[1]"这种活动、这种连续不断的感性劳动和创造、这种生产，是整个现存感性世界的非常深刻的基础"[2]。作为教育，当人们言说着"教书育人""师者,所以传道授业解惑也""经师易得，人师难求"的话语时，其实就透显了师生之间感性意识的

[1] 马克思.1844年经济学哲学手稿［M］.北京：人民出版社，1979：123-124.

[2] 中共中央马克思恩格斯列宁斯大林著作编译局.马克思恩格斯选集（第1卷）［M］.北京：人民出版社，1972：30-31.

生命交往是教育意义生发的源始性力量，摆在师生面前的教育世界不单是逻辑的、理性的知识世界，而是活生生的作为"人"的教师和作为"人"的学生之间现实的生命世界。

只要思及教育的本质，师生关系当是不可还原之"先在"的教育源初存在。既然培养人的实践活动是教育之本质，教育者和学习者之间"人与人"的关系是基础，且这种"人与人"的关系要在实践中向具有教育性的"师生"关系转变，那么"先在"的师生关系作为一种"源始性"的力量融于教育实践的"全体系"之中，无"师"或无"生"、无"师生"之属人的现实"关系"的教育不复存在，因为"无人"（无论形式还是目的）的教育是不能称之为教育的。那么，紧接着的问题在于具有教育性的"师生关系"的前提又是什么？是不是有名之为"教师"和"学生"的人存在就意味着"师生关系"的自动发生？未必，否则现实中也就不会把"师生关系"作为一个理论和实践问题来探讨，恰恰是由于在实践中，"教师"和"学生"之间缺乏教育性的"师生关系"而被人们指摘或批评，因为二者建立起的"师生关系"往往被以"知识为中心"而抽象化、客观化和形式化，被所谓纯粹的思辨理性所取代，师生之间结成的主要是以逻辑主导的认知关系，现实中他们都将其视为教育的生命线和自我教育核心所在，从而把各自作为人之生命的丰富性遮蔽起来，围绕着知识就是分数的理性认知而展开彼此间的要求和回应。这就是学校教育里师生关系总"缺点什么"的重要原因，实践中，教育者和学习者之间没有将自我感性意识完整地加以对象化，没有视彼此为自我生命绽放的源动力，相反，都只是成为为了完成知识学习和教学任务的环节要素而已。显然，围绕着知识的教学和学习而结成的师生关系是难以完成好育人的根本使命的，因为这样的师生关系是作为手段服务于抽象的知识、理论和技术，教师和学生作为人的感性意识生命未得以应用，这也就意味着师生之间没有立足于生命的丰富性来交往，教育单纯变成了用"知识"来武装人的活动，是"知识"把师生联系在一起，而非是师生利用"知识"来实现生命的相互拓展。虽然这一过程都与知识有关，但前者的知识成了"主体"，后者才是师生感性意识得以呈现的方式。所以，作为以人的全面而个性发展为目的之"五育"融合实践，理当重视师生关系在育人中的基础作用，将之前只是从抽象的"知识原理"来认识师生关系重要性的思路转变为从动态的实践交往中发挥师生关系的积极影响，双方立足于现实的社会发展来开启追求真善美的教育人生。

（二）实在整体的人：学校"五育"融合实践的敞亮人性

学校"五育"融合实践之最坚实、最丰富的现实基础就在于师生之间始终以"人与人"的方式展开教育交往，他们都是有着真切的社会生命，虽然其主观的经验内容会存有差异，但这种差异又是建立在时代的土壤之上的，故而作为教育者的教师，始终是以自我作为社会的主体并按照时代和民族精神来育人。从现实意义来看，这种育人只能以实践的方式，与同样作为社会主体的受教育者——学生展开交心对话、榜样引领、共同体验，才能将认知、情感、意志在师生间达成共通，进而将之导向于诸如知识、道德、技术等的学习和运用之中。换言之，学校"五育"融合实践的最终目的是要培养"德、智、体、美、劳"全面而个性发展的人，这种全面发展的人不是"德、智、体、美、劳"任何一方面或所有方面的"理论知识"发展，而是实在的整体的"人"的发展，其最终离不开由师生之间建立起敞亮的人性交往关系。

在学校教育场域中，教育活动始终是弥散的，其不能固定地、静止地、实体性地存在于某处，需要师生对各自所遭遇到的各种问题、事件以一个对话者的身份向对方进行"展露"，其中融合了师生过往生命的全部经验，虽然他们，尤其是学生对知识的认识、理解是不成熟的，然而却是十分真实的，师生之间的交往正是需要他们将对知识的切身体悟"感性"地表达出来，这样，作为教育者的教师才能把握住学生身心发展的状态，也才能有针对性地给予回应。同时，作为学习者的学生在教师坦诚、真心的关切下，感受到教师对知识相关问题的看法与自己的看法的不同，逐渐获得自我认同感，从而使其与教师的交往变得日益"人化"，以情感的信赖、知识的对话、价值观的树立、行为的践行来完成整个身心的发展。可以说，建立在"人与人"交往基础上的师生关系是"感性意识"的，双方在学校教育教学中是"对象性"的存在，教师以学生身心发展为其教育教学构建的中心，学生身心的积极变化是教师所期望的目的，并为实现这一目的而会让自我融入学生的学习生活中，在与学生持续的交往实践中不断促进其发展。学生以老师是一个对话者、榜样伙伴而主动与之交流学习生活，把老师的思维、方法、价值和建议等融进自我学习过程中。总之，学校五育融合实践得以有效实施，良好的师生关系是其源始性的教育力量。良好的师生关系并非是建立在抽象的"知识为王"上，而是回归到教师带领学生去到生命敞亮的本真中，在此过程中师生以"人与人"的感性意识关系来面对知识、技术或种种抽象理论的学习，经由历史传统、现实和未来社会发展的文化经验、时代精神和价值诉求的关注，师生一道以各自生命成长的处境和背景来展开教育教学实践交往，不断把知识和价值、现实和理想、理论与实践种种矛盾关系通过学习、探讨和行动统一到真善美的追求上。

二、课程内容的"综合性"：学校"五育"融合实践的生存融入

马克思有这样一个著名观点，"人的存在是有机生命所经历的前一个过程的结果。只是在这个过程的一定阶段上，人才成为人。但是一旦人已经存在，人，作为人类历史的经常前提，也是人类历史的经常的产物和结果，而人只有作为自己本身的产物和结果才成为前提"[1]。据于此，学校五育融合实践是现实的，其现实性在于它是人类过往历史经验发展走向未来在教育中的反映，这种反映体现为社会对人才身心素质能力的时代性要求，其中很重要的一方面在于社会建设进程中如何处理好传统与现代之间的适度张力。

（一）人文精神为导向：学校"五育"融合实践的现实性

作为自己本身产物和结果的人类，历史不是既往的过去，而是既往过去在现实中的延续，并经由当前人类面临的矛盾问题而走向永恒未来。这是一条充满着人类"感性意识"的道路，如果说过往的历史经验是人类创造历史

---

[1]　弗里德里希·恩格斯.马克思恩格斯全集（第26卷）.[M].北京：人民出版社，1973：545.

的前提，这前提既包括已有的一切生产力的物质总和，也包括了已有的生产方式、生产关系、价值观念、社会制度，置身现实中的人类正切身经历着历史给予他们生命的"希望和忧愁"。"希望"是人类已经从自身与周遭世界的对象性关系中证明拥有了对世界的规定和支配；"忧愁"是人类在自身所创造的世界里又遭遇种种的困境，诸如自然生态环境危机、资本和技术的异化等。而"希望"与"忧愁"又是如影随形的伴随着人类的现实生活。如何才能确保"希望"与"忧愁"的适度张力，不让"希望"变成单极的绝对，如物质追求上变为"拜物教"、理性上变为"唯科学主义"、价值上变为"霸权主义"等，也不让"忧愁"变成理性主宰下"资本"横行而强者通吃的境地，让民主、正义变成理性下的"公平"而给普通民众带来"无声的叹息"。正因为如此，马克思建立在现实生活实践基础上的辩证法，以人们在"感性意识"的社会交往中不断通过自我肯定和自我否定的矛盾运动来参与历史的构建，结合自我或本土的实际在面向未来和他文化共同构成的世界中走好自己的路。马克思在《资本论》中写道："辩证法在对现存事物的肯定的理解中同时包含对现存事物的否定的理解，即对现存事物的必然灭亡的理解；辩证法对每一种既成的形式都是从不断的运动中，因而也是从它的暂时性方面去理解；辩证法不崇拜任何东西，按其本质来说，它是批判的和革命的"[1]。以新时代中国特色社会主义现代化建设来看，其正是基于人们"感性意识"的现实出发，面对人民日益增长的美好生活需要和不平衡不充分的发展之间的矛盾，在以科学和技术为"第一生产力"，大力推动物质经济建设水平的同时，也要激活和发挥中华民族"天下一家""天人合一"的德性精神，让"资本""技术"为人的生存发展服务。换言之，面向未来的历史需要人们立足历史的现实来进行创造，创造历史的人类要积极融入和参与世界文明的构建，不能以所谓"绝对性""唯一性"的抽象或实体化的真理和价值是从，而避免此陷阱之方法或路向是重视自我文化精神传统，将"仁义""诚信""民胞物与"等人文德性加以激活创新，实现其与现代文明的内嵌共生，走出新时代有特色个性

---

[1] 马克思.资本论（第1卷）[M].北京：人民出版社，2004：22.

的现代化发展道路，这无疑是摆在人们或中国人面前的最重要的现实。

在这现实面前，作为培养人的学校，"五育"融合实践恰恰是对时代发展的一种"回应"和"征兆"。作为回应，学校要以全面发展教育为导向，将现代化科学知识、技术和价值观念作为重要内容，让学生身心与时俱进地发展；作为征兆，学校育人实践要对现代化教育发展的片面性，对唯分数论的现实保持清醒的批判，对与时代发展的创新精神和以人为本的价值理念所背离的教育思维和行为加以反思和改革。因此，学校"五育"融合实践是面向现实的，其所要培养的全面发展的人是融于社会历史之中的，所以其身心成长受到社会历史的影响，而社会历史历来就是重要的教育力量，这种教育力量在学校教育中并不会削弱其现实性，而会强力推动社会前进。这之所以可能就在于学校教育将社会历史人物中的本质力量或自我意识转化为了系统化的理论知识，并通过实践或感性意识来促使理论知识不断与现实生活发生矛盾，让教育主体在自我肯定中自我否定、自我否定中自我肯定，从而认识到两者的辩证统一关系，最终认识自我、解放自我和定位自我。

（二）行动参与为方法：学校"五育"融合实践的社会性

学校五育"融合"实践在形式构建上的进路在当下主要有"三"。其一，对既有分科课程的"综合"，以一种多元跨学科知识的融合形成新的综合课程。然而，从理论上讲，此综合课程虽在知识上实现一定程度的交融，有益于学生思维的发散，对学习任务和问题的分析有着系统而不单一的学科视角，能够比较全面地反映出所探究对象的实际情况。可从现实来看，综合课程并未与分科课程有实质性的区别，其终究只是将分科课程"形式地"综合在了一起。其二，在教学中对既有的分科课程加大课程资源的开发和利用，充分发挥学科知识自身的系统性、逻辑性，并在此基础上融入人类多元文化经验来加以阐述分析，使得分科课程知识在一定程度上更容易被学生理解与内化。但由于不同教师对分科课程知识以外的其他知识储备是有差异的，不可能有统一的标准和相应的层次要求，因而要在分科课程的教学中追求"综合"的完美课堂效果往往具有或倾向相对主义。并且，既然是分科课程，其最终的教学导向还得落脚在学科知识体系上，在一定程度上也难免会抽象化。其三，为了冲破这一藩篱，活动课程似乎是不错的选择。的确，从表象上来看，活动课程围绕着问题指导学习者"做"或"行动"，强调其在参与中获得经验，更加突出其实用性，这似乎是有利无弊的。其实不然，且不论活动课程实施的障碍有多大，比如教育对象规模较大、活动材料和时间有限等都会造成活动课程普及和实施受限，单说基于活动本身来解决问题及获得经验这一目的就不一定能达到，往往会因为缺乏历史纵深的维度使活动课程停留于表象。总体来说，这三大进路存在的矛盾主要在于抽象的理论知识"具体化"问题，也即"抽象知识"与"现实世界"如何连接的问题，包括"理论知识"如何转化为现实的实践能力，而不是停留于抽象层面——"名词或概念化"的机械虚无或"解释世界"的说明功能。

于此，我们来看看马克思"感性意识"思想所具有的生命力表现及其带来的启示，"我们就不是以空论家的姿态，手中拿了一套现成的新原理向世界喝道：真理在这里，向它跪拜吧！我们是从世界本身的原理中为世界阐发新原理"[1]。在这里，作为真理或原理的知识不是来自"真理或原理"自身，而是来自"世界本身"，作为"世界本身"的真理只能是历史，是由感性的人所做的有意识的感性活动所创造的历史。那种把"真理"绝对化的"主观"和"教条"在马克思看来恰恰是远离了真理，马克思在《哲学的贫困》中写道："用这种方法抽去每一个主题的一切有生命的或无生命的所谓偶性，人或物，我们就有理由说，在最后的抽象中，作为实体的将是一些逻辑范畴。所以形而上学者也就有理由说，世界上的事物是逻辑范畴这块底布上绣成的花卉：他们在进行这些抽象时，自以为在进行分析，他们越来越远离物体，而自以为越来越接近，以至于深入物体"[2]。这些论述，对于当前学校"五育"融合实践避免形式化无疑是一剂"清醒针"。学校五育"融合"问题的实质不是课程内容或体系丰富与否或分合，而是培养学生的实践问题，或者说如何在

---

[1] 马克思恩格斯全集［M］.北京：人民出版社，1956：418.
[2] 马克思恩格斯全集（第1卷）［M］.北京：人民出版社，1995：139.

组织课程实施的教育教学中以"感性意识"的方式来促进学生身心的全面发展。可以说，现实中学校"五育"融合实践要以学生为本，以学生能够更好地融入社会发展的身心素质能力培养为中心，使其知行统一，避免"知而不做""会而不行""不愿则非"的境况，要让学生直面现实的社会生存处境，学校所提供的各类课程组织作为一个重要的"试金石"或"实验室"，让学生的知识储备、人生观念、三观和思想不脱离人类生存实际，在理论知识的"武装"下去思考、探索和解决真实的人类发展问题。

三、教学过程的"全场性"：学校"五育"融合实践的生活倾注

学校"五育"融合实践是一个系统的动态结构，除了师生主体、课程内容等基本要素之外，还有使它们运转起来的"教学过程"，教学过程是具体的、现实的育人活动之主要构成要素。之所以说是具体的，是因为教学中的师生主体总是置身于由一定时空构成的真实情境之中。从事实表象来看，教学活动总会有教师和学生的共同存在，他们在课程计划下展开课程内容的"教"与"学"；之所以说是现实的，是因为教学中的师生会围绕同一目标展开交往互动，教师的"教"要转化成学生的"学"，教学过程完成之后经由评价考核来确认目标的达成情况。人们非常熟悉的教学概念就是以课程内容为中介，促使其身心获得各方面良好发展为目的而进行的师生双方教和学的共同活动。

（一）知识的历史运动：学校"五育"融合实践的教学对象性

哲学家黑格尔有言："熟知的并非是真知。"因为在熟悉的对象面前，主体不假思索地把对象当成事实接受下来，从而造成了"反客为主"的现象，本来是作为对象的客体反倒成了主体，而主体却成了客体，主体往往根据客体的对象事实来行动。现在，要好好想一想，出现在师生互动中的"教学"是一种熟知还是真知？假使我们仅将教学活动当成一套固定的程式和任务来完成，那么顶多只能是一种"熟知"而不是"真知"，要达到真知则势必师生在思想和认识上要层层深入，跋涉重重，面对课程知识这一对象客体，从理

解散碎的名词概念中摆脱出来，不断进行自我否定的概念具体化，深入思考，真正把握到对象之本质。说简略一些就是，教学的本质不在于知识从"教师"流向"学生"的"运输"，也无关乎"运输"的效率或技巧，而是要达成作为主体的教师和学生在面向知识时，其思想要深入到知识发展的历史运动中，要经历"从具体到抽象"到"从抽象到具体"的认识过程，从而实现知识"全体自由性和环节必然性的统一"，形成由众多"具体的概念"为纽结织起来的知识体系。不过，这里需要我们进一步反思的是，教学不能落入抽象的辩证法当中，因为它不能被"知识"的教学所取代，教学是感性意识的活动，或者说是实践的活动。而实践或感性意识恰恰是马克思对近代以来形而上学尤其是黑格尔"客观唯心主义"发起革命的"基本原理"，它是对黑格尔理性辩证法的批判性超越，将辩证法植根于现实的人类生产生活实践之中，这种辩证法是实践的辩证法，把过去"头脚倒立"的理念和"无人身"的理性来源建立在活生生的人类现实历史的土壤上，不再让认识论、逻辑学、本体论幽闭在"思想的自由王国里"，而是坚实地立足于大地上人类的实践活动之中。马克思在《德意志意识形态》里有一个阐述，"思辨终止的地方，即在现实生活面前，正是描述人们的实践活动和实际的发展过程的真正实证的科学开始的地方……对现实的描述会使得独立的哲学失去生存环境"[1]。所谓独立的哲学显然是指纯粹的意识自身及其以之为基础的思辨的知识，这样的知识是"神秘"的，因为它把一切知识或科学知识都视之为由其源出，其自身是前提、基础和实质，或者说"它就是一切""一切就是它"。

所以，对于作为学校"五育"融合实践基本途径的"教学"，不是"就知识而知识"地进行"思辨"教学，而是师生之间围绕着"知识"展开的"感性意识"的教学交往，这种交往是对象性的人与人之间展开的对象性关系，在以理论知识或课程内容为中介的基础上，教师的教和学生的学都有着双重双向的"对象性关系"。这双重对象一曰知识、一曰主体，学生要在教师的引导下，即在教师对知识的社会生活化的诠释引导下来完成自我内化，当中

---

[1] 马克思恩格斯选集（第1卷）［M］.北京：人民出版社，1975：187.

包含了教师的认知、情感、价值等感性意识基础，它们在教师和学生感性的活动交往中影响着学生的身心发展。教师同样也在和学生的感性意识互动中，激发起回应学生对知识理解的渴望进而对自我知识结构体系的更新和拓展有了需求变化，这种需求变化只能立足于孕育出学生感性意识的社会时代沃土。总之，师生以课程内容为纽带和平台，通过感性意识基础上持续的教学活动，将整个人类世界经由各自生命实践经验带入教学情境中，彼此经过"双重双向"的交流、探讨将教学过程和意义的无限可能性焕发出来。

（二）生活世界为本：学校"五育"融合实践的教学生命潜能

教学是师生之间围绕课程内容而展开的"教"与"学"的交往互动过程。教学的价值和意义是"向内"或内化于教育主体的生命中，而不是"向外"或停留于抽象的知识内容上。因此，教学作为培养人的主要教育实践活动，其育人意义的实现或需要"五育"融合其中，教学过程要从过往的"在场性"向"全场性"转变。这里的"在场性"，指的是教学在形式上、内容上具备了教学的基本结构要素，比如教师、学生、课程内容以及教学得以展开的其他环境要素，它们往往是以"实体"的形式存在于眼前或当下的，而师生各自的身心素养和成长经历、课程知识相关的历史现在和未来等无形的或"不在场"的内容常常被忽略，以致整个教学过程的"生命性""现实性""实践性"被抽空，教学只剩下了无生气的理论知识。何谓教学过程的"全场性"？就是除了达到教学结构实体化要素在"数量"上的"全面性"要求，还应集聚与教师和学生生命发展相关的"在场"与"不在场"的要素，而这种"集聚"是建立在教师和学生一同"道问学"的感性意识活动之上。"出场的、显现的东西以未出场的、隐蔽的东西为其根源或根底""事物所植根于其中的未出场的东西，不是有穷尽的，而是无穷无尽的。具体地说，任何事物都与宇宙间万事万物处于或远或近、或直接或间接、或有形或无形、或重要或不重要的相互联系、相互影响、相互作用之中"[1]。因此，教师的"教"不是面向"知

[1]　张世英.张世英演讲录［M］.长春：长春出版社，2001：80，81.

识"本身，而是面向"学生"，他要对学生进行"提问"，这里的"提问"既是形式环节上的要求，更是让他们得以敞开其全部生活世界成为可能，站在自我身心经验基础上来面对知识，并回应其知识经过了生活世界熏陶的教师的提问。虽然在教学之初，"提问""问答"会显得很生硬和肤浅，比起课程内容自身的庞大体系而言，学生的回答往往显得"支离破碎"或很不完善，甚至只被学生理解了冰山一角。也正因如此，不少老师选择将这个环节或过程略去。教学活动也并没有针对学生"不完善"的理论知识做出"回答"，它终究难以逃脱被"抽象"的命运，教学只能回到追求师生间理论知识"运输"效率的技术、手段上。要走出这种"抽象"，且使得学生的知识学习从"不完善"走向"完善"，教学过程要积极引导学生生活经验的"出场"，在教师的提问启发下将理论知识与学生的生命发生"切己性"关联，在这种关联作用下，学生会不断就具体现实的问题向教师发起"追问"，逐渐脱离教师成为探究世界本真的主体。

四、管理评价的"时间性"：学校"五育"融合实践的生长个性

学校"五育"融合实践的最终目标是学习者的全面而个性发展。何谓全面而个性发展？"全面"是不是一个计量的总和？"个性"是不是与世无争的"单子"存在？答案是否定的。全面而个性发展绝不是一个抽象空洞或静止僵化的概念，而是充满着丰富内涵的由现实指向性内容构成的品质，是在师生持续面向感性意识生活的时间性过程中形成的。可以说，时间性使教育主体全面而个性发展的历史社会意识得以沉淀、积聚，它既不是超脱于世界之外自在、自为、自足的"实体对象"，也不是一劳永逸靠理性认识所构想出的"绝对理念"，而是立足于人类现实的政治、经济、科学、文化生活，通过人与人感性意识的交往，把自我意识的目的性与现实对象的客观性在时间中转化统一。

（一）自由创新的生成：学校"五育"融合实践的个性化

德国古典哲学代表人物康德和黑格尔的思想，以及近代西方哲学认识论，总体上都将人的理性看作人之所以为人的本质，在他们看来，"理性"能力才是人与动物区别的根本特征。马克思针对这种"虚无的意识"提出了他的有力批判，仅以其对蒲鲁东"意识形态经济学"的论述中就能看到"虚无的理性意识"之问题所在，"假定被当作不变规律、永恒原理、理想范畴的经济关系先于人们的生动活跃的生活而存在；再假定这些规律、这些原理、这些范畴自古以来就睡在'人类的无人身的理性'怀抱里。我们已经看到，在这一切一成不变的、停滞不动的永恒下面没有历史可言，即使有，至多也只是观念中的历史，即反映在纯理性的辩证运动中的历史"[1]。因此，意识在马克思看来，它就是感性的意识，是在人们感性活动中的意识，"意识在任何时候都只能是被意识到了的存在，而人们的存在就是他们的实际生活的过程"[2]，人们实际的生活过程则是感性意识的，是感性意识或实践把人和动物区别开来，在实践中或感性意识的活动中人们生产着他们的生活资料，也生产着人与人之间的感性生活。"可以根据意识、宗教或别的什么来区别人和动物。一旦人们自己开始生产他们所必需的生活资料的时候（这一步是由他们的肉体组织所决定的），他们就开始把自己和动物区别开来。人们生产他们所必需的生活资料，同时也就间接地生产着他们的物质生活本身"[3]，也就是说，人在自己的劳动活动中创造了自己，经由感性的意识对象性活动把自然、社会都变成了属人的历史，在时间中人不断地进行着新的历史的创造。虽然，在人类的历史创造中未必不会发生异化，如马克思所描述的人类社会存在所经历的"人对人的依赖关系""人对物的依赖基础上的独立性"，在这样的发展阶段中人往往受着来自"神圣"的形象、"世俗"的资本等异化，而这些异化的扬弃则需要人类通过感性的意识活动来提升社会生产力，并为"每个人的自由是一

[1]　马克思恩格斯选集（第1卷）[M]．北京：人民出版社，1972：114．
[2]　马克思恩格斯选集（第1卷）[M]．北京：人民出版社，1972：30．
[3]　马克思恩格斯选集（第1卷）[M]．北京：人民出版社，1972：24-25．

切入自由的前提条件"的共产主义社会打下基础。而在共产主义的社会理想中，人是自由自觉的，自由的人是全面而个性发展的存在，时间对于他而言不再是公共的可转化为商品价值的"一般劳动时间"，而是一种自由闲暇的时间，社会的不同个体可以自由自觉地进行劳动创造。当然，这样的社会是值得人类去追求的，但它并不是一种抽象、静止、教条的"理想社会"，而是在人类自由边界不断拓展的前提下，人与世界在对象性的关系中通过否定之否定的实践活动的时间性展开来创造的。

因此，学校"五育"融合实践要切实有效，学校要注重管理评价的"时间性"。一则要注重学生身心发展的现实历史性，即其成长经历没有被某种"理论知识"所代替。虽然学校教学以间接性知识为主要内容，但不能直接应用其融于世界中的生存和生活经验，需要在教育教学中将师生现实的感性意识作为理解间接性知识的源泉活水，通过交流对话、案例展示、角色扮演、现场作业等方式来让间接性知识与现实的历史建立联系，或者说使其具有"时间性"。无论是"解释世界"还是"改变世界"，都要体现出这个世界的人文性或历史性，要让知识奏响社会时代的乐章；一则要注重学生身心发展的自由个性，学校"五育"融合最终要培养学生个体的自由个性，但这一目的的实现是离不开"时间性"的，这里的时间不是计量的或是自然的时间，而是学生在教育教学中的"自由"创造时间，即其在学习成长中充分释放和发挥自我潜能的各种个性表现。这些个性表现不应被统一的尺度标准所替代或褫夺，须要为学生的不同个性展演提供机会和平台，让他们在学校基础教育的滋养下"百花齐放"。

（二）"显隐"依存：学校"五育"融合实践的超越性

人的全面发展和个性发展不是一个"预定"的和停留于教育教学过程之外的实体存在，而是身心素质能力在教育教学中的日益提升。这就有必要将学校"五育"融合实践贯通渗透于学校教育的全体系之中。即除了重视诸如显性的课程活动之余，也要积极营造和构建有益于学生身心自由与和谐发展的隐性的教育力量。这里所说的"隐性"的教育力量，是指要充分利用和开发学校所有的教育资源，拓展除课堂教学和学科课程之外的其他教育形式，比如校园文化活动、社团活动、劳动技术活动、兴趣小组活动、读书沙龙活动，也许这些活动在不同的中小学校都已或多或少地存在了，人们对其并不陌生，很多学校相应的也有开展。但试问，如果仅从认知上理解和认同这些活动的重要性，却没有将其作为推行"五育"融合实践的有力抓手，并成为学校教育教学组织设计和管理评价的基本构成，而仅仅是"理论知识"课程和教学的点缀或附属的话，那么它们难免会流为一种形式和抽象。

其实，对于这种"抽象"人们也是有着切己之感受的。一则在这种附属或点缀的活动中教育主体与之的交往关系是"片段"的，只是偶尔的一次体验，时常被学生视为玩乐或放松的过程。因为他们能在其中获得实实在在的"自由感"。与此同时，在抽象教育中成长起来的学习者，在学习和工作中又常常由于自我生活实践能力的不足和个性"特长"之缺乏而懊恼，也许会为自己缺少学习机会而感叹，也许会为自己没有珍惜学习机会而后悔，就是说，在抽象教育中成长的学习者总体会有自我综合素质能力欠缺的切身感受；一则由于这种附属或点缀的活动缺乏系统性和连续性，没有成为学校主要的教育和管理评价内容，故而部分学生或家长在校外"购买"相应的教育服务，也即人们常说的教育培训市场，其意义、成效虽不能简单地给予肯定或否定，但对于学习者当事人而言，其要获得"五育"融合能力的发展而向校外"求取"，其学习过程得辗转于学校内外两处。更有甚者，其之所以选择校外的"教育服务"，是因为追求功利，不少孩子被迫接受着非己所愿的各种培训，虽然这些培训是真实而有效用的，但建立在孩子"不自觉"的基础上，学习过程就难以称之为"自由"。对此，有人会辩驳说，学习哪有不付出艰苦和辛劳的。这话当然是对的，但如果这种艰苦和辛劳不是自觉自愿的，那就是非教育的和异化的，它无论多么有用，都不是建立在主体的意向基础之上的，因而它是外在于学习者的。或许又如他人所说的，等将来孩子明白过来，他们会懂得父母的苦心，从而认为他们今天服从于父母或家长的安排并为之努力是应该的、值得的，然而这样的逻辑显然是"成人理性"和"非现实化"的，其立足点没有基于孩子的生活世界。

不从学生自身的生活世界出发来实施的学校教育，其要形成学生身心的全面发展，这无疑是非现实的，非现实也就意味着不在"时间"之内，而是以一种"超时间"的"绝对""美好"方式来支配"活生生"的学生的生命世界。所以，学校"五育"融合实践的立足点或着眼点是学生的现实学习生活，不能将教育教学与学生生活分离开来，形成两个不同的世界。既定的"事实世界"是以固定统一的标准、规范或尺度来衡量学生的发展有无达到经由人们理性认定的"真理"，教育教学就是要敦促学生朝着这个世界里的目标去努力，并以之展开对学生身心发展质量水平的评价。其实，如此"世界"的存在是经不起推敲的，因为既定的"事实世界"无论怎么完善，其毕竟只是暂时或相对的，从前和当下"是"并不意味着未来"是"。而且此世界是确定的，学生的身心发展只是趋向于或符合了它，这不意味着学生的身心发展是有限的、固定的和必然的吗？不同学生之间的发展差异变成了只有"量"上的不同，学生的发展成了自然主义或物理主义化的客观化。显然，既定的事实世界是形式化和机械化的，作为具有类特征又充满了个性的不同学生生命主体，他们生命发展的世界是"敞开"的，是融于以实践展开的"现实世界"。在现实世界中，学校教育教学实践面向的学生对象是具体的，不同学生个体生命的成长才是根本，而成长是在时间的流动中以其身心经历为基础，教育意义的生发以师生的人生社会经验为渊薮，师生相互作为对象性的存在而发生着对象性的交往关系，自我身心的变化发展是以知识或理论为中介而获得的面向世界的全面发展。

第一编

教育是提升人类生命境界的学问

引 言

　　人是教育的中心，这既是对作为教育者的教师而言，也是对作为教育对象的学生来说的，他们共同构成教育主体，一同问道教育之学，此学之根本在于对人的培养和发展。其中，问题的关键在"人之发展"是由"人之培养"而来，而"人之培养"的基础是作为教育者的教师和作为教育对象的学生之间的"人与人"的教育关系。何谓"人与人"的教育关系？众所周知，无论是教师还是学生，经由文化生活的熏陶而成为有社会属性的个性化生命主体，他们在学校展开交往活动，来促成人性潜能的发挥，尤其要使教育对象浸润在历史生成的社会文化世界中展现自我生命的个性。因此，学校教育实践中师生之间的交往是基于人的真实性和全面性，并以人之能力和境界的提升为目的和价值导向的，这就要求师生交往不仅仅是"授业解惑"，还要"传道"。其中，教师不只是"经师"，更是"人师"；学生不只是学知识，还要学做人。而"传道""做人"都离不开师生对人生意义、世界价值观的交流反思，以彼此真切、真实、整全的生命经验共鸣来唤起人性的灵动。

　　教育是培养人的实践活动，把"人培养好"或"使人成为人"是其本真所在，这也就意味着教育不是为了迎合教育对象而去"献媚"，否则流淌于教育教学中的情感就是虚伪而不真诚的。教育实践的内在本色是真诚，是以促进人的发展为着眼点的，这就要求教育因培养人（教育对象）而要有多元多变的方法策略和目的要求，而不是一味地夸赞、表扬、宠爱，即使在家庭教育中，父母对孩子也不是时时处处溺爱的。同时，真诚的教育是一个具体现实的历史过程，它涉及的是教育在情感、形式、内容上的实践伦理和艺术问题。所谓教育的实践伦理指的是在目的上要将人培养成为能够融入社会发展的生命主体，对此，学校、教师对学生要有责任心，不能漠视学生发展中出现的不良行为，在关爱学生、尊重学生的基础上引导学生，其中，关爱并不是不批评，尊重也并不是不惩罚，如何使得批评、惩罚起到积极的效果，就涉及教育实践的艺术问题，在方式方法上要能奖惩并重、情理兼容，而不是一味地纵容、迁就，更不是一味地防堵、斥责，须是动之以情、晓之以理，在真诚的心灵交往和榜样垂范中引导学生积极进取。

总之，教育作为增进人类生命能力和提升人性境界水平的学问，理当把人的培养活动放置在一个宽广和深远的历史时空中来思索和实践，方能发挥其传递、积存、滋养、弘扬人文精神和推动人类文明向前的重要价值及作用。

第一章　教育之学何为？

如何学好教育学？这既是作为教育学专业学生会发出的呼声，以表达其对专业学习的疑惑和志业追求之心境，也是对持有"教育学无用"观点的人的有力回应，更是面向未来确保教育在社会中健康发展、教育与外界环境积极互动所必须厘清的基础性理论与实践问题。因此，如何学好教育学，并非仅是对教育学作为一门课程的教学效果的叩问，而是从怎样培养教育主体的专业精神和专业能力层面进行的探究，以促使人们的教育实践活动自觉化，实现其增益人心、人事、人间及天地宇宙系统和谐之意义[1]，从而使得教育成为人们生命生活的组成部分和存在方式，并积极发挥出它对社会主体身心协调、生命能力提升和推动社会文明进步的重要价值效益。

一、教育乃成人化的学问：树立教育学的宗旨意识

学习教育学，首要和核心的问题是要理解"教育是什么"。对这一问题的不同理解会导致教育实践路向的极大差异，甚至会形成相悖的路向。即使当下教育实践发展看似一致，人们都朝着应试教育之路迈进，但无论是学生、教师、学校、家庭及社会各行业成员对教育却多有怨言，其中虽不乏非理性的、非客观的评论意见，可总体上说，教育实践表现出难以满足人们对其的质量需求，而这不仅是不同地区、学校、家庭教育资源条件存在的非均衡状态使然，更多的是现实中人们把教育当成一种"算计"的对象和工具而引发诸多非良性竞争的后果或表现，形成人们利用教育来角逐名利、提升身份或

---

[1]　金生鈜.无立场的教育学思维［J］.华东师范大学学报：教育科学版，2006（3）：8-10.

地位，反而不断远离教育之困窘状态，以至于人们日益感觉到教育本身存在以及由其带来的诸多危机、危害及深重的压迫。

为什么会出现这种局面？无疑与人们价值意识和思维心理中对"何谓教育？"存在误解或偏见不无关系，如果把教育当作一种待价而沽的"事物"来对待，则人们会使教育实践升级为一种"军备竞赛"，相互之间以及自己不断为了在教育中胜出而进行无休止地比拼[1]，最终导致教育远离增益生命能力和质量之本质。所以，要学好教育学，并在实践中做好和发展教育，必须先要为教育正本清源，让教育主体能洞察和遵循教育本质，以便其树立起正确积极的教育意识、信念，并将之付诸具体的教育活动中。

（一）人类起源发展与教育

言说教育，尤其是教育之本质，不得不回溯到教育出现或形成之始，即教育之起源的问题上。只有阐明了教育的起源问题，方能更好地诠释教育的本质内涵。因为教育起源涉及教育目的、教育内容和教育形式的统一，所以探明教育起源能够整体性地对"教育是什么"做元解答，为人们从人类生存发展的宏观视角来认识和理解教育奠定基础。而把教育肢解为政治、经济、文化和科技等的附庸和助推力量的教育方式，缺乏对教育自身运行规律和价值等的恰当定位，以至于教育学时常为学界和社会成员所"轻视"，其理由多集中于两个方面，一方面，教育学研究对象模糊不清，研究方法并非科学。另一方面，教育学理论偏离教育实践，没有起到促进教育实践有效解决问题或矛盾的作用。正如德国教育学家布雷芩卡所指出的："人们对教育学的科学性的怀疑，就像对它在教育实践中的作用的怀疑一样，变得更强烈了。几乎没有一门其他科学像教育学那样，其非科学性的空话，热衷于偏见和教条的肤浅的议论比比皆是。"[2]无疑，如此的批判是对教育学学科发展的一种强力反思和促醒，但教育学之价值、意义绝非要靠所谓的学科科学性来彰显。虽

---

[1] 郑也夫.吾国教育病理［M］.北京：中信出版社，2013：15.

[2] 布雷芩卡.教育学知识的哲学——分析、批判、建议［J］.华东师范大学学报：教育科学版，1995（4）：1.

然教育学需要不断吸收自然科学在研究对象上的明晰性和方法上的实证性等优点，但并不意味着教育学可以或者应该变得像自然科学一样"精确"与"有效"，这很容易从自然科学只是在近代以来诞生的历史逻辑中推演出来。也就是说，当自然科学尚未出现和成熟之前，教育已然存在于人类社会生活中且对其发展起着重要的影响和作用。因此，问题的关键不在于教育学是不是科学，而在于弄清教育缘何产生及其存在之必要性。

唯有明了教育之起源与发展，探清教育自身的基本属性和特点，方能构建起教育实践活动在内容、形式和方法上的有效组织，以发挥其有益于人类社会文明进步的价值意义。

那么，教育本质是什么？为了说清楚这个问题，先得从人类的起源谈起。因为包括教育实践在内的各种活动都是在人类诞生之后形成的，所以教育起源于人类诞生之后及其发展过程之中，而教育本质就内聚于教育起源、形成和发展的历程里。有了这个前提，接下来就来看人类诞生之后所面临的生存和发展困境。显然，人类在诞生之初面临来自自然界的各种挑战，比如要维持生命则离不开食物营养供给，需要果实、肉类等来补充体力，果实的获取要因时采摘，且会辨别其有无毒性方能食之；获取肉类可以捕鱼或捕猎，要捕鱼则须弄清河流是否湍急危险；要捕猎则得了解动物的出没习性；等等。除此之外，人类要生存发展，不得不面对诸如风霜雨雪、旱涝灾害等各种恶劣环境而寻求安全应对，从而逐渐创造出各种生产生活工具。此外，人们发现，在恶劣的生存环境下，单个人的力量无法长时间存续，于是人们学会了成群去完成各种劳作，形成相应的生产分工与协作，并在集体内确立资源分配规则等。另外，当时人们受限于认识能力水平，对其无法解释的各种自然现象，往往投之以敬畏来消解恐惧，以求得心灵的慰藉。当然，人们在艰苦漫长的劳作之余，也学会了用歌舞来展演生活，获得内心的愉悦。正如恩斯特·卡西尔所言："从人类意识最初萌发之时起，我们就发现一种对生活的内向观察伴随着并补充着那种外向观察。人类的文化越往后发展，这种内向观察就变得越加显著……在对宇宙的最早的神话学解释中，我们总是可以发现一个原始的人类学与一个原始的宇宙学比肩而立。"[1]

也就是说，人类诞生之后要面对来自外界自然的种种挑战，从而获得能够适应自然环境的经验与能力，同时由于智力的运用与提升而不断创造出各种文化或"符号"，例如，宗教、语言、艺术、历史、神话和科学等，而这些文化或符号既是人类集体应对周遭环境的智慧的结晶，也是人性之丰富性、创造性和超越性之体现，它们无疑要在代际之间进行传承与创新，更好地促进人类从历史走向未来，而文化之传承与创新的需求则催发教育之出现和形成。可以说，教育从起源之始就与人类生存发生了密切联系，教育通过对人类文化的认定梳理、组织设计来实现培育社会成员适应社会发展之能力。当然，人类生存发展是面向未来的，其文化发展也是不断变化更新的，但每一次文化更新都意味着人类在处理与周遭环境关系时认识能力、组织能力和行动能力的进一步发展，而且这种发展是累积式的，是在不断把有利于人类生存的文化经验加以积淀传承。同时又能主动对新遭遇的环境矛盾进行调适，发挥人类的主观能动性，对既有文化做出改造创新，从而不断提升人类适应和调节环境的能力。

从人类生存与文化发展的层面来看，教育虽然是为了积累经验和文化传承的需要而产生的，但也积极承担着创新文化的重任，这可以说是教育在人类生存发展中所具有的重要价值和意义。然而传承与创新文化并非为教育本质，因为文化的传承与创新是一种外显的、静态的人力之作，教育本质应该指向的是传承与创新文化过程中人类生命能力的增进，教育所要关注的是人类生命能力的充盈饱满，所应提升的是人类适应各种不同环境的发展能力，而不是随着文化的发展变化而使得人类生命能力萎缩，使得人类越来越依赖于"人为事物"而不能自足。正如美国哲学家赫舍尔所言："我们关心的是人的整个的存在，而不仅仅是或主要是它的某些方面。大量的科学活动致力于探索人类生活的不同方面，比如，人类学、经济学、语言学、医学、生理学、政治学、心理学和社会学等。然而，任何孤立地探讨人的某种机能和动力的

---

[1] 恩斯特·卡西尔. 人论 [M]. 上海：上海译文出版社，2004：6.

专门研究，都是从特殊的机能或动力出发来看待人的整体性的。这些做法使我们对人的认识越来越支离破碎，导致人格破裂，导致比喻上的误解，导致把部分当作整体。如果不考虑整个人的所有冲动之间的相互依赖性，我们有可能孤立地认识其中一种冲动吗。"[1]换言之，各种文化或符号背后是人的存在，是完整的人的存在，教育"只能定位于人的整个的发展，而不是割裂的、支离破碎的、什么'政治的''经济的''行业的'或'学科的'"[2]。只有促进了人自身的完整发展，人类才能从遥远的历史中战胜各种艰难险阻和创造各种文明成果，并能在走向未来中迎接各种挑战。

因此，结合人类起源及文化创生发展与教育的关系来看，教育本质乃在于提升人类的生命能力与境界层次，人类在历史发展中积淀的各种能力、经验或文化素养都应成为教育内容和形式的可能，促使人们善于向一切事物和一切人类学习来增强自我发展的完整性，进而不断超越自我，增强人类自身生命能力的丰盈性。然而，随着科学技术和物质经济发展的当下，人们的生活水平总体上虽有了大幅提升，却也日益遭受着来自自身疾病、环境污染、道德法治等多方面的困扰，人类自身的生命弹性变得很小，人的能力变得萎缩，人们似乎日益被"人为事物"所捆绑、异化而难以适应复杂多变的矛盾，而时下的教育则与此不无关系。因为它"重视人为事物——即人创造出来的科学、知识和文化等等，而轻视、甚至完全忽视人自身的生命基础"[3]。显然，这样的教育是分割式、碎裂化和工具性的，并未遵循如赫舍尔所言的"人的整个的存在"之生命能力的发展，而这才是人们常言的培养人的活动之本质所在，是以人性之完整性、丰富性和系统性为基础的。

（二）教育与人性境界提升

教育的本质在于人类生命能力的整体增进，而这一本质的实现是教育与人性之间的一场较量。正如历史学家汤因比所言："教育和灾难之间进行着激

［1］　赫伯特·A·西蒙.关于人为事物的科学［M］.北京：解放军出版社，1988：4.

［2］　张诗亚.回归位育——教育行思录［M］.重庆：西南师范大学出版社，2009：16.

［3］　张诗亚.化若集［M］.南京：南京师范大学出版社，2010：55.

烈的赛跑。"[1]而所谓的灾难也包括人类理性运用无当所致的种种恶果。比如，当前较为突出的生态环境恶化问题与教育就有密切关联。"人们普遍认为，环境问题可以通过各种技术手段得到解决。好的技术当然可以有所帮助，但是危机首先不是技术上的，而是一种心理上的危机，这种心理就是研发和使用技术的心理。生态系统失调和地球上生物地球化学大循环的失调，首先反映的是人类思想的失调、感知的失调、想象的失调、知识优先顺序的失调和过于追求工业化心态上的失调。最终，生态危机涉及我们如何思考，涉及形成并且改进我们思维能力的整个教育体系"[2]。因此，要改善生态环境的失调乃至人类社会发展的诸如法治意识薄弱、道德诚信缺失、暴戾嚣张等不良现象，需要教育做出应对和调节。除了注重教育的工具性或实用性之外，还要关注教育背后所要发展的完整人性，尤其得重视塑造积极饱满的人性结构，以改变当前诸如人们向大自然无尽索取各种资源，以至于造成生态环境危机，以及人们不断进行物质财富及名利的争夺、攀比、计较和竞争，引发包括贫富分化悬殊、社会阶层固化、社会戾气深重等在内的各种社会问题之现状，以避免"教育输给灾难"的结局。"人性究竟是怎么一回事，是一个问题，教育最高的目的是培养人性，指向人性"[3]。因此，增进人类生命能力之教育本质的把握，还要将教育本质置身于人性背景之中，方能更好地诠释其属性。也就是说，人类生命能力的增进有性质上的向度要求，它不是对人性的自由放任或对人性的压抑阻滞；相反，理应有着对人性的调节圆融，使人性在教育的滋润和导引下朝着真善美的方向发展，这也是为何伟大哲学家康德在《论教育学》中开篇言明"人是唯一必须受教育的被造物"之重要原因[4]。虽然人类理性有着强大的"生产、控制和利用"的能力，但如果没有教育对之加以启蒙规范，则会形成理性走向自我毁灭或异化的局面。这也是当前人类社会发展的一大困局，人们不得不重视教育发展如何促进人性的改进问题。"从某

[1] 马小平.叩响命运的门[M].长沙：湖南文艺出版社，2012：4.
[2] 大卫·W·奥尔.大地在心：教育、环境、人类前景[M].北京：商务印书馆，2013：8.
[3] 南怀瑾.教育与人性[J].求知导刊，2014（4）：81.
[4] 康德.论教育学[M].上海：上海人民出版社，2005：3.

种意义上表明，人性之'所是'是教育及其学术探究的基点，人性之'如何成为（或改变）'是教育及其学术探究的主题，人性之'应为（或可变得）怎样'则是教育及其学术探究的目的"[1]。而此乃学习教育学所应确立的基本取向。只有教育让人类生命能力变得更强大，让人类精神品质变得更高尚，其增进人类生命能力之本质才是正向的。

虽然说教育的本质在于增进人类的生命能力，其着眼点或基础离不开人性的关怀。众所周知，教育的对象是人，而人除了具有共同的类特征之外，还是处于历史之中的生命主体，因而人性内涵是抽象与具体的结合。如马克思、恩格斯在《德意志意识形态》中所说："我们的出发点是从事实际活动的人。""我们要开始谈的前提不是任意提出的，不是教条的，而是一些只有在想象中才能撇开的现实的前提。这是一些现实的个人，是他们的活动和他们的物质生活条件，包括他们已有的和由他们自己的活动创造出来的物质生活条件。因此，这些前提可以用纯粹经验的方法来确认。"[2]同理，作为认识、丰富和促进人性发展，增进人类生命能力之教育，其运行实践离不开现实的物质经济和文化环境，因为其构成的教育时空结构差异，使得教育促进人性意义有个性之别。"教育学从个人、群体、国家和民族，乃至整个人类等不同层次，对人的教育活动展开研究，从而在微观、中观和宏观等不同层面描述人类社会中的教育现象，并揭示其中的各种规律，进而指导人在不同层次上的教育活动。作为教育学的研究对象，人在不同层次上的教育活动都展现了教育现象的丰富性和复杂性"[3]。基于此，学习教育学要始终确立一条基本线索，以人为中心，以人与具体环境之间的互动关系为基础来认识了解人性表现之多元复杂的成因，进而才能较为客观而有针对性地展开教育影响，促使人性朝着积极方向发展。因而，为了更好地促使教育实践活动，彰显教育之本质，使教育起到促进人性发展和增进生命能力的作用，有必要对人性结构

[1]　庞庆举.人性问题——"生命·实践"教育学人学之基［M］.上海：华东师范大学出版社，2015：4.

[2]　马克思恩格斯全集：第1卷［M］.北京：人民出版社，1995：66-67.

[3]　项贤明.教育学的马克思主义阐释［J］.中国人民大学教育学刊，2015（3）：6.

层次做一个剖析分解，以避免抽象、空泛地谈论教育与人性之间的关系。

关于人性问题，古今中外众多先哲都给予了关注，并做出了不同层面的深入阐释，如关于人性的善恶之分，孟子主张人性本善，"恻隐、羞恶、恭敬、是非"的"仁义礼智"即人性四端，是不学而能、不虑而知的。西方学者埃里希·弗洛姆也认为，人性是善的，"爱汝邻人并不是一种超越于人之上的现象，而是某些内在于人之中且从人心中迸发出的东西。爱既不是一种飘落在人身上的较大力量，也不是一种强加在人身上的责任，它是人自己的力量，凭借这种力量，人使自己和世界联系在一起，并使世界真正成为他的世界"[1]。而对应的是人性恶之说，如荀子所论述"今人之性，生而有好利焉。顺是，故争夺生而辞让亡焉"；"生而有耳目之欲，有好声色焉，顺是，故淫乱生而礼义文理亡焉"[2]。英国哲学家霍布斯也持类似观点，"自然的情欲是引我们趋向偏私、骄作、报仇之类"[3]。持有人的自然本性是"狼对狼"的生存原则。显然，人性之善恶是相交织于人类主体身上的，区分二者之别的意义不在于要得出一个人性孰善孰恶的答案，而是让人们更清醒地意识到人性之复杂性。正是人性聚集知情意（智仁勇）于一体，三者唯有和谐统一，方能使得人性善成为可能；反之，则会出现人性恶的表现。

因此，教育的本质是增进人类生命能力。从促进人性提升的角度而言，一方面教育要积极呵护人性中的意识能动性，激发其探索的求知欲，通过向一切事物和一切人类学习来获取，掌握认识外在环境的知识和技能；另一方面，教育除了充分发挥人性中的认知能力（智力）之外，还要使得智力向内于己和向外于人都是有益的。这就需要教育在人类道德意志培养上着力，不仅使智力的探索努力有造福于人世间的价值意义，还要使自我身心人格有协调统一的保障。另外，教育于人性的提升要靠具体的个人来完成，只有一个个具体的人在教育的影响下去追逐真善美，并形成一种风气来熏陶他人，人性境界提升才有基础。

---

[1] 埃·弗洛姆.为自己的人 [M].北京：生活·读书·新知三联书店，1988：193.

[2] 王杰.荀子 [M].唐镜，注释.北京：华夏出版社，2011：331-332.

[3] 霍布斯.利维坦 [M].北京：商务印书馆，1985：49-58.

综上所述，教育乃是成人化的学问，学习教育学要树立育人的宗旨意识。在教育实践活动中以促进教育对象生命能力为根本，使其能够适应不同环境刺激并能有效地加以学习调节，且将其人性发展导向"求真向善逐美"的境界层次，从而推动人类社会的和谐发展。

二、教育理解的跨学科视界：夯实教育学的知识基础

教育学以促进人类生命能力的增进为宗旨，而人类生命能力具有未固化的发展潜力。这种潜力能否得以激活且朝着积极的路向发展，与人们所遭遇的环境刺激的丰富性和类型有密切关系。正如马克思所言"人们自己创造自己的历史，但是他们并不是随心所欲地创造，并不是在他们自己选定的条件创造，而是在直接碰到的、既定的、从过去承继下来的条件下创造"[1]。即人类的生命能力因所面临的环境差异而有不同的表现，但也并不意味环境刺激总是起决定性的作用，因为在人性主观能动性驱使下，人类可通过学习来突破环境条件局限。当然，这一过程要想积极有效地展开，则离不开教育的参与。一方面，教育实践活动要有意识地为受教育对象提供多元丰富的学习资源（刺激），使得人性能力发展的多向性或综合性有基础；另一方面，教育对象受趋利避害本能的影响，使自我学习行为或滑向保守和固化的教条之中，或陷入排他和激进的自负当中，二者共同反映出人类生命能力发展的一种偏态，这就得依靠教育给予纠偏扶正，让人类生命能力在与宇宙天地系统共生中精进，从而推动人类社会的富足、文明与和谐。

（一）以教育为窗口认识宇宙天地

人类诞生以后，在漫长的历史发展进程中始终要解决"向内"与"向外"两大层面所包括的三个方面矛盾关系问题。从"向外"来看，人类诞生之时首先面对的是自我生命身处其中的宇宙自然环境的挑战。怎样才能更好地在

---

[1]　马克思恩格斯全集：第8卷［M］. 北京：人民出版社，1979：121.

宇宙自然环境中生存下来，是人类诞生时面临的基本问题，而且这一问题并未随着当前人类科学技术的发达，以及人们对自然现象及其规律认识所积累的丰富知识而逐渐消失。近代以前，人类生存发展与自然之间的关系更多是"因时而动"，即人们根据季节、物候的变化利用自然环境来生产人类生存发展所需的物质，而近代以后，人们逐渐在科学技术的支撑下不断开发自然资源来获取所需物质。虽然物质财富日益丰富，但越来越多地面临自然生态环境破坏所引发的各种生存与发展问题。从这个角度而言，无论是过去、现在还是未来，人类生存发展都离不开与自然之间形成和谐共生之关系，这是教育不得不关注的。只有教育将视野投向人类与自然生态环境之间的可持续发展中，教育发展才会有更为宽厚的基础来检视和滋润人性，才会使人类的生命能力通过自我修复而获得增进的可能。"环境危机起源于人们对生态模式、因果关系和人类行为的长期影响的错误认识，最终导致土壤流失、物种灭绝、森林被毁、地表赤裸、环境污染、社会衰退、正义缺乏和经济低效"，而"现在对教育标准和教育改革的大部分争论，都是受这样一种理念主宰的，让年轻人准备好，在全球经济竞争中更有利。目前，这种以学科为中心的教育，让我们能够在全球实现工业化，却不能帮助我们治愈工业化带来的破坏"，因而要"全面进行人类的再教育，除此以外别无出路"[1]。基于此，当下教育实践离不开对人类发展所依托的宇宙自然环境之关注，而这种关注其实是对人类思维认知、知识技术的一种叩问，同时也是对教育应该何为的一种反思。只有如上述所言"全面进行人类的再教育""重塑教育体系"，方能更好地促使人类融入丰富多样的生命世界之中，而不把教育拘囿于狭窄的工业化、学科化乃至应试化之中，以实现教育促进完整的人的发展，以心智健全、身心和谐之生命主体来与宇宙自然产生联系。

当然，重视教育在人类与自然和谐共生关系生成上的重要价值意义，并不是对人类探索自然宇宙奥秘的一种否定；相反，是对人性中的"好奇"之心加以呵护。人类与自然环境之间的关系经历的是一个"主次"置换的过程，

---

[1]　大卫·W·奥尔.大地在心：教育、环境、人类前景［M］.北京：商务印书馆，2013：8-9.

而伴随这一过程的是人的认识能力不断提高，人们逐渐扩大和深入对自然现象及规律的探讨研究，并利用自然资源进行各种物质财富的创造，极大地丰富、便利和提高了人们的生活水平。这既是人类生命能力发展的重要表征，也是科学及其技术对人类社会生活具有重要意义的体现。因此，人类探索自然和促进科学发展的步伐不应该停下，应充分激发来自人性中的自由和好奇等天性来推动科学不断创新，从而进一步推动人类社会生产力的发展。

所以，教育对科学及其技术知识是持积极态度的，但这只是其中的一个方面。教育对科学及其技术的青睐更为关键的是其背后的求真创新精神。而这种精神并不是纯粹靠知识的传授所能培育出的，其发育、生长与教育风气、教育环境密切相关。教育只有注重主体人性中的想象、反思和批判能力的培养熏陶，方能在既有的科学研究成果基础上有新的突破与创新，才可能放弃或更正自我原有的错误观念和不良行为等，进而能够迷途知返，走回正道。

然而，反观现实，当前我国的教育实践存在与科学精神相悖的种种弊端，尤其是学校教育陷入功利化的应试升学泥淖之中，考试课程知识占据了学校教学的中心，升学课程知识的考试分数成为学校的"生命线"。为了学生能够进入所谓的各级重点学校，将来以学校之"名气"和学历之"贵气"而谋个好工作，学校、教师、家长、学生乃至全社会都参与教育资源和教育资本的争夺和算计之中。无疑，从长远来看，在这场没有硝烟的战争中，没有一个是赢者，最终出现"零和"甚至是共同伤害的局面。显然，在这样的教育环境之下，学生丧失学习的兴趣，学校丧失育人的使命，家长丧失健康的孩子，社会和国家丧失推动科学创新的人才。因此，这里就涉及一个问题——既然科学及其技术十分重要，那么教育就要重视对学生科学知识及其技术的传授，让其能够认识、理解科学知识，进而运用其来解决生产生活问题，其价值意义是不言而喻的。尤其是整个社会科学水平不断提高的今天，普遍存在的一个现象是人们等着"科学来解决问题"。比如，当自己生病了，然后去医院寻求科学的救治，认为科学可以解决一切问题。其折射出的是人们缺乏科学意识、知识和能力。所以，在进行科学知识传授的教育过程中，要注重受教育对象科学意识、思维的培养。

对人类思维的培养，得从人类诞生之初谈起。人类诞生之初，其对周围自然环境的认识是一种综合性的思维，而到了近代之后，人们对自然物质及现象的认识运用的是分化性思维。从认知思维的角度而言，两种思维各有特点优长，需要兼而并用，尤其是知识和学科高度分化的当下，科学教育理应培养学习者的跨学科或系统思维意识，这既是对一个具体自然物质及其现象研究的整体性把握，也是对人类自然宇宙之间的相关性、秩序性、和谐性的一种遵循。基于这样的思路，教育在培养人类生命增进的过程中，一个不可回避的问题是要促进人类与宇宙自然环境之间的和谐共生关系，具有主观能动性的人类在处理与自然环境矛盾关系上的科学知识的学习、科学求真意识的孕育、科学视野方法的多元综合养成，为其奠定了扎实的知识能力基础来应对与宇宙自然系统的矛盾关系。

（二）以教育为方式融入社会生活

如前所述，人类起源之后为了更好地进行生存与发展，产生了对教育的需求，而教育又在人们应对各种矛盾关系中发挥传承经验、提升能力的积极作用，其中，传承和提升的是认识宇宙自然的知识和技术。这一作用不是只能从人类与自然环境互动的过程中达到，还能从人类社会成员之间互动合作的过程中达到，以形成一个良好的社会秩序来保障人们生活稳定，这也是人类发展始终要面临的"向外"层面中的人与社会（与他人）的矛盾关系问题。

当然，人与社会之间的矛盾关系具有一个聚集过去、现时、未来以及文化的属性，需要将其置身于社会系统结构之中方能诠释清楚。因为不同民族、不同地域的人们在创生文化过程中所形成的人与人之间的社会规范是不同的，且不存在一个所谓的共同标准。这是因为人们所处的自然地理环境和社会实践的历史背景有差异，这会反映在不同民族和不同地域中人们在结社组织、典章制度、道德礼俗等方面的个性上。但同时，不同民族和不同地域中的人们随着互通交流变得频繁和深入，加之人性中具有的向他者学习之主观能动性，尤其是全球化的当下人们会逐渐形成一些共识的价值，为其改进和提升自身社会治理和发展水平提供了方向。比如，以社会主义核心价值观为例，它既凝聚了中华民族优秀传统文化精神，又汲取了时代精神，把中华民族发展的历史经验、现实困境、未来趋向等浓缩在国家、社会和个体层面上，提出国家发展向着"富强、民主、文明、和谐"的价值取向，社会发展向着"自由、平等、公正、法治"的价值规范，个人发展向着"爱国、敬业、诚信、友善"的价值原则，较为全面地指出了人与社会关系矛盾问题的解决之道。

而人类发展除了要解决"向外"层面的人与自然、人与社会的矛盾关系，还要面临"向内"层面的人与自我的矛盾关系。这既是人类生命能力的核心，也是一种自我反思和调控的能力。正如古希腊太阳神阿波罗神龛上的"认识你自己"和苏格拉底的"未经反思的人生是不值得过的"所说，人只有认识了自己的本性，知道自己"要做什么"和"能做什么"后，才能在实践中真正理性地展开行动，确立起与他者之间的良性互动关系。所谓知道自己"要做什么"，就是自我的理智分析所要确定的行动目标，是基于自我生命意志或兴趣使然。而知道自己"能做什么"，是在自我道德意志审视下合目的性的判断和行动。对此，中国传统文化典籍《道德经》中有精辟的论述："知人者智，自知者明。胜人者有力，自胜者强。知足者富。强行者有志，不失其所者久。"[1] 即一个人在处理与他者关系时要进取自足，做到"自明自强"方可形成通达和谐的交往结果。"自明是理智教育的第一步，自强是意志与情绪教育的第一步，唯有能自明与自强的人才配得上说自由"[2]。显然，一个不自由的人往往会被各种"力"所牵绊，当下最为明显的是与他人计较权力、金钱、名望等，而且这种计较是双向的，既有追名逐利者的心浮气躁，也有既得者的盛气凌人，致使社会形成一股暴戾之风，出现"人人好强又人人自危"的不良社会现象。所以，人类社会发展要和谐文明，一个十分重要的方面是要靠人类的自觉觉醒，形成一种自我反思的能力，并不断在实践中克服自身的惰性，改变自己的无知，在学习交往中汲取他人的优点来充实自己，从而能够在认清自我的基础上积极投身于自然和社会环境之中，以促进宇宙自然、

[1]　傅云龙.老子 [M].陆钦，校注.北京：华夏出版社，2000：36.
[2]　潘乃谷，潘乃和.潘光旦教育文存 [M].北京：人民教育出版社，2002：302.

人文社会系统的和谐发展。

概言之，人类自诞生以来，其发展始终面临人与自然、人与社会、人与自我三者的矛盾关系，且最终以人的生命能力之增进作为统一三者的归宿，实现以人为中心的"本能可容制裁疏导，环境可容选择、修润、创制"的自由发展[1]。唯其如此，人类社会也才能够不断精进，并实现与宇宙环境之间的和谐共生。因此，教育学作为增进人类生命能力之学问，在学习中其视野要宽厚幽远，要树立教育与人类发展矛盾相依的自觉意识，注重培养受教育对象集自然知识、社会知识、人文知识于一体的综合系统知识，尤其是要让其形成"真善美"之人文精神。追求"真"就是让教育对象保持求知的欲望，使其拥有宽厚的知识基础，运用怀疑、反思和批判的学习思维，广泛吸收跨学科知识，以辩证理性地分析来认识事物；追求"善"就是让教育对象身怀仁爱、正义之心，对人类的苦难和社会改革怀着悲悯与同情，责任与担当，学习理论，结合实践，进而实现知识内化和能力提升，勇于直视并投身于人类社会发展问题的改进之中；追求"美"就是让教育对象身心自由，将自我兴趣和潜力得以充分发挥，把"求真向善"的行动追求以高度个性化的方式体现出来。

总之，教育学的学习要以人类生命能力的增进为宗旨，以人类发展所面临的三大矛盾关系为导向，以多元跨学科系统知识为基础，培养受教育对象成为拥有理论知识与实践行动能力、科学与人文精神统一的社会主体，从而积极推动人类社会的全面和谐发展。

三、教育活力的动态实践性：养成教育学的智慧艺术

教育的宗旨在于增进人类生命能力，既包括人类类生命能力的提升，也包括具体的单个个体生命能力的促进。类生命能力的提升是建立在具体的单个个体生命能力的改进基础上的，这是一个漫长的渐进式和累积式过程，即

---

[1] 潘乃谷，潘乃和.潘光旦教育文存［M］.北京：人民教育出版社，2002：299.

人们常说的教育是有周期性的。无论是人类类生命能力还是个体生命能力之增进都需要长期的积淀，并非为当下即时的教育结果。因此，教育发展是普遍与特殊、共性与个性并举的实践活动，但其活力或动力则存在于情景化的个体生命之中，通过个体生命间的互动而产生教育意义。

（一）教育意义在于主体交往的启蒙自觉

教育是一种培育人的实践活动。众所周知，人类实践活动是有意识、有目的的，教育实践活动自然带有主观能动性，但其本质在于增进个体的生命能力，而这一宗旨的实现又绝对不是能够"对象实体化"的，无法通过单一客观化的知识内容传授所能完成。首先，从教育形式与过程来看，教育是教育者与学习者主体之间的一种身心交往，是双方围绕教学内容而展开的生命交流过程，是以各自生命经验为介质来对知识内容和问题矛盾进行的探究。其次，从教育目的与结果来看，教育是教育者与学习者主体生命间的互促互养，是生命照亮生命，是生命互观互启之过程，二者通过教学互动获得身心能力之圆融统一。再次，从教育内容结构看，教育是教育者与学习者置身于人文环境之中，以一个个具体知识和问题为起点，用多元跨学科思维和视野深入认识、探析自我生命生活与自然宇宙、人文社会环境的关系及其价值的作用过程，实现用教育来认识生命世界之目的。对此，雅斯贝尔斯在《什么是教育》中有很好的论述，"教育是一个灵魂唤醒另一个灵魂""所谓教育，不过是人对人的主体间灵肉交流活动（尤其是老一代对年轻一代），包括知识内容的传授、生命内涵的领悟、意志行为的规范，并通过文化传递功能，将文化遗产教给年轻一代，使他们自由地生成，并启迪其自由天性"[1]。也就是说，教育作为有意识目的之人类实践活动，其指向的是生命发展的完整性，是集促进身体、认知、情感、意志（德智体）于一体的"无不发达且调和"之活动[2]，以实现人类文化在代际之间的有效传承与创新发展，并能促进人类

---

[1] 雅斯贝尔斯.什么是教育[M].北京：生活·读书·新知三联书店，1991：3.

[2] 王国维.教育之宗旨何在？[N].中国教师报，2015-01-21.

个体生命自由、健全地生长。

　　当然，教育实践活动要促成生命发展的完整性，应是一个连续的在生命主体交往基础上的启蒙自觉过程。也就是说，教育实践活动要建立在主体之间的精神激励之中，而不仅仅是形式或名义上有所谓的"教育实践活动"。因为真正好的教育是唤醒生命意志的活动，正如近代人文主义思想家蒙田所说，"教育使人不变坏是不够的，还必须要使人变好"[1]，这一点是十分重要的。教育实践活动离开精神而独立存在，意味着它仅仅是一种"规格制品"的生产，虽然其规格、效率是标准、可观的，但却往往是缺失生命灵气的，这也是为何当下人们始终难以"亲近"教育的根本原因。因为在人们的意识深处往往将教育当作一种身外"之物"，从来没有将之作为生命生活的组成部分，此种状况可以说在当前教育实践中比比皆是。与教育相关的诸如学校与学校之间、老师与学生之间和学生与学生之间、家庭（家长）与家庭（家长）之间围绕着提高分数而不断进行"比拼较劲"，最终使得只有少数人成为竞争中的"胜出者"，大多数人则被淘汰出局。问题是不管"胜出者"还是"出局者"都或多或少受到了"唯分数"应试教育的伤害，而且这种伤害是双重的。一方面是其在投身于教育的过程中被"唯分数"的教育结构体系捆绑了自由的心灵；另一方面，这种影响又惯性地蔓延而形成一种教育风气，反过来吞噬人们对教育的正确认识，使得教育实践陷入恶性循环。为此，最为根本的解决之道是让教育回归生命的原点。正如叶澜教授指出的，"在我的教育学研究生涯中，最能打动我的两个字是'生命'，最让我感到力量的词是'实践'。教育学说到底是研究造就人生命自觉的教育实践的学问，是一个充满希望、为了希望、创生希望的学问"[2]。因此，为了让教育回归并滋养生命，教育实践理应形成主体间交往启蒙生命的自觉活动，让教育者与受教育者的身与心都进入教育世界，让教育成为开启探索宇宙自然和人文世界的钥匙，唯其如此，教育才能摆脱当前教育主体双方被教材或分数捆绑之后变为"监督与被

---

[1]　郝经春. 教师必读的外国教育名著［M］. 长春：吉林大学出版社，2010：217.
[2]　叶澜. "新基础教育"内生力的深度解读［J］. 人民教育，2016（3）：42.

监督""控制与被控制"的关系，形成生命对话的关系。教育者与学习者因为生命敞开而更能认清自我，师者通过"弯下腰来"走进学习者心灵的方式来审视自己，以站在学习者立场的角度来启发引导学生，与学生一同实现"共育"或教学相长的局面。

在教育过程中，学习者"处于充满支持和鼓励的学习氛围中，他们就更愿意挑战有难度的任务并尝试各种各样的学习策略。在这个过程中，师生共同分享对于学习的激情。好教育必然内含某种心灵的引导和精神的激励，这是好教育把人引向卓越与高贵的根本所在"[1]。如同伯特兰·罗素在《教育与纪律》一文中所言，教育"实际需要的既非唯唯诺诺，亦非逆忤对抗，而是待人接物和看待新思想的时候，能够心平气和，保持一般的友善态度。这些品质一则应该归诸实质方面的因素，旧式思想的教育者则甚少注意这一方面。如果青年成长为与人为善的大人，在绝大多数情况下，势必他们会感到环境是友善的。这就要求看待儿童的欲望时，应该寄予某种同情，而不仅仅作为一个尝试，利用儿童达到某种抽象的目的……而且，在教书育人的过程中，应该进行一切尝试，以促使学生感觉到师长教授的内容值得他去认识——至少在这种符合实际的前提下。学生一旦乐于合作，学习效果便可事半功倍，凡此种种，都是主张充分自由的有效理由"[2]。总之，教育的意义要在实践中生成，它通过主体之间的生命互动来实现智慧启迪，在不断磨砺中生成自由个性，最终促使教育主体成为独立自觉的存在。

（二）教育创新在于主体生命的个性激发

人是教育的出发点和归宿，教育的质量最终以能否培养出精神独立、综合素质高、能力全面的生命个体来衡量，唯有一个个教育主体尽力施展其生命能力，在自由创造之中成就生命的意义，教育才充满魅力。"教育的魅力是创造的魅力，是创造生命发展的魅力"[3]。这可从两个方面来阐述：一是教育

[1] 肖川.教育：让生命更美好［M］.北京：北京师范大学出版社，2015：1.
[2] 杨自伍.教育：让人成为人［M］.北京：北京大学出版社，2010：182.
[3] 叶澜.教育的魅力，应从创造中去寻找［J］.内蒙古教育，2016（4）：7，8.

者的教；二是学习者的学。教育主要是由教与学构成的系统，只有两个方面按照自由创造的原则在教育实践中得以统一，才能确保教育发挥出创造性，实现教育成人成己的宗旨。

先从教育者的教说起，从以教师为代表的专业教育工作者的角度看，人们常说教师的职责是教书育人，但问题是如何落实这一职责。"教书育人"，一定不是一项任务式的知识传授的过程，如果这样，就会使得教师作为专业的教育工作者失去"合理性"。因为从知识传授的角度看，教师比其他从事特定领域研究和实践的人才具有"优势"，所以教师的教书育人是以知识为纽带来培育学生对学习产生兴趣的过程，而这就需要教师想方设法激发学生全身心进入亢奋状态，让他们主动地投入知识的学习思考中，并不断在提出问题的过程中和教师进行对话交流，唯其如此，才能真正形成学生在掌握住知识的育人效果，使学生从其思维方式、解决问题方法乃至情感意志上得以完整统一地发展，这就是教育实践中面临的学科"教学与育人"的矛盾问题。"学校教育出现学科内容之'教'与学生内心的道德、精神和人格之'育'两者间的分离。当今学校教育实践要改变这一弊病，不可能取消分科教学，也不能只靠加强思想品德课和班队课，只靠加强与学生实际的联系和社会实践等来完成。一条最为基本的改变渠道是，通过深度开发不同学科教学的育人价值，使'教'与'育'在学科教学中真正得到融通，使教育的融通渗透到学校每节课的日常教学之中"[1]。然而，要实现如此效果，较为迫切需要转变和提升的是教师的教育观念和路线问题。此外，除了夯实教师专业发展之外，还得注重教师自身发展。只有教师是人格健全、身心和谐的生命主体，才能把知识传递、融解在生命智慧的对话之中，进而以教师"全人"的形象影响学生的身心发展。"教师作为一个专业人员，我们不怀疑，问题是，只强调教师的专业发展，是不是就能造就一个合格的乃至优秀的教师？事实是教师自己作为一个全人的发展，也被忽视了。教师在学生面前呈现的是其全部人格，而不只是'专业'。教师的一言一行都在呈现你是谁，学生也在判断你是谁。

[1]　叶澜.融通"教""育"，深度开发学科的育人价值［J］.今日教育，2016（3）：1.

学生对你有敬意或瞧不起，反抗或喜欢，都不仅仅是因为你的专业，而是因为你的全部人格，当然，没有专业是不行的，没有专业你连讲台都站不住，但是仅仅有专业，肯定也是不够的，重要的是教师作为整体的人的发展"[1]。所以，为了实现教育促进生命能力的增进，让教育主体在实践中创造性舒展个性，挖掘潜力，包括教师在内的教育者要注重自身综合素质的发展，从而实现灵魂唤醒。

教育是教与学的双向统一，要融通"教"中"育"人之目的，还得考虑受教育对象"学"的方面，而其中一个重要问题是何谓学习？对此，我们可以从孔子的言说中获得启发，在《论语》开篇中，孔子提出"学而时习之，不亦说乎"的论点[2]，即把所学适时地加以实践，做到活学活用，其中的核心或关键就在于"时习"，即能够将知识恰当地运用到具体的情境之中从而解决问题，实现"发而中节谓之和"的局面[3]。在现实的教育实践中，学习者特别是学生的学习是不是这样呢？答案是否定的。学生在学校学习所获得的是经由理智认识和训练之后的理论知识观点，但却存在缺乏"接地气"的弊病，这在唯分数应试教育中有明显表现。学生未能很好地应用学到的知识，其根源在于他们在求学过程中脱离"时"，即没有把知识学习的过程和具体的社会生活结合起来，出现"时与习"或者可以说"知与行"的脱节，而这恰恰是要培养学习者的创造性能力所必须统一的两个方面。这是由于理论知识往往具有普遍性和抽象化的特征，而问题或矛盾是具体化和特殊化的，这就需要学习者能够活化知识，创造性地解决问题。当然，教育对象创造性能力的培养离不开学校教育氛围、社会教育风气的影响，"实际上现代社会的教育本来就应该培养独立的人格和自由的思想……为什么中国的科学不发达？因为从小就不好奇。其实小孩本来都是很好奇的，但是不培养他的好奇心，不要多问只要听话就行了……所以，比较高境界的教育，应该是培养独立的人格，

[1]　叶澜.教育的魅力，应从创造中去寻找［J］.内蒙古教育，2016（4）：7，8.
[2]　论语［M］.张燕婴，译注.北京：中华书局，2006：2.
[3]　中庸［M］.王国轩，译注.北京：中华书局，2006：46.

至少能够有独立思考的能力，自己有辨明是非的能力"[1]。而这种独立思考能力的培养，是需要人们转变教育观念的，尤其是当教育不再变为一种稀缺资源，更多的人随着经济收入的增加而不再迫切期待教育经济功能的当下，理应逐渐确立教育是人们的一种存在方式和生活组成部分的自觉意识，重塑社会尊师重道之风尚，把激发潜能、启迪智慧、增进能力的教育意义深深扎根于人们的心里。恰如爱因斯坦在《论教育》中所言，"过分强调竞争制度，以及依据直接用途而过早专门化，这就会扼杀包括专门知识在内的一切文化生活所依存的那种精神，使年轻人发展批判的独立思考，对于有价值的教育也是生命攸关的，由于太多和太杂的学科造成年轻人的过重负担，大大危害了这种独立思考的发展。教育应当使所提供的东西让学生作为一种宝贵的礼物来接受，而不是作为一种艰苦的任务要他去负担"[2]。

---

[1] 资中筠.教育与启蒙[N].东方早报，2013-08-20.

[2] 马小平.叩响命运的门[M].长沙：湖南文艺出版社，2012：45.

第二章　教育何以把人培养好？

何为教育本质？这是一个在学界长期存有争议的问题，但相对统一的认识是将其视为"培养人的实践活动"。那么，如何理解"教育是培养人的实践活动"这一本质界定，以确保教育实践发挥好培养人的意义和目的，此乃当前教育发展所必须反思的，毕竟教育所处的时代和社会背景有了较大变化，教育与人们生产生活、生命身心之间的关系也和过往有了较大不同。所以，对"教育是培养人的实践活动"这一本质的再理解，既是对"教育是什么"的理论问题的审视，也是对"教育做了什么"的实践问题的反思。

一、主体生命能力的增进：教育的宗旨目的导向

教育是培养人的实践活动，其核心和归宿在于"人的培养"，而言及"人的培养"，在性质上理当是正向的、积极的，如此才符合并体现了"教育学"的意义，即教育与人置身于各种环境下而引发的身心变化是有区别的，这种区别在于教育是主体与主体之间展开的交往学习过程，以人性的真善美为双向互动原则，并可以实现有益于主体身心发展的结果，且在后续的不断交往学习中将这种结果逐渐积淀到主体生命能力之中，而置身于各种环境下而引发的身心变化是不定向的，其影响不能确定是有益或有害。因此，培养人的教育活动之实施，首要的是明确培养什么样的人，以及要从哪些维度或结构要素来展开对人的培养，真正促进人身心发展的积极变化，确保培养人的实践活动的开展是有"教育性"的，既区别于其他各种影响人之身心变化的"非教育"活动，又能将教育自身的本质、宗旨或个性得以在实践中体现出来。有了对这一根本问题的清晰认识和理解，才能有意识地选择适宜的教育内容

或载体，促成教育实践活动在价值意义方面趋近于教育的本质和宗旨，切实发挥教育于人生命能力的提升作用。

（一）主体交往学习而自省成长

影响人或改变人的实践活动有很多，但不是所有的实践活动都称得上教育，否则，教育同生产生活就是同一的，如此也就无专业化教育诞生和存在的必要了。事实上，在人类漫长的发展历程中，教育起着不可或缺的重要作用，直至当下，世界各国也是把教育作为提升综合国力和竞争力的重要基础。但问题在于，将教育仅仅作为国家、社会、生活发展之工具来对待的做法，是不是在一定程度上背离了教育之为教育的本质？你看，在社会或物质经济不断增长的当下，人们依然对教育有着各种诟病，这无疑潜藏着人们对教育还有其他价值意义的期许。当然，纯粹完美的教育是不存在的，对教育本质进行探寻之目的在于使培养人的实践活动依循基本的教育规律，使其运行符合教育学意义规范，而不至于发生功能异化。那么，基本的教育规律或教育学意义规范又有哪些？为了更好地回答这个问题，可以先从积极的教育实践经验进行推导。试问，当教育意义真正发生和持续时是一个怎样的情景？作为教育主体的双方是不是都一致认同？学生、子女能够欣然接受教师、父母的教诲，或者在与教师、父母的互动沟通中克服、战胜自我的弱点，而去主动完成学习或接受挑战。同时，老师、父母在与孩子的互动沟通中发现他们的积极变化而激动不已，并在反思、总结实践行动的基础上调节或改进自我。可以说，这样的情景出现了，意味着教育意义就发生了，此时教育呈现出的是主体之间自觉主动的学习过程，通过学习改变和超越自我，并形成相互砥砺的积极关系。换言之，教育作为培养人的实践活动，不同于其他影响人身心发展的实践活动，教育有着意义情境性。在老师和学生、父母和孩子的相互认同中，不断孕育出改变和发展自我的自省意识和行为实践，从而促使主体双方能够在教育中获得成长。相反，当下实践中的家庭教育、学校教育有很多活动是单向的、非主动的，仅仅是老师、父母对孩子的逼迫要求，或是孩子表达的真实心声和行为举动都成为老师、父母担忧或防范的现象，此种状况背离了作为培养人对教育实践活动应该具有的指导意义，没有形成以积极一致的认同为基础的主体交往学习和自省成长的意义情景。

（二）主体潜能激发而个性生长

教育是培养人的实践活动，围绕着"人的培养"这一中心来组织展开活动，为了完成"人的培养"，其在内容和形式上有着多种选择和组合的可能性，而这种可能性自身的合理性何在？诸如，具有义务性质的中小学教育，是不是因其具有相应的"合法性"就意味着其所有的教育实践活动皆为理所当然？这是教育实践所必须追问和反思的，否则教育就变成了没有规范和指向的"任性"活动。当然，现实中的教育似乎总表现得十分"理性"，比如，将"人的培养"定格在以提升分数、提高升学率为内容的道路上，作为"人"的教师、学生、家长往往在教育中由"目的"转为"手段"，"人的培养"变为"分数的培养"，这也是当下各级各类教育实践中的学校奋力拼搏的事情，都在为了提升自我的教育质量（以分数为主）进行师资引进、教学课程和管理评价等方面的改革，而且风起云涌的教育培训市场之所以繁荣，与让受教育对象在各种"教育层级"中胜出不无关系，其往往成为学校内应试教育的"同伙人"。而这无疑是有原因的，对于教师而言，学生的成绩和升学率是学校对其教育教学成效评价的最主要依据；对于学生和家长而言，孩子进入重点学校是家长最大的目标。另外，当下的众多家长都会送孩子去各种培训班，美其名曰培养孩子的学习兴趣，但问题在于，如果孩子对培训内容"缺乏兴趣"的话，再参加这些培训是不是对孩子学习兴趣的扼杀呢？所以，教育作为培养人的实践活动，一个很重要的导向是要激发孩子的潜能，使其基于自己的天赋而不断提升自我发展水平，而这种发展水平是"均等基础上的差异"，所谓"均等"是指每个孩子都可以在学校教育提供的平等、公正、周全的教育服务下，获得身心全面和谐发展的可能；所谓"差异"，是不同主体成长过程中基于不同的身心、家庭、文化、经济、地理等因素，会存在个体之间的差异，这种差异是一种有益于社会发展的"积极因素"，教育就是要尊重不同生命个体，以激发其生命潜能中的共性与个性，让其个性在共性得以全面和谐发展后充分张扬，成为一个独立自主的生命个体。

（三）主体人性丰富而能力促长

教育作为培养人的实践活动，其对象是抽象与具体的统一，"具体"是指教育实践活动是由相对特定的教师—学生、家长—孩子构成的相互影响的过程，其有着相应的情境性，是真实的人与人之间的生命交往；"抽象"是指教育实践活动要将一个个具体活动积累的经验加以总结凝聚，作为不同个体共同学习的目标，因为教育实践活动要让主体生命之间进行相互学习，所以既要尊重和欣赏交往对象的个性优点，又要抱以积极的学习态度和行动来汲取他人长处而提升自我，促使自我发展朝着人性中"真善美"的品性趋近。换言之，教育作为培养人的实践活动，从个体角度而言，是要充分发挥个性潜能，个性潜能是人性的具体表现，教育实践活动势必要使个体发展成为自己；从抽象的群体或人类角度而言，是要促使具有不同个性的生命主体在相互交往学习中共同进步，这种进步是建立在提升个性能力的"宽厚度"或"通识性"基础上的，而不是消灭或抹杀个性差异，否则只会导致人性的萎缩和单一，从而使得社会成员的生命能力降低。人之为人皆因其具有人的类特征，但不同地域、气候、环境及文化背景中的人们应对各种外在刺激的行为方式、制度组织，以及对外在世界和生命价值的理解认知是有差异的，这种差异无疑是人性具有弹性的充分表现，显示出社会主体能够适应各种不同的外在刺激与挑战的生命能力。因而，作为培养人的教育实践活动要注重生命主体之间的交往学习，通过提供多元丰富的内容刺激来提升主体的生命能力，让其形成尊重他者、开放学习的意识和心态，并在不断解决矛盾问题中提升综合素质，而非以人人追求高分为目的或单一片面的理论知识为内容，使得生命能力降低，这可从学生的身心健康水平、实践创新能力不断受人诟病中窥见一斑。

概言之，作为培养人的教育实践活动，它以主体与主体之间的身心交往为形式，包含了知识学习、情感交流、习惯养成、行动能力等众多内容，通过主体之间确立的发展认同而自觉地要求自我，以形成积极互动的交往关系，并最终在自我行动中提升主体生命能力发展的层次水平。

二、人类历史经验的介入：教育的内容方式选择

教育的宗旨指向人类生命能力的增进，其包含着两个基本内涵。一是教育要促进"人"的发展，通过将历史与现实中人类创造、积淀的人类文明经验或集体智慧加以代际传承，内化为人的价值意识、思维心理，此处的教育对象是面向全体社会成员的；二是教育要促进"个人"发展，以人类文明经验或集体智慧为前提，结合具体的个人现实基础进行其潜能激发和兴趣培养，个体以其创新能力丰富人类文明经验，此处的教育对象是具体学生。当然，这两个基本内涵是相辅相成的，教育对人的培养，既包括了对人类生命能力的增进，也包括了对个体生命能力的激发，其统一于为教育对象提供承载历史、现实及未来的系统性知识内容和凝聚自然、社会、心灵的结构性知识类型，并且在形式上满足知行合一、身心统一要求的教学相长、开放式的教育方法的运行。总之，教育培养人的实践活动是有时空属性的，它在内容方式上要实现理论与实践、抽象与具体的统一，将人类积累的历史与现实经验智慧或知识融合在教育过程之中，并以社会生活来检验其有无被教育对象所内化，其所培养的理应是具有理性认知和行动能力的社会主体，而非驮着知识却无法将其内化为生命能力的虚弱存在。

（一）"活"的生活与"静"的知识互鉴

从学校角度而言，教育培养的人最终要走向社会，那么，受教育者应该能够很好地融入社会生产生活并可以应对各种矛盾问题，否则其接受学校教育的必要性和意义就无所体现。这也恰恰意味着学校教育是有其自身优势的，人才培养除了所谓的具有规模效率和工具功能之外，更重要的还有人们常说的它可以有计划、有组织地展开对教育对象的培养过程，它能够在时间、资源、制度等方面提供系统运行的保障。但就算优势如此明显，为何现实中的学校教育还不断受到诟病或批评，其中很重要的一个原因就是学校教育传授

的知识、理论并未转化成学生的能力，也并不能将其运用于解决社会生活问题之中，往往存在人们常说的理论与实践脱节、学无所用等现象。话又说回来，此种现象或状况的存在能否成为学校教育无用的理由呢？答案显然是否定的。学校教育的一个重要内容是向学生传递人类社会发展所积淀的经验，它往往有逻辑地、科学地被设计成间接理论课程让学生来学习，从这个角度而言，师生围绕理论知识展开教育教学是有必要的。注意，这并不意味着学校教育必须完全围绕着理论课程知识教学来展开，它只是其中重要的组成部分和基础，最终是要服务于人的发展，学校教育须将其内化到学生的生命中去。

学校教育在培养人的过程中一定要处理好"静"的知识与"活"的生活之间的关系。"静"的知识指的是学校教育知识系统里的课程是有逻辑、科学化和理论性的分科课程，师生往往以理智分析和理解记忆对其进行掌握，再通过讲授、练习和考试的方式来完成教学过程，师生能够在有限的时间内将人类历史与现实中积淀的知识经验加以传承。"活"的生活指的是时刻变化的时代下，人们的生活习惯、价值观念都会随之变化，而这种变化会在代代传承的生命经验中产生影响。知识经验毕竟不同于生命经验，知识经验需要转化才能成为生命经验，而其向生命经验的转化是离不开教育教学确立的回归生活的指向的。比如，知识经验的传授要结合生活实例进行案例教学，让学生结合生活实际来认识和理解知识，从而使得理论知识有其具体的所指性。又比如，教育教学过程要注重学生行动实践能力的培养，让学生在知识学习的基础上养成好学习、好反思的习惯，培养其敢于创新的勇气和不畏艰难的意志品质等，如此才能更好地适应社会生活。

（二）"合"的生活与"分"的科目互补

教育培养的是一个完整的生命体，这与人类生活的完整性不无关系，即作为生命主体，要以自我身心的统一来面对系统、复杂的社会生活。因此，教育在培养人的过程中要以生命主体身心发展的全面性为目的，如此才能使其更好地应对各种矛盾困境，全身心地投入到问题的解决之中。然而，当下学校教育在这一方面是薄弱的，在教育教学中往往以"分"的理论科目知识授受作为完成任务的标准，他们对专业或分科知识有着"是什么"的认知，但一旦回到现实生活中却难以将其有效运用，因为其面对的生活问题往往是"合"的、完整的，这就造成了当下学校教育中"分"的科目与"合"的生活之间的矛盾。这主要表现在两个层面，其一是在学习了"分"的科目之后，教育主体在与社会生活中的他者进行交往时缺乏"合"的生活经验基础，造成一定程度上的交往障碍，这是当下很多学生遭遇的一个发展困境；其二是掌握了"分"的科目知识的教育主体在解决"合"的社会生活问题时，往往采取理想化或片面化的行动策略，而没有考虑到现实生活问题的复杂性，以致其在现实生活中处处碰壁。因此，教育作为培养人的实践活动，为了使教育主体能够在学习基础上获得全面、系统的能力，以便更好地适应和解决完整复杂的社会生活问题，必须为教育主体提供多元丰富的学习资源，以及自由闲暇的学习环境，从而让其在丰富的"分"的知识刺激下，思考和探究复杂系统的社会生活问题。

除此之外，教育教学要采取问题探究式的方式方法，让师生围绕社会生活问题展开跨学科分析，形成以问题引出多学科知识的需求，并在学习的基础上用跨学科知识分析问题，最终培养出教育主体良好的身心素质能力和多元全面的知识结构，从而能够很好地融入和推动社会的发展。

（三）"真"的生活与"虚"的道义互化

教育作为培养人的实践活动，其在性质上是有着道德追求的，即教育培养的对象理应是求真、向善、逐美的社会主体，但事实上教育的这一道德指向并未完全实现，因教育实践的偏误和社会环境的影响，使教育主体人格品质面临或处于"真"与"虚"的交织、拉锯状态，即"真实"的生活挑战与"虚化"的道德明理之间的不对称和相抵触的关系，这也是人们常常对学校教育进行批评的重要缘由，认为学校教育中的受教育者有着精致的利己主义倾向，他们往往把接受教育当作一种实现权力、身份或金钱的手段，而将教育宗旨抛之脑后，这往往使得学校教育发展成为社会问题的"制造者"，因为社会发展存在的各种弊病终究是由人造成的，而在人的发展过程中教育起到了十分重要的作用，此即"教育中的问题"与"教育的问题"在人与社会发展关系上的折射。

具体而言，学校教育从目的、内容、方法等方面有针对性地对人的身心发展施加影响，但如果所有这些都围绕"应试升学"展开，则学生的人格品质由于学校将所有的工作重心放在考试成绩排名上而被吞噬，使得他们无心也无力去关注真实的社会生活，对社会发展缺乏责任感，不少教育主体只蜷缩于"自我利益"的追逐和保护，更有甚者会僭越法治和道德的约束去行利己损人之活动，知识在其身上并未起到修身养性的作用。

因此，在培养人的过程中，有必要让教育主体正视真实的社会生活，在切实的生活体验中明了和坚信学校传递的真善美价值，并把推动和促进社会发展公平正义与文明和谐作为教学实践的动力和责任，从而自觉地在学习中克制和抵制来自自身的不良习性、环境的消极影响等，以促使自我言行、身心的协调发展，真正把敬业、诚信、友善、法治等价值贯彻在学习和生活之中。

三、自然社会人文的"共谐"：教育的功能伦理引向

教育是培养人的实践活动，其宗旨是促进人生命能力的增强，使得社会成员能够应对多元复杂的矛盾问题或环境刺激，并将之内化为一种身心素质。而教育要培养出此身心素质，则必须为可塑的人性提供系统完整、理论与实践结合、宽松的由内容、形式、方法等构成的教育环境，将人类历史经验智慧纳入教育过程之中，有意识地将社会成员朝着"完人"的方向引领。然而，教育实践在培养人的过程中，其所发生的作用并非与理想的教育价值完全匹配，甚至在诸多方面背离了教育本质，给人类社会的生产生活造成了消极负面的影响。因此，教育在培养人的过程中，一个很重要的方面就是对教育实践经验的反思，进而做出相应的教育实践改革，避免教育对象陷入工具化的泥淖，在培养具有良好身心素质的主体的基础上，积极推动人类社会发

展的文明和谐，构建起人与自然关系的共生和谐、人与社会关系的文明有序、人与自我关系的坦诚的状态。所以，教育作为培养人的实践活动，其所培养之人理应能够更好地应对周围环境带来的挑战，使得人类能够在自然人文社会环境中可持续地、文明地发展，这就要求教育在培养人的过程中注重其功能的伦理引向，凸显人的发展与政治、经济、文化、自然生态系统环境之间的共生和谐关系，培养具有公共意识、市场经济素质、科学人文精神的社会主体。

（一）文化发展的传承与创新关系

教育于人发展的价值意义在于将其培养成有文化的生命主体，这也是人们常说的教育是文化的组成部分，同时教育还承担着传承与创新文化的重任，唯有培养出具有文化认同的生命主体，其才能理性对待自身文化的发展，真正处理好文化的传承与创新。当然，文化不是一个抽象的概念，它是由具体的生产生活内容和方式构成的，例如物质景观、音乐舞蹈、文学艺术、制度组织等，以及人们在融入这些文化场的过程中所形成的民族价值意识和思维心理等。那么，教育为什么要传承与创新文化呢？众所周知，文化是人化之果，是人们应对各种环境刺激的稳定反映系统，是集体智慧的结晶，也是人们为了更有效地解决自身反复遭遇的问题矛盾或环境刺激，将不断积累的应对经验进行有意识地总结梳理，并通过代际传承的方式使其在人类社会生活中稳定下来，成为社会生活的规范和解决问题的技术方法等。因此，作为生活在特定文化之中的社会成员，其从出生时就已受到文化的影响，并在一定的文化环境中成长，而这个过程是动态的、变化的，一方面，社会成员在潜移默化中习得了文化经验、规范，有利于其更好地适应和融入社会生活之中；另一方面，社会生活是在历史和现实中面向未来的，随着生产力水平的提升、科学技术的推广、社会成员流动频繁等因素的影响，既有的文化规范有必要进行调节更新，以便能够与时俱进，此是文化发展的创新需求和表现。所以，教育有必要把教育对象培养成热爱自我民族文化的生命主体，并在积极参与文化生活中反思自我文化的优点与不足，把传承优秀传统文化贯彻在行动中，同时积极汲取时代精神，不断促进和提升自我文化发展的水平。

（二）经济发展的工具与理性关系

教育作为培养人的实践活动，也需要积极发挥有助于人们生活质量提升的价值和作用。那么，其究竟要如何体现呢？长期以来，现实中的不少人对于教育的理解只关注其功能作用，更多是从教育能够促进经济增长的角度来评价教育的地位，比如"科教兴国""人力资本"等提法注重的都是将教育作为提高生产力、促进科技发展、提升经济水平的手段。另外，从个人发展的角度而言，不少人把受教育的目的定位于自我身份地位的改变、自我经济收入水平的提高。然而，经济收入的增加并不意味着精神生活的同步改善，这正是教育作为培养人的活动所必须关注的价值意义，即教育要让社会主体确立起正确的人生价值观，而不是仅仅把物质经济看作生命的全部，如此只会陷入用生命换取钱财的窘境。

比如学校教育可能会通过延长时间、加大学习训练的难度来提高成绩，使得学生的青春耗散在题海战术中，终日身心俱疲忙于背诵、解题、测验，失去了与天赋相称的活力；而对于青少年的父母而言，他们于教育的态度是其可以光宗耀祖，或者单纯是由于爱面子、爱攀比——别人家的孩子是这样，自家孩子也应接受同样的教育。像这样把教育的作用定位于促进物质丰富、经济发展，让教育主体把心思和能力用于追逐名利，却遗忘陶冶自身的精神品性，无法把自我作为审视、反思的对象来平衡其心态，则会引发种种社会心理危机，比如当下人们物质生活日益改善，但各种非公平正义和非民主文明的社会行为频频发生，出现了社会发展的不安全和失序状态等。因此，教育在培养人的过程中，有必要将其功作用与价值意义统一起来，注重教育主体身心的协调统一，让其确立起经济发展是服务于生命质量和人生境界的理念。

（三）政治发展的自我与公民关系

教育培养之人要积极融入社会实践活动中，真正成为社会之主体，这是人们常常谈及的教育观点。可是，教育对象的社会主体属性要怎么来体现和确认呢？这是一个有必要追问的问题，因为经由教育培养的社会成员在一定意义上并未成为"社会主体"，而是成为"利己主义者"。此外，当前社会发展存在着"家庭原子化"状况，人们只关心自己家庭及家庭成员的利益，而且这种关心建立在攀比之上，会给社会带来暴戾之风气，在发生矛盾时人们往往诉诸权力、资本等。与此对应的是，当下社会中存在的"冷眼旁观"的心态，也即以一种"事不关己，高高挂起"的姿态来面对他者，以致时常发生诸如老人摔倒不愿扶、不敢扶、病人躺卧医院门口却无人抢救等现象。所以，必须给当前的教育敲响警钟，教育理应让教育主体成为推动社会发展的公民，成为促进社会正义和谐发展的力量，而不是社会问题或弊端的推手。所以，当前教育在培养人的过程中有必要将社会主义核心价值观融入其中，把学校的思想政治教育作为育人的重要内容、重要形式和必要环节来认真组织、设计和实施，让教育主体具备政治素质，在积极争取自我利益的基础上，要有心系国家、集体和他人的素质和情怀，把为社会发展做贡献作为自我学习的基本和重要导向。

（四）自然资源的开发与保护关系

教育作为培养人的实践活动，从来都是与自然环境密切相关的，这既在教育起源上有所体现，也在当下人与自然的关系中有所折射。教育起源方面，教育是在人类起源的基础上诞生的，是为了传递人类在与自然环境互动中积累的生存经验，以及将人类为了更好地生存而进行分工合作的社会经验加以延续，而且在各种经验不断积淀的基础上催生了教育的出现。为了促使继承这些经验的人们能够具有主动适应和调节环境刺激或矛盾问题的能力，教育在人类社会生产发展中的作用不断凸显，并最终使得培养人成为教育之本质。由此可以看出，在培养人的过程中教育与自然环境有着亲缘关系。人类的发展建立在认识和利用自然环境的基础上，而教育在起源发展的过程中就是不断把人们发现和积累的自然知识让下一代继承下来，今天人们依然面临着这一教育关系。比如怎样使得自然环境有利于人的生存发展，虽然这很大程度上是自然环境被破坏后人们的警觉，但和过往生产力和技术手段较低的传统农业依赖自然的状况不同，是人们不断向自然索取各种资源以实现经济增长目的造成的自然环境的破坏、是在人的生命健康出现了危机之后面临的如何应对自然资源的开发与保护的问题。从教育发展的角度看，最为根本和长远之计是教育要积极培养具有自然生态意识的社会主体，建立起健康和谐的生命价值观，通过现代科学技术的运用和良好生活习惯的养成来践行节俭、绿色的发展路向，从而营造人与自然和谐共生的美好生活。

综上所述，教育的本质是培养人的实践活动，其所培养之人应是具有主动发展的素质能力和身心健全统一的生命主体，需要教育实践活动从宗旨的定位、内容方式的选择、功能伦理的引向等方面进行组织设计，改变以往把教育当成工具手段的做法，确立以人为本的教育实践取向，以贴近生命、走向社会、回归生活为内容和目的，培养出引领社会文明进步的时代公民。

第三章　教育实践的"三边"关系

教育是培养人的实践活动，怎样才能更充分地呈现这一本质之内涵和意义？此乃教育实践所必须追问的，尤其是在当前家庭教育、学校教育及社会教育各自内部、相互之间未能较好地践行"人之培养"，并由此引发教育对象与社会发展产生诸多问题的情况下，教育实践须正本清源，切实使其能够回归培养人的健全发展之宗旨和目的上来。为此，教育实践过程要处理好与培养人之发展密切相关的"三边"关系，即人性、文化、制度。这三者作为教育实践在对象、内容、环境与价值目的、结构形式、路径方法上进行定位选择、组织设计、改革调节的重要的、基础性的权衡考量依据，以确保教育实践培养的是能够推动社会文明进步、综合素质全面、身心协调统一、个性凸显的时代公民。

一、教育实践对象与价值意义：人类生命的人性提升

教育对象是人，从"群"的角度而言，教育对象乃人类整体，教育于人类整体的价值意义无疑是促使其在历史长河中悠久发展；从"己"的角度而言，教育对象乃人类个体，教育于人类个体的价值意义是提高社会成员适应外界环境的能力，并促使其身心和谐统一。正如有学者所言，"人类发展到现在，正开始前所未有地感觉到人类提升自己的价值意义。而人类与万事万物打交道的时候自己的能量从哪里来呢？我认为只能靠教育"[1]。此论述真可谓一语中的，把对教育的认识与人的发展、人的发展与外在环境之间建立起联

---

[1]　张诗亚.回归位育——教育行思录［M］.重庆：西南师范大学出版社，2009：24.

系，将教育视为一种实践的复杂活动，"教育——究为何来？问的不是单纯的教育对象问题，而是复杂的教育的目的问题。这目的可能是人自己，是人物之间的人，也可能是人我之间的人或我，也可能是诸种事物"[1]。总之，教育作为培养人之实践活动，其对象指向于"群"之整体和"己"之个体，其价值意义在于促使人类生命能力得以增进，以及内聚和反映在人类个体中处理"向外"和"向内"矛盾关系能力的和谐统一，即能够适时地发展适应和改善周遭环境的生命能力，同时也能灵活控制自我生命，令其不役于外，始终保持积极进取的自胜自得之态。

（一）人类生命通性与教育的德性旨归

人类生命是物质与精神的统一，且主要以精神区别于其他生命物质，此乃人类生命之共性，是人人如此、自古皆然的。比如，人类为了生存与发展，须解决好物质生命的绵续问题，主要体现在人类与物质环境之间的适应、利用、创造上，而这一过程无疑也是有着精神意识参与的，更遑论人类成员之间为了自我和共同利益而展开的分歧争夺、协商合作、规范共识中形成并内聚着的认知、情感、意志成分。从此角度而言，人类生命通性是归于精神性的，是人之为人的基本属性或人与动植物在属性上的根本区别，它可具体表现为人们常说的意识性、目的性、能动性等，虽然我们不能漠视和否认人类生命通性中的物质性存在，如机体生命的生老病死等，虽也可视为人类生命之通性所然，但也存在于动植物生命中，所以不宜作为人性之特有来定位。同时，所谓人类通性之中的精神性又不独反映在意识、目的和能动性上，还存在于意义之中，即人类是追求意义的生命存在，如此也才使得意识、目的和能动性有了方向。因此，教育从其性质上来说是一种道德教育，它所要实现的是影响人们不断去追求有意义的生活。当然，何谓有意义是需要进一步追问的，物质、经济、权力、地位等对于人们无疑是重要或有意义的，但此意义显然不是人们生活幸福、美满和谐的充分条件。生活中人们如果缺乏怜

---

[1] 潘乃谷，潘乃和.潘光旦教育文存［M］.北京：人民教育出版社，2002：364.

悯、同情、宽容、诚信、友善、自由、正义、公平的话，那么人类社会发展和人们的生活将陷入失序和混乱之中，物质经济的富裕和权力地位的拥有反而会吞噬人性自身的"高贵"，于此，法兰克福学派的马尔库塞早就警示过人们，"在机械化奴役状态中发生的变化：东西支配而不是压迫，它们支配着人这一工具——不仅支配他的身体，而且支配他的大脑甚至灵魂"[1]。所以，教育之于人类生命生活的意义是以人性中的真善美为尺度界定的，教育的道德旨归于将人类生命通性中的"德性"加以滋养呵护、激发、扩充，进而使得人性充满弹性，促使其能够在与外在环境适应与调节中自我修复、更新和精进，从而推动人类社会生产生活的和谐可持续发展。

（二）人类生命个性与教育的能力聚集

人类生命除了通性外，还有着不同于他者的个性，如果说人类生命之通性是一种天赋潜能，那么个性则是这种天赋潜能的外化，往往以不同的发展方式和水平呈现出来。既如此，作为促进人之发展的教育实践活动除了关注人人具有的天赋潜能，营造相应的教育环境和风气，使得人性充满活力和弹性之外，还要把人性还原或具象到人类个体身上，促发人性潜能以差异化的个性展现，并以不同个性之间的互参互衬返观、检视人性，而这恰恰为教育实践的灵动所在，即教育所面对的对象不是抽象人类和人性，而是具体化人类个体和个性。教育要正视、尊重教育对象的独特性，使得其通性朝着积极的个性化转变与发展，成为具有自我意识和独立精神的生命个体，从而在认识自我的基础上不断超越自我，尽可能地使得人性潜能在自己身上得到最大程度的发挥和完善。当然，人类生命个性是要"修润裁制"的，不单纯是自我的任性发展，否则只会滑向放纵或散漫，远离生命个性的内涵与本质，因为个性是人性境界的一种凝缩和聚象，是人性真善美品质的彰显和追求。所以，人性发展尤其是人性境界的提升往往是一个长期拉锯的过程，绝非是一

---

[1]　赫伯特·马尔库塞.单向度的人——发达工业社会意识形态研究［M］.上海：上海译文出版社，2006：26.

种独立于人类生命之外的客观实体化存在。而人性只有不断在教育对个体生命的引导、规约、激励下得以升华，通过个体对生命经验中错误、挫折、失败的认知、反思而形成智识能力，才能获得积极的启蒙而铸就自我的个性品质。所以，教育对象之人性的发展离不开作为内聚着通性之个体生命能力的增进提升，让其在获取知识、分析与解决理论或实践问题的过程中，形成集知、情、意、行于一体的思维方法和价值意识，把认识、反思、认同、超越自我作为一种原则或习惯内化在自我的生命生活实践中，以具有独立个性的生命推动人类社会向前发展，此乃教育实践所要给予关注的。教育实践要尊重有不同天赋基础的对象受不同环境影响所呈现的具有丰富个性的差异化生命，并因材施教地给予多元的学习内容、自由的学习探究环境、交往的学习互动过程的刺激，从而为其孕育良好的生命个性打下基础。

二、教育实践结构与功能作用：人类生命的文化自觉

教育实践活动要面对、检视、改造和提升人性，当然，这里所谓的提升人性仅是对于个体而言的，毕竟从人类类特征的角度看人性，其是相对稳定不变的，但将其放置在人类个体中，它又充满着无限发展变化的可能，不同的人类个体能够把人性的复杂多面充分地展示出来，即人性因个体差异而表现为丰富的个性，这也是为什么亚里士多德会有"一个人和人类乃是一回事"的观点，也即个人（个性）才是人性的最真实表达，那么如何才能使这种表达尽可能将人性中的真善美或积极的成分内化到个体生命当中去？个体生命在发挥人性潜力的过程中又会依托怎样的环境？对此，教育又该如何应对呢？

（一）人类生命时空与终身化教育过程

人类生命并非停留于抽象、孤立或静态的人性之中，而是身处于具体的时空环境里，是有时间和空间属性的。就时间属性而言，人的生命始终都在发展，从出生到死亡的过程中一直存在着生命能力的演变，于此，教育理应是与生命发展始终相伴的，生命的整个历程都需要教育加以滋养和引领，而

不只停留于某一阶段之中，特别是教育被社会民众视为学校教育的当下，似乎教育变为了在时间上可分段为年限化的幼儿园、小学、中学和大学等，从某一层级中分离出去的教育对象如果不再进入更高一级的学校中接受教育，则教育便与其不再发生联系，但事实果真如此吗？答案显然是否定的，人的一生不可能也无必要都在学校里接受教育，人在离开学校之后其生命发展还在继续，影响其生命能力表现的教育刺激、内容、形式依然存在，而且不能忽略和否认的是，人自身就是一种"教育存在"，因为具有主观能动性地认同自我、反思自我、节制自我的人才是自我生命的教育主体，其终身都要在学习和与外在环境适应中获得教育滋养。"一般说到教育，都很容易使人联想学校，其实，学校的教育只是教育过程的一部分。教育是一个社会把他们的文化传递给下一代的过程，传递的目的主要是使他们的儿童成为社会中正常的成员"[1]。总之，教育作为一种社会实践活动无处不在、无时不在[2]，而人类生命历程也恰恰受教育的影响而不断发展变化。另外，从空间属性而言，人的生命是动态拓展性的，仅以其生命所依存和置身的场所看，房子、村落、城镇、县、省、市、跨地区乃至全球等都有无限变化的可能，而这一动态又与生命时间维度共同构成了生命整体对教育的需求和期待。

因此，从人类生命的时空属性和特征看，教育理应贯穿生命全过程，通过终身教育滋养自我生命时空的广延性和丰富性，让教育成为人们生命生活的存在方式，以摆脱当下人们对教育在形式、内容上的狭隘认识。教育是每一个社会成员所不能抛离的，它应变为人类生命生活的组成部分和存在方式，在其生命的不同时空场域中通过终身学习与外界环境发生联系，在不断反思中形成自我生命生活的独立性和个性化，在认同自我的基础上积极追求生命的意义。

[1]　李亦园.人类的视野 [M].上海：上海文艺出版社，1996：33.

[2]　张诗亚.祭坛与讲坛——西南民族宗教教育比较研究 [M].昆明：云南教育出版社，1992：5.

（二）人类生命矛盾与系统性教育内容

人类生命时空结构是具体、鲜活的，它被丰富多元的生产生活充实而变得律动——人类主体生命在各种环境中应对矛盾问题时彰显出的"独特性"，这种"独特性"往往体现为人类生命的"精神意志"能力，通过其不断追求有意义的目标而显现。所以，相对于动植物等以自然的方式加以展演来说，人类生命的确是"无与伦比"的，其因有着"精神性"而变得"高贵"。基于此，教育作为培养人的实践活动，在其运行发展过程中不得不对人类生命时空内涵的意义给予关注，否则，教育就缺乏最为核心的"精神品性"。"生活的绵延是精神性的，也是唯人所独有的，只有人才需要这种教育，教育教人到如此地步，才是适合人的教育。"[1] 当然，人类生命的精神品性并非是"自足"的，其离不开相应的"淘洗""浸染""淬炼"生命的外在环境，唯有生命主体在不断接受、解决、适应和超越各种问题时，所谓的"意义"才能得以明见。因此，教育实践要正视人类生命的意义属性，并将这种意义属性的激活、引导融入"本真"的教育活动之中。正如德国存在主义哲学家雅斯贝尔斯所言，"教育是一个灵魂唤醒另一个灵魂"，"所谓教育，不过是人对人的主体间灵肉交流活动（尤其是老一代对年轻一代），包括知识内容的传授、生命内涵的领悟、意志行为的规范，并通过文化传递功能，将文化遗产教给年轻一代，使他们自由地生成，并启迪其自由天性"[2]。总之，教育的价值就在于引导人类生命去追逐意义，而意义的追逐、内化则需要教育能够对人类生命发展的矛盾关系进行"化生"。那何谓"化生"呢？人类生命时空展演中所面临的矛盾关系有哪些呢？

总体而言，人类生命面临着三大层面的矛盾关系，即人与自然、人与社会、人与自我。在每种关系相互适应与调节的过程中如何确保人能够成为生命的主人从而不断超越自我，成为能够拥有科学知识和人文精神的生命主体，这是教育应该去探究的。具体来说，人类置身于宇宙自然之中，从其生命诞

---

[1] 贾馥茗.教育的本质——什么是真正的教育［M］.北京：世界图书出版公司，2006：205.

[2] 雅斯贝尔斯.什么是教育［M］.北京：生活·读书·新知三联书店，1991：3.

生之始直至死亡，都要与外在自然环境发生联系，既要不断增进人类认识自然现象及规律的知识和能力，以便能够更好地利用自然创造丰富、便利地服务于人的物质环境；同时，又生活于社会中，与人进行交往实践，在互动合作、竞争比较中形成共同的制度规范、社会心理和风气，离开了所有社会成员认同的价值规约，人类社会生活必然陷入混乱失序中；再者，人类生命又是内向自观的，反思、改进和超越自我是人类生命之本质。人们只有检视和正视自我，不断向他者学习，才能提升自我。概言之，人类生命展演是具体而矛盾的，它要能够与外界环境取得平衡关系，也离不开自然、社会及自我方面的知识经验，这是教育所要给予关注和培养的，只有为人类生命发展提供丰富、多元的教育内容刺激与引导，方能促使人类更好地面对复杂的周遭环境并与之进行"有益"的赛跑，以引领社会朝着积极文明的方向发展。

（三）人类生命和谐与完整性教育目的

人类生命是身心的统一，是集知、情、意、行于一体的完整的存在。当然，人类生命的整体性指的不仅是结构化的多维，即可分解的身与心、物质与意识、思维与存在、知与行等结构关系，还有具体、真实、完整的人的生命状态。虽说我们通过这些分解的结构对人类生命有了多向度和纵深化理解，但一旦回归到全人类的角度，就只能是一个具体真实的"实体人"呈现的生命状态。而要让这个生命状态积极、和谐而非消极倦怠、破坏任性，就要求教育须以一个完整的人对其加以培育，不宜实施"加减法"式的教育过程。"加减法"式的教育包括"加法"式教育和"减法"式教育，所谓的"加法"式教育，是指把人类生命的培育内容肢解为"德、智、体、美、劳"等各个部分，专门、单独地进行德育、智育、体育、美育等，更有甚者，把德育、体育等作为一种任务来执行以应付上级检查。可以说，"加法式"的教育往往导致生命丧失灵性；而所谓的"减法"式教育是只为受教育对象提供"有用"的片面化的知识、经验或技能，而使得完整的生命只专注于功力事物的追求，难以完成生命的自我超越和自由解放，只能被定格或捆绑于单一狭窄的"模式"中。

概言之，人类生命发展是完整统一的，具体反映为生命整体的和谐融和，既是知识与能力的兼备性，也是身与心、知与行的合一，教育理当为人类生命的完整性发展而"尽力"，通过教育目的指向人的生命完整、和谐发展，在教育实践中以培养具有独立自我意识的健全生命体组织其运行结构体系等。

三、教育实践路向与环境土壤：人类生命的制度规范

教育的宗旨目的、内容形式都要融入行动中方能体现出其意义价值和作用功能，这无疑是需要在现实中实践的，唯有存在与意义目的相应的环境风气，教育才能真正彰显力量。当然，这是一个努力自求的过程，在体现教育规律的"有章有法"的规范引领下，良性制度的建设让受教育对象成为推动社会文明进步的生命力量。

（一）自由民主社会秩序与人本化的教育交往互动平台

教育要以人为本，可何为以人为本、怎样做到以人为本却是须得细究的问题。虽然人们对此多有探讨，然而，当落实到现实中时，"教育以人为本"往往体现在教育物质环境条件的改善上，诸如图书馆、教室、运动场、食堂、学生宿舍等方面的修缮改造，当然，这属于必要且须持续提升的硬件水平，良好办学资源的学校环境能让师生在安全的教育环境下获得丰富、便利、先进的教学刺激，理当是以人为本的教育实践所关注，但显然，这些不能直接等同于优异的教育教学质量，真正的"以人为本"是要看依托于这些物质基础的教学交往过程能否激发、孕育师生在知识、思想、能力上的增益，尤其要体现在促进学生或受教育对象的"成人成己"之价值意义上，让其成为具有良好的、自我认同的身心和谐、人格独立、综合素质的生命主体，能够自由理性地看待自身学习与生活，在积极与他人交往合作中创造平凡而充实的人生，同其他社会成员一道共同创建求实好学、尊师重道、自由民主之社会秩序，此乃为教育培养人的宗旨的具体表现，也是教育实践以人为本所要追求的结果。这一结果反映在社会发展中就是具有良好公民素养的主体能够

在不断解放和超越自我的基础上积极推动社会文明进步与发展。因此，所谓教育以人为本，其内涵应在于培养具有独立人格的教育对象，教育过程、内容、方法、评价的组织运行皆要以增进人的完整生命能力为准则，不能停留于单一的卷面分数、答题技巧层面，而是把培育理性自觉的生命主体作为重点。所以，当前的教育实践要想有所成效，培育出健全人格和良好全面综合素质的社会公民，进而构建一个自由、民主的社会秩序，那么就离不开教育实践过程中有益于社会成员生命能力增进的人本化教育交往互动平台，通过生命间的对话促进知识的吸收，将其内化为教育者和学习者的生命经验和智慧能力，切实让人们的自由天性在理性、意志的控制、调节下化为创造力量，积极营建一个自由民主、文明和谐的社会，不断在进取中促使自我生活蒸蒸日上。

（二）诚信法治社会心理与精准化教育优先发展机制

人的生命的发展，离不开教育的积极引导，如果缺失教育的滋养，人的生命虽能维持但却难以"自明"，无"自明"则"不诚"，如此，人生则会陷入单向度中而失去平衡，若人人如此，则无疑会引发社会混乱无序。所以正如《中庸》所言，"天命之谓性，率性之谓道，修道之谓教"[1]，教育就是要让社会成员"修道"，在"修道"中"率善之人性"而"德（得）"，以真正实现和促成教育、社会与人之间的"教学为先，化民成俗"的关系，也即今天人们常说的教育、社会与人之间形成和谐共生关系。然而，现实并非如此，当前实践中，人、社会和教育的发展关系存在着不少"漏洞"，很多社会发展的弊病恰恰是教育出现之后的社会主体实践所造成的，包括家庭、学校和社会教育作用于人的发展的后果。由于不少人成为像钱理群教授所言的"精致的利己主义者"，诸如大学生、知识分子乃至社会各行各业中奉行"有钱有权就是老大"的人增多了，于是他们为了所谓的成功殚精竭虑地谋取"成功成名"，在相互"赶超攀比"之下"人人争强又个个自危"，从而逐渐让整个社

---

[1] 王国轩译注.中庸［M］.北京：中华书局，2006：46.

会戾气深重。这显然不是教育应该要培育的社会心理。

教育从其价值和意义而言是要培育身心健全、德智统一的社会公民，再由公民营建守法诚信、勤奋进取、仁爱明理的社会文明风气。那么，这样的社会风气或社会心理需要什么样的教育呢？显然，一个守诚信和讲法治的文明社会是需要全社会成员共同营造的，不同社会成员要能够在各自的生产生活中"率性修道"，按照权利和义务的共生关系尽职尽责，在投入生产、完成工作任务和解决问题过程中最大程度地发挥自我的理智创造能力，并与他人之间建立起共学共促的交往关系。于此，教育理当是精准化和多元化的，唯其如此，教育供给才是有效有益的。当前，虽然重视了"教育"，却未产生化育良好社会风尚的功效。所以当前教育要优先发展，还须进一步做到精准化的教育优先发展，根据不同行业、阶层社会成员所处的"生存困境"给予相应的教育服务。比如对农村或贫困地区的社会成员来说，脱贫或过上小康生活是其所追求的，对其而言，教育应该为其提供各种致富技能的学习和培训机会，以拓宽和提高他们生产劳作的致富渠道和质量水平；而作为在校学习的学生来说，教育应该给予他们思维方法的培养，让其能够辩证地分析问题，在获取知识的基础上形成行动能力。总之，各行各业的社会主体要能够各守其位、各尽其职，将自己的聪明才智发挥到自我的本职工作上，在尽职尽责中为人类社会发展作出贡献，而这就需要能够为不同行业、阶层社会成员提供基于自我发展需求、适合自我发展特点的精准化教育优先发展机制来积极促成。

（三）文明友善社会风气与学习化的教育普及网络体系

人类社会生产生活虽然有对意义和目的的追寻，但这个过程并不明显，其中不可避免地会充满着诸多矛盾、挫折或风险等，这不是人的理性所能够完全预测的，一方面，人们常说的人的理性是有限的，另一方面，它也与人的欲望或本能无限放大而人之理性被遮蔽有关。这也就意味着人类社会生产生活并非"风平浪静"，而是充满着各种不稳定性，甚至包括多种危机，如战争、犯罪、暴力等因素，它们已被人类社会历史发展所证明，所以问题不在于人类社会发展有无或遭遇多少困境，而在于当人类社会发展出现矛盾时该如何应对。恰如已故历史学家阿诺德·汤因比所言，"在教育与灾难之间，存在着激烈的竞争"[1]，尤其是从教育角度而言，要做好灾难来临时的演练，以尽量减少灾难带来的损失。

于此，教育是否只关注于法制层面的"令行禁止"，加强社会成员的法制意识和社会法制建设，通过所谓纯粹的惩戒来维护和实现社会和谐有序？这当然是必然的，但却并不能仅止于此，这是因为一方面，法制即使再完善，也无法涵盖人类社会生产生活的方方面面，法制终究有其局限性；另一方面，如果人们对法制的认识和理解只停留于"不允许"和"受惩处"的层面上，而没有建立在"不应当"的道德情感、价值认同和行为自觉上，不能让民众发自内心对法制怀有敬畏和信仰，那么法制将会被人们的"私欲、理性"撕毁，这也是为什么在大力推行法制建设的当下，人们的法制知识和法治意识虽然得到了增强，可人们的法治信仰和行为实践依然很脆弱，这可从今天社会心理的"暴戾浮躁"之态略见一斑。因此，一个社会的文明和谐，不能只依靠法制知识的增加就够了，更为重要的是，法制要深入人心，变为人们的一种内在信仰、自觉意识和行为习惯，如此，法治所内聚的自由、平等、秩序才能成为社会风气。所以，教育要能孕育出这样的社会风气，真正产生"化民成俗"的效果。当前，要构建起学习化的教育普及网络体系，让学习化社会和终身教育成为人们日常生产生活中的常态，而这对于教育结构条件而言，有必要从教育形式、类型、过程、内容和方法等方面为社会成员提供较为便利和有效的学习空间，我们也应改变长期以来教育只局限于正规学校为青少年提供逐级升学的学历教育，为所有社会成员和社会整体发展服务，只有作为社会一分子的每一个公民有接受教育的机会和不断学习的资源条件，方能将诸如社会主义核心价值观等有益于社会发展文明进步的道德法治等内化在民众心中。

---

[1]　马小平.叩响命运的门[M].长沙:湖南文艺出版社,2012:4.

第四章　教育何以要传承民族文化？

　　学校要不要、能不能，以及该如何传承民族文化？这在学界存有不同的声音，有的认为传承民族文化是学校义不容辞的责任，但又苦于找不到有效的方式而流于形式或效果甚微；也有的认为传承民族文化的主阵地不在学校，相对独立于社会的学校在民族文化传承中的作用是有限的。学校教育的根本任务是立德树人，从民族文化与学校教育共生关系方面来落实这一根本任务，乃是将学生视为历史的实践生命主体来加以培养，而不是单纯理论知识的接收者，唯有学生担负起传承与创新民族文化的重担，方可体现立德树人之真义。为此，学校教育实践要摆脱名利的迷离和异化，以人类积淀的丰富多元文化为资源和养料，把时代和民族文化精神内化在学生身心发展中，充分激发其人性潜能力量，将其培养成为推动社会文化繁荣和谐的生命主体。

一、成人与事功：学校教育目的与民族文化存在方式

　　学校教育为了什么？只有把这个问题回答清楚了，人们才能在实践中找到方向而不迷失，不致发生教育主体为学习者成长劳心劳力的同时，却也在阻抑着其潜力和个性的发展，甚至在戕害着他们的身心健康。比如，长期以来学校教育沉迷"唯分数、唯升学率、唯重点名校"的角逐，学校、老师、学生、家长为了学生不输在起跑线上而争先恐后、绞尽脑汁地竞争，社会中"陪读""择校""学区房""课外辅导"种种"绝招和狠招"或"军备竞赛"纷纷登场，教育市场竞争异常激烈，而学校本应有的宁静、坚韧、好奇、反思、行动、创新、合作、勇敢等科学和人文精神却逐渐消沉与失度，代之以的是竞争、焦虑、疲惫、兴趣与个性缺失、精致的利己算计等，此显然与立

德树人的根本任务背道而驰。潘光旦先生早在二十世纪初就指出，"如果仅仅教会孩子识字，而没有把判断价值的原则和选择好坏的标准传授给他们，就只能误人子弟。用这个道理反思当代教育，我们可以发现它的最大弊病就是在过度强调知识教育的同时，忽视了是非标准和价值判断。这不仅使青少年缺乏应付环境的能力，还容易走上邪路"[1]。学校教育对象为学生主体，他们是物质生命与精神生命的统一体，其身上具有共同的人性和类特征，同时其又是一个独立的个体生命，要同他者和周遭环境进行交往来释放自我的人性潜力，并在相互交往中内化社会的各种规范，从而实现自我发展的社会化与个性化统一，这才是教育之目的所在，即把人培养成为适应和推动社会文明进步的生命主体。

单纯的知识、技术或分数追求已然显露其弊病与不足，学生的发展是身心两全的，"成人"与"成事"在其成长中要得以协调统一。"教育的目的就是引导人发展其进化的能动性；经由此一过程，他将自身塑造成具有人性的人—以知识、判断和美德武装起来的人。同时，教育又将他生活在其中的民族和文化遗产传授给他，并以这种方式保存世世代代所创造的、历史悠久的成就。教育实用性的那一方面—使年轻人谋到一份职业并维持生计的那一方面—也断然不可漠视，因为人类的后代并不是天生要过贵族式的闲暇生活"[2]。因此，学校教育所培养的学生是现实的文化生命主体，其既要适应社会发展对人在知识、技能、道德等素质能力上的要求，也能够汲取优秀传统文化精神来滋养和陶冶品性，成为身心和谐的生命主体。因此，学校教育在培养人的过程中不能无视民族文化在学生身心发展中的作用，这是由于民族文化的存在方式是"活"的，它融于人们生产生活实践当中，学生经过长期的耳濡目染之后将其化为一种价值意识和思维心理，影响着他们的知、情、意、行，这种影响是长期的、深入的，在进入学校之前和离开学校之后也会对一个人的身心发展产生重要的影响力量。何以如此？文化是人类集体智慧的结晶，

[1] 智效民.民国那些教育家[M].成都：四川文艺出版社，2013：56.
[2] 雅克·马里坦著，高旭平译.教育在十字路口[M].北京：首都师范大学出版社，2010：13.

是历经时间淘洗、实践检验之后依然在现实社会里被人们践行、追求或信奉的价值、规范，比如"真、善、美"，它们理应成为教育导向，只有具有如此文化精神的生命个体，才能更好地担当起传承与创新文化的重任，并在文化精神的滋养下不断进行自我超越，去推动社会发展、文明进步。当然，这当中还须人们进一步厘清的是文化与社会的关系，很多时候人们认为文化是社会的子系统或组成部分，将之与政治、经济并列，对应于教育则有所谓教育的政治功能、经济功能、文化功能的划分，如此则意味着文化是相较于政治、经济而言，更突显其精神价值，这也是为什么人们将文化称之为一种"软实力"，通过价值认同、道德垂范、法治风尚来促进政治、经济的改革发展。因此，学校立德树人离不开民族文化精神的传承培育，让受教育者把人类历史发展进程中积淀的诸如仁爱、和善、诚信、勇敢、勤奋、好学、乐思等精神品性加以内化，从而形成良好的身心素质。同时，民族文化精神并不是实体化存在，可以将其单纯地抽象为一种客观的知识文本加以教学，它存活于民族文化场之中，需要借助于各种文化活动来感知和理解，也即民族文化和民族文化精神是融为一体的，二者是表里统一的。所以，学校教育要培养学生的民族文化精神，就离不开对民族文化的关注，有必要对民族文化进行一种优化选择，通过学生对优秀传统民族文化的认知理解，结合学校专业教师的启发、引导，充分利用学校各种学习资源而确立起学生对民族传统文化精神的认同，进而形成知行合一的状态。

学校教育对象之学生乃是未来社会发展之主体，其生命成长和发展最终要在社会实践中演绎，而且在生产过程中也离不开与他人产生合作互助关系，通过从事各种具体的社会生产来创造财富，并在生产实践中不断进行学习探究，使得自我身心发展拥有建立在科学技术基础上的物质条件，确保其精神生命和物质生命得以统一。可以说，学校教育对人的培养，除了在精神价值、道德品性等方面促进潜力的发掘和境界的提升之外，还要注重教育对象生命能力的全面增进，让其学习和掌握一定的自然、社会和人文知识及运用现代科学技术的本领，在面对和处理各种现实社会关系中促成身心和行动能力融通。故而，学校育人是"成人与成事"的并重，"成人"注重的是处理社会关系中的德性和品质，"成事"注重的是生产实践的知识和技能，二者于人的发展而言不可偏废，这就有必要让学校对作为教育对象的学生进行"还原"，将具体的"分数、成绩、名次"等"悬置"，把学生视为具有丰富人性内涵的生命主体，以丰富性的文化作为重要的教育资源和环境底蕴，让学生在学习理论知识的同时能够对民族文化生活有深切的体验，通过民族文化生活实践来了解、感知作为社会关系存在的人所要面临的人与自然、社会、自我的多重矛盾，从而更好地将理论知识内化进自我生命之中，这也正是学校教育须得关注民族文化的重要原因所在——文化乃人类生命的表征，人性之丰富性是通过人的本质来体现的，人的发展全面性也离不开多元丰富的文化来滋养。

二、实践与创新：学校教育价值与民族文化演进发展

学校教育是培养人的实践活动，其目的之实现依赖于实践的展开，否则只会停留于抽象的规定或理念层面。那么，对学校教育来说，何谓实践呢？向学生传授静态的理论文本知识、让学生遵循既定的规范要求，它们无疑是学校教育实践的重要组成内容，但除此之外，更为重要的是实践带来的内在品性，体现为主动尝试、探险、质疑、交往、行动等，而不是被动地接受已有的知识、理论和方法，师生交往互动中需要不断激发学生潜能，让学生对知识进行辨析、掌握、内化，形成科学的思维、好学的态度和坚忍的意志，面对新的矛盾问题能有自我的独立思考和有效应对，在行动中促进知识的运用和创新。"实践概念就有这个意思，有一种试探、冒险的探索，有一种开拓精神的含义。所以，马克思把实践看作人类自由意志的发挥"[1]。可以说，学校教育培养人的实践活动是不断的积累、沉淀、质变的过程，其中往往有反复、交错、螺旋的上升阶段，因为理论文本知识是静态的、客观的，学校教育对人的培养不止于对它们的认知、理解，更重要的是借由其来立人，立人也就意味着做人，做人是在行动中展开的，而行动则少不了探索、冒险、试

---

[1]　邓晓芒.哲学史方法论十四讲［M］.北京：生活.读书.新知三联书店，2019：512.

错，进而才有稳定的成长，且没有着一个终点，正所谓活到老学到老、生命不息则奋斗不已，这是人之为人的本真所在，即在纷繁复杂的矛盾困境中前行，在排忧解难中寻求慰藉，在欢愉快乐中有所寄托。因此，学校教育对人的培养要立足于现实的文化人生，要把学生视为具有感性文化生活经验的精神生命，在行动中促成知识的活化，通过"对象化"地运用知识解决矛盾问题，而不是一个单纯接受理论知识，蜷缩于"悬思"之中的空壳。学校教育在培养人的过程中之所以要凸出实践性，就在于学生是一个发展中的生命主体，其生活始终要在文化系统中展演，其生命的与时俱进就是在知往开来的文化绵延中进行的，他承担着文化传承与创新的重任，这就要求学校教育要处理好理论教学与文化发展之间的平衡关系，在内容上要积极将优秀文化成分纳入进来，扩展学生的视野，在方法上要汲取文化发展的活力，让学生在理论知识学习与社会实践行动中形成良好的价值意识、思维心理和态度方法，把文化和时代精神自觉内化为自我的身心发展，通过自我德智体美劳的全面发展来促进社会文化的繁荣进步。

那么，学校教育要如何才能促使学生成为文化传承与创新的主体呢？这一问题其实也是对人们熟悉的教育学命题"教育是文化的组成部分，又承担着文化传承和创新的重任"的具体追问，其落脚点就在于人性潜能的激发和培育上，而方法上则要凸显文化发展的实践品性在学校教育中的运用。何以见得呢？从文化演进发展的行程中能有所启示。人类诞生后的漫长发展历程中，维持生存是首要解决的问题，为了获得更多的物质营养供给，人类经由使用和制造工具的不断更新而与周遭环境展开广泛紧密的交往，通过自然的不断人化构建了丰富的人类社会文化，当然这个过程并非是坦途平顺的，其中充满了各种来自大自然诸如洪水、猛兽、疾病等的威胁，人们不得不结成群体并依靠集体的力量来应对生存危机，并且在不同族群之间也会存在为了争夺资源而发生的争斗、冲突等。总之，基于生存的绵延需要，工具的使用和制造得到了发展，从木棍、石骨、铜铁器、机械直至当下的信息技术、生物制药、人工智能等，人们积累了更为丰富的生存发展经验，加之各族人群间互动联系范围的扩大，人类的视野和心智在历史中获得了拓展和深化，认知从周身的物质环境向自然宇宙的内核深入，道德伦理也随着资源利益分配、战争流血而逐渐制度规范化，其间也少不了人们对天地奥秘、命运难测发出的追问、礼赞和反思，生产生活中还创生了宗教、音乐、歌舞、绘画等各种文化成果，而且文化的类型及发展水平随着人类实践历程的推进而变得越发丰富和发达，久而久之成为在人类代际间绵延生长的文化传统，影响着身处其中的人们的思维、价值、意识、情感、意志等。由此可见，从文化创生演进的角度来看，文化并非是独立于人们生产生活之外的静态实体，而是人类在自然社会生态系统中基于生存绵延的需要而展开的"人化"的结果，是人们为了解决生产生活中面临的各种矛盾问题，包括物质生产、社会交往等而"对象化"的产物，即人们在实践中创生了文化，并且人们又通过学习文化获得了人类集体智慧，它以文化心理或人性潜能的形式影响着人未来的生存发展，促进人们进一步去推动文化创新。

所以，文化的发展是动态的，它在人类主体实践中得以继承与创新。人作为个体存在，需要学习人类集体创造的文化内容，在长期文化生活实践中习得稳定的文化价值规范，其影响着人们的行为倾向，甚至在一定程度上成为潜在的阻力，比如，固守偏见或传统。不过，人类从创造、习得文化内容并遵守文化规范的过程中，也将文化内容及其规范由外而内地塑造和积淀为一种文化心理或人性能力，以潜能而非实体的形式内聚在人类身上，似乎是先天就具有的或不学而能的，其实是人类漫长的历史实践积淀而成的，但不同个体基于特定的时空情景而会使人性能力表现出差异性，他们通过创造性地解决问题推动文化发展，当然这不是一个同步发生或直线上升的过程，而是人们在适应既有文化及其规范的基础上，结合具体的问题局部的、零星的渐进突破，不断通过适应与调节来实现，又经由人们的学习、继承而内化积淀到人性能力中去。"人性能力看来似是形式，其实却是人们心理中情理关系的某种具体结构，所以并不空洞。它虽然必须由历史上不断演变的相对伦理制度和规范所不断塑建，但这'形式'本身却超出这些伦理制度、规范的相对性和一是一地的历史性，而对人类具有绝对的价值和意义。这是由历史建成的理性，由经验变成先验，由心理形成的本体。它超越任何个体或群体，代表的是人类总体（过去、现在和未来），从而具有神圣性或宗教性、绝对性。可见，一方面没有历史的积累，没有经验的积淀，不可能产生这种神圣的先验的人性。另一方面，没有这人性能力和形式，历史将不可能向前行进，人将倒退到动物世界中去"[1]。总之，文化发展是人性能力的外显，其价值意义除了作为人们应对生产生活实践的经验知识系统的表征外，还作为人性能力得以不断激活的重要教育资源和力量，学校在培养教育对象的过程中要以文化为养料，呵护、激发文化发展中形成的人性潜力，在教育内容和形式的选择构建上是开放而不是封闭的，是动态而不是静止的，是友好交往而不是非理性竞争的。其实这道理很简单，如果说人性能力是充满活力的，是与时俱进的，其最为直接的体现在于人们所创造的文化是多元丰富且不断发展变化的，因而作为承担传承和创新民族文化发展重任的学校教育要从内容、形式、方法、过程等方面体现出文化发展内聚的实践品性。

三、共识与个性：学校教育形式规范与民族文化内容结构

学校教育的对象是具体的，它包括每一个学生，所有学生获得共同发展是基本的教育原则，"素质教育""因材施教""个性化教学"等都倡导尊重和满足不同学生的发展需求，这体现了学校教育的正义和公平。学生出生和成长的家庭环境条件和文化背景虽然有所不同，但不同学生主体又都是内聚人性能力的生命存在，故学校教育的魅力就在于激发不同学生的人性潜能，让他们自由地成长，在丰富多彩的校园学习和生活中发展自我。"教育是一种特殊的实践活动。其特殊性在于，它的对象是人。教育的目标是人的成长和人的幸福，教育的内容是以智慧培育智慧，以心灵滋养心灵。这就要求教育必须按照人的成长规律，一切服务于人的成长，一切服务于人的未来。因此，理解教育本质的关键在于，确立人在教育工作中的崇高地位。认同这种境界，就会在教育活动的各个环节，探寻规律，摸索规律，遵循规律，致力于人的

---

[1] 李泽厚.人类学历史本体论［M］.青岛：青岛出版社，2016：92.

和谐发展和健康成长，使教育成为一种洋溢着郁勃的生命意识和创造意识的活动"[1]。然而，理念的应然不等同于现实的实然，以应试为导向的学校教育仍将学生身心抽象化，剥离了他们感性的文化生命，以分数、成绩为衡量标准来对学生进行优劣划分，这显然存在逻辑和事实上的悖论，学生之间的不同是由于其整体的生命发展呈现出来的个性差异，而不单是认知层面上的分数高低，可本应围绕着学生个体身心健全和谐发展来展开的教育教学在现实中却被应试分数的追求所淹没。当然，学校教育之所以存在此实践倾向，原因是多方面的，其中学校教育在形式规范上的单一是很重要的原因之一，比如以应试的学科知识为主，学习内容比较狭窄单一；综合劳动技术课往往由于资源条件有限而形同虚设，音乐、体育等课程也不能按质按量地实施；教育形式以应试的理论认知为主，学习方法偏机械记忆或逻辑演绎训练，导致学校教育于人的发展所起到的作用是片面抽象的，远离了其自身生命的整体统一性，他们获得的知识难以化为实践行动的力量。

要改变这种局面，须得学校教育将自身优势充分发挥出来，积极提供和营造多元丰富的学习资源和环境，为具有不同文化成长背景的学生构建自由选择和满足个性发展的服务指导，让学生在学校的学习和生活中能够建立起安全感、成就感，进而培育起乐学好进的情感态度，在与师生互动交往中敞开自我，结合理论知识的学习、实践问题的操作，通过与老师、同学的交流、沟通、合作、反思发现另一个自我，且在勤奋努力中不断进行超越。"我们的教育主要是为了获取知识，这正在让我们变得越来越机械。无论是在科学、哲学、宗教、商业方面，还是在我们正在获取的技术知识上，我们的心都在沿着狭窄的轨道运行。无论在家里还是在外面，或者从事某种专门化的职业，我们的生活方式都在让我们的心变得越来越狭隘、局限和不完整。……自由是一个非常复杂的问题，要了解如此复杂的东西，心灵的绽放是必要的。……这种绽放是我们的理智、情感和健全的身体的全面发展和培养，也就是活在完全的和谐中，……只有在我们的感知是清晰的、客观的、非个人化的，没

---

[1] 杨斌.什么是真正的教育[M].福建教育出版社，2010：2.

有被强加任何的负担时，心灵的绽放才会发生。……作为教师，这是我们的工作和责任，而教育是人世间最伟大的职业"[1]。其中很重要的一个方面，就在于学校要能为不同个性的学生在学习中找到发挥和施展自我的舞台，比较切实可行的方式是以"内容"来培育"自由"，主要指的是学生能在学校找到自我感兴趣的学习内容，进而在教师的引导鼓励下用心用情地投入学校生活，自信地表现和发展自己。这也是学校积极将民族文化引入校园的重要原因，民族文化内容结构上的多元丰富性与学校教育注重每一个学生个体的全面发展是对应的。此外，作为个体的学生，在成长过程中受到民族文化的熏陶，其语言、价值、思维、观念等无不体现着民族文化的影子，学生在进入学校之前已有了自身的"文化教育"，而对这一自身的"文化教育"生成机制的了解，无疑对学校如何营造丰富的校园文化环境来促进学生的个性发展是有意义的。文化的主体是人，文化因人而创生发展。从文化创生的源头来看，不同环境、条件使得人们所面临的生存发展问题或困境是有所差异的，不同地理、土壤、气候、水资源环境下人们的生活方式是有别的，这种不同往往会在人们的生产工具、饮食、服饰、社会组织、价值信仰等方面体现出来，随着人们对既有文化经验的习得且长久地浸润其中，势必会形成一套处理人与自然、人与社会、人与自我关系的稳定之价值意识、思维态度和行为方式等。同时，文化发展还存在着一个交往的问题，即不同文化在接触中会相互打量对方，从文化表象的观看，到文化结构内容的参照，再到确认文化的个性差异，在不断深入交往中形成良好的认同，将自我文化与他者文化区别开来，在相互交流中求同存异，在相互学习中共同发展。可以说，文化是多元有个性的，又是在学习交流中发展的，其丰富多样态和动态创新发展体现出的是人性潜能的多面性或弹性，即人性潜力在不同时空、地域、环境、资源刺激下在社会主体身上的积淀有不同的表现，它们是人类生命能力充满无限可能的折射，因而不同文化的互鉴可以说是对人性能力的一种审视，通过他者来认识自我，此乃是文化多元所具有的重要价值，人们通过文化交流学习

---

[1] 克里希那穆提著，周豪译.教育就是解放心灵[M].北京：九州出版社，2010：2.

而相互理解、宽容、尊重，在共识中彰显个性，在个性中实现创新。

　　总之，文化是人类基于自我生存的现实环境而创生的，同时文化发展是开放进取的，不同文化的共存、交往、互鉴能为人性潜能活力生长培育良好的土壤，让人们在交流中认识自我，在反思中达成共识，在实践中展现个性。为此，学校教育要积极引进、开发和利用民族文化在学生个性发展上的促进作用。学校教育对象是一个个具体的学生，他们每一个人都应在学校教育中获得发展，这是学校教育的基本原则。如果说让每一个适龄儿童都能接受学校教育体现的是受教育权利的公平性，那么确保每一个学生身心的健康和谐发展则体现的是学校教育的正义，同时也是学校诠释教育本质和规律的任务要求和艺术追求。然而，学校教育在具体的实践过程中是面向所有学生的，统一性是其管理上所必要的，在班级授课制中，教学进度、课程内容、教学方法的运用对于全体同学是无差别的，所以，难免有些学生的学习表现与标准有差距。于此，学校教育如何应对，才能更好地确保每一个学生的发展呢？虽然学校教育实践中有对学生综合素质发展水平的"达标"监测和要求，但仅以此作为衡量学生的教育成效特别是后进学生，则无疑在很多方面遮盖了个体学生发展的全面性、潜力和个性，因为统一的教育教学方式无法满足不同学生的实际需求和知识基础。"所谓教育，不过是人对人的主体间灵肉交流活动（尤其是老一代对年轻一代），包括知识内容的传授、生命内涵的领悟、意志行为的规范，并通过文化传递功能，将文化遗产教给年轻一代，使他们自由地生成，并启迪其自由天性"[1]。因此，学校教育引进民族文化资源和构建自由探索的学习环境尤为重要，每一个学生都是文化的承载者和创新者，学校除了传授现代自然科学及其技术知识和人类发展进程中积淀的人文社会科学知识之外，也要让学生学习了解中华民族多元多彩的文化传统，通过中华优秀传统文化综合课程的开设，让学生在内容丰富、形式多样的知识学习、活动参与中感受中华优秀传统文化的魅力，能够为学生自我兴趣和个性的发展提供资源平台，让其在自由探索中逐渐形成良好的文化认同意识和实践自

---

[1]　雅斯贝尔斯著，邹进译.什么是教育［M］.北京：生活·读书·新知三联书店，1991：3.

觉，在团结奋进中汲取时代精神，以自由、民主、平等、公正、法治的核心价值观展开文化交往，在珍惜、感悟、希望中施展自我个性，以科学求真、道德向善、审美和谐的情理统一中进行创意求新。

综上所述，学校教育要落实好立德树人这一根本任务，有必要积极促成学校教育与民族文化发展之间的辩证融合关系，通过协调学校教育宗旨目的与民族文化存在方式、学校教育价值功能与民族文化演进发展、学校教育形式规范与民族文化内容结构共生关系来促进学生的全面和谐发展，使其在学习和生活中处理好"成人与事功""实践与创新""共识与个性"的统一，从而切实在发展自我的基础上推动文化的创新。

第五章 新时代教育发展的三维路向

教育是培养人的实践活动，何以能够把人培养好是教育发展要有的自我追问。要在理论和实践层面回答好这个问题，就不得不将教育放置在更为深远和广阔的历史背景和视野中来看，通过其自身不断突破来实现文化的传承与创新，促使人性在新时代背景下的圆融和谐，以培养具有坚定的理想信念、良好的道德品质、宽厚的人文基础、扎实的专业技能和好学、反思、创新的思维心理和行动能力的人才，积极推动社会的文明进步，创造人类的美好生活。"二十一世纪是教育学的世纪（培养人的世纪）。教育学应是本世纪国家建设事业的中心课题，更是人文科学的中心课题，它决定着中华民族将来的前程与面貌"[1]。为此，新时代背景下教育发展有必要转向对文化认同、人性反思、实践动力的自觉关注，从价值、目的、功能、形式、内容、过程等方面对以往坎陷于知识、技术、分数、应试的教育惯习进行审视，切实将全面发展的"成人"与个性发展的"成己"统一于"活"的教育实践中，在继承优秀传统文化的基础上积极汲取时代精神，将追求真善美的人性能力在教育的规范、引导下充分实现出来，从而去构建富强文明、法治公正、自由和谐的美好社会。

一、时代精神的内化引领：教育意义取向的选择定位

教育是活态的，与时代发展密切相关，其价值、目的、功能随着社会生产力、科学技术发展以及对人才素质能力要求的不同而有所变化，尤其反映

---

[1] 刘再复.教育论语［M］.福建：福建教育出版社，2012：103.

在教育与人、社会的互动关系层面。一方面，社会政治、经济、文化上的转型会在教育过程中有所体现，学习者要学习内化时代的价值观念、思想意识、道德伦理、科学知识和技术，以适应新时代的社会生产生活；另一方面，作为相对独立性的教育要以人为本，让学习者了解掌握和运用现代化科学知识和技术之余，更重要的是培育其独立人格和全面的身心素质，在学习、工作和生活实践中自觉融贯新时代精神，能够不断地超越、创新，在奋斗中展演有个性和意义的生命。

（一）"物"与"人"：教育价值从"工具"走向"本体"

教育是什么？是促进社会物质经济发展的工具手段？抑或是以人的发展为旨归？"教育是一种致力于人的生存与发展的社会活动，因此，教育的问题归根结底是人的问题"，"就是要从根本上反思怎样发展人性、怎样从人性的本能出发发展完整健全的人"[1]。诚然，促进和提升个人自身的发展是教育的价值导向，但它的实现却需要以相应的社会物质经济为条件，并以此为基础呈现出日益趋向于追求人的身心和谐发展的动态历史。人的生命发展离不开物质营养，但又不会依靠客观必然的生物本能，停留于纯粹的维生层面，而是在维生的基础上主体逐渐"对象化"的过程，尤其以人制造和使用工具的实践活动为基础，在不断与周遭环境互动适应与调节的基础上对经验进行保存、积累和改进，从而逐渐形成和发展出丰富的对象性符号体系，包括语言、伦理、科学、艺术、信仰等。"人是在不断地与自身打交道而不是在应付事务本身。他是如此地使自己包围在语言的形式、艺术的想象、神话的符号以及宗教的仪式之中，以致除非凭借这些人为媒介物的中介，他就不能看见或认识任何东西"[2]。从人类起源与文化发展的角度来看，在漫长的岁月中，人类的起源、生存、绵延停留于人对"物"（自然）、人对"人"（群体）的依赖阶段，经过与自然界和社会的漫长交往实践，人类在制造和使用工具的基

[1] 张诗亚.回归位育：教育行思录［M］.重庆：西南大学出版社，2009：2.
[2] 恩斯特·卡西尔著，甘阳译.人论［M］.上海：上海译文出版社，2004：36.

础上利用、开发自然，在集体的社会生产生活关系中创造文化，形成处理人与自然、人与社会、人与自我矛盾关系的经验智慧，这些经验智慧随着历史实践进程而积淀为人类的文化心理或人性能力，成为一种"先验"的潜能蕴藏在人类个体身上，使其在面对新的矛盾问题的刺激时，将潜能个性化地外化出来，从而进一步形成对象化的文化创新过程。因此，人类的发展是一个"由外而内"和"由内而外"的双向统一过程，人类在文化的传承与创新中不断获得高于或超于宇宙自然的"人之尊严"，这种尊严使得人类具有超越其他动物及植物生命客观必然性的"意识能动性"或"自由意志"，它促使人们过一种有意义的生活，让自我生命发展不断进行超越，迈向自由。因此，随着人类生产工具或技术革新，以及社会政治、经济、文化的现代化，教育有了更为丰富的资源和良好的环境条件，学习者的身心可以在充满科学理性和人文精神的教育文化滋养下获得自由舒展，这越来越成为教育发展的时代呼声。所以，当下和未来教育发展之价值取向有必要从"工具"走向"本体"，"工具"是教育培养人的物质基础，"人"的发展则是教育的"本体"所在，当然，对"本体"的凸显并不意味着对"工具"的否定或排斥，而是让教育从"工具"或"技术"的异化中走出来，朝向其促进人的发展之宗旨迈进，使教育对象在学习、自省、行动中创造有意义的人生，以凸显教育在完善人性方面的价值。

（二）"理"与"情"：教育目的从"规训"走向"个性"

教育价值追求人的自我实现，促使人创造有意义的生活，这既不是抽象的客观规定或主观的思辨玄想，也非为一种自然的心理主义，乃是在实践中完成的主客观统一的人性能力发展问题。"人性能力看来似是形式，其实却是人们心理中情理关系的某种具体结构，所以并不空洞。它虽然必须由历史上不断演变的相对伦理制度和规范所不断塑建，但这'形式'本身却超出这些伦理制度、规范的相对性和一时一地的历史性，而对人类具有绝对的价值和意义……可见，一方面没有历史的积累和经验的积淀，不可能产生这种神圣的先验的人性。另一方面，没有这人性能力和形式，历史将不可能向前行进，人将倒退到动物世界中去"[1]。故人性能力和形式是人类历史实践积淀生成的"潜能"或"天赋"，它内聚在人感性的生命中，在现实的实践中方能实现。从消极方面来说，人性被欲望、本能所驱使或控制，主体难免会存在不利于自我身心分离、极化等不良行为的反应，即感性压倒理性、理性屈从于感性且滑向物欲本能的动物性；从积极方面来说，人性会反思或自否定，主体具有趋向于真善美的倾向，在与他者的互动合作中各得其宜，自我的身心也处于一种和谐状态。不过，人性的这两方面在主体身上又并非泾渭分明，它如何展演，是消极还是积极，则与一个人成长的环境密不可分，与其知识经验、价值观念、情感意志等不无关联，因而如何促使人性能力"情""理"兼容、和谐共生，既不因"情"的放纵而变得欲壑难填，也不因"理"的客观而变得刻板生硬，而应是一种通"情"达"理"基础上的意义追寻，在现实中构建公平、正义、和谐的社会规范，以及去认知、体验和把握人生，这是人性能力培育中十分重要的问题。当然，无论是"理"还是"情"，都离不开一定的"规训"引导，人类积淀的知识、技术、伦理道德、价值共识、艺术审美等经验智慧仍须主体经由学习来内化认同和外化践行，这意味着教育不只是让学习者对既有经验智慧的接受、记忆和复述，更重要的是以此为基础来孕育人们的独立人格和个性，以及体现了真善美的"理性"与"情感"。所以，教育作为培养人的实践活动，在目的上是要将学习者培养成为"情""理"兼备的生命主体，改变长期以来的只注重分数、应试、技术训练的规训模式，选择在实践操作、交往互动中激发兴趣、专注力、激情与个性，进而在面对新的矛盾问题时能创造性地加以解决，在与他人的和谐共处中以独特的方式展演人生。

（三）"群"与"己"：教育功能从"他律"走向"自律"

教育是以人为中心的，它是一种人与人之间的交往互动活动，这种互动关系既不同于自然物理间的客观必然关系，也非单纯的人与对象的主客观认

---

[1] 李泽厚.人类学历史本体论［M］.青岛：青岛出版社，2016：92.

识关系，没有学习者和教育者之间发生的思想交流和心灵碰撞，教育就会失去其最为根本之"育"的力量，难以促进个人身心积极进取，仅留下单纯的"教"或"学"的形式而已。"所谓教育，不过是人对人的主体间灵肉交流活动（尤其是老一代对年轻一代），包括知识内容的传授、生命内涵的领悟、意志行为的规范，并通过文化传递功能，将文化遗产教给年轻一代，使他们自由地生成，并启迪其自由天性"[1]。与此相比，现实中教育的功能、作用多为片面，应试教育中人们关心甚切的是升学和分数，更多的是围绕着考试分数提升做训练，至于科学方法、人格养成、道德品性、审美创造等则被忽视，于是出现了手段和目的颠倒的状况，人的发展被知识和分数所取代、分割和异化，其所造成的危害不仅有分科应试所存在的知识的片面和非系统性，严重的是学习者独立人格和自由天性之丧失，其自我意识变得保守、僵化，在处理问题时往往表现出局促性，他们的人生成长总体上被"他律"所牵引，而知、情、意协调统一的"自律"人格和行动能力却是虚弱的。"在学校，学生被引导去相信：学校主要关注的是正确答案，教师与书本是这些正确答案的主要储藏库"，这种确定性的"他律"往往不利于学生创造力的培养，以致"确定性原则抽空中小学生的多元智能，形塑着学生的'正确答案'意识，规范着学生的'标准化'思维。……学生的质疑和判断能力、批判性思维被压抑，甚至消亡"[2]。显然，现实中，教育存在功能与价值不相符合的状况，并没有完全体现教育的价值意义和目的，人之完整生命被异化为单向度的"确定性"存在。故而，教育功能从"他律"走向"自律"是教育发展所需要正视和修正的，实践中学习者要学习"群"（人类）所代表的传统、知识及各种规范的"他律"，同时也要在个体身上促成"己"所代表的独立、创新等的"自律"，使自己能够理性地运用自由意志，在不断学习、反思的自律中提升自我，在学习传承的基础上自觉推动知识创新。

[1]　雅斯贝尔斯著，邹进译.什么是教育［M］.北京：生活·读书·新知三联书店，1991：3
[2]　程平源.中国教育问题调查［M］.北京：清华大学出版社，2013：146-147.

二、传统文化的转化创新：教育内容形式的历史逻辑

教育要把时代精神内化到学习者的身心中，离不开对文化的传承与创新，通过培养学习者良好的文化认同，让其能够立足于现实生活，以时代精神为导向，积极汲取历史进程中人类创造的优秀传统文化，并结合未来社会发展协调处理好传统与现代、自我与他者、个体与社会、理性与情感等各种矛盾关系，从而在学习和实践中推动文化的繁荣发展。

（一）"常"与"变"：教育立足"现实"，追求形式"体用互转"

随着时代和社会的变迁，人的需求和发展相应有了变化，教育有必要作出改革调整，这在全球化和现代化的时代背景下显得尤为凸出。教育在内容、形式、方法上都要有所更新，方能持续培养出推动社会文明进步的人才。"世界在变，教育也必须做出改变。社会无处不在经历着深刻的变革，而这种变革呼唤着新的教育形式……教育必须教导人们学会如何在承受压力的地球上共处。它必须重视文化教养，立足于尊重和尊严平等，有助于将可持续发展的社会、经济和环境方面结为一体"[1]。当然，教育的求新变异并不意味着推倒重来或另起炉灶，而是在继承基础上的开新。所以，当人们在言及教育发展问题的时候，务必处理好"常"与"变"的关系。教育实践的着眼点在于现实中人的培养，这是最为基础的，而教育对象是一个鲜活的生命，它既是个体，又内聚着共同的人性潜能，其人性潜能可以在多大的程度上实现，取决于丰富多元的文化土壤，若缺乏复杂、系统的文化环境刺激，人性潜能达到的水平就会受到限制。从这个意义上来说，社会和文化发展中存在的传统与现代、自我与他者的矛盾问题解决的关键在于是否有益于人的发展，以此来对文化和社会资源进行区分、选择和开发利用，以及对之进行教育转化。同时，从教育存在形式而言，它是人对人的影响，其间须有自由、关爱、倾听、激励、惩罚、批评、反思等人文关怀来打底，它们在一定程度上成为教

---

[1] 联合国教科文组织编. 反思教育：向"全球共同利益"的理念转变？[M]. 北京：教育科学出版社，2017：1，24.

育实践的"先验"要求，无论何种类型的教育都要对它们有所关注才行，没有它们则难以收到良好的育人效果，此乃教育之"常"也。

至于教育的组织管理、技术方法，则可采用先进的现代化理论和手段来设计构建，形成丰富动感、可操作的集视听觉一体的教育过程，它随科学技术的进步而加以更新，此则为教育之"变"也。"教育是一种特殊的实践活动。其特殊性在于，它的对象是人。教育的目标是人的成长和人的幸福，教育的内容是以智慧培育智慧，以心灵滋养心灵。这就要求教育必须按照人的成长规律，一切服务于人的成长，一切服务于人的未来。"[1]。总之，教育实践要立足于人的发展这一现实，视野上横贯历史和未来，将一切优秀的传统文化和现代文化作为教育的资源，在形式内容上兼顾"科学和人文""传统和现代"，取消所谓的"体用二分"之别，而朝向"体用互转"，使其服务于人的发展。

（二）"一"与"多"：教育求于"和谐"，注重规范"公私界分"

教育要促进人的全面发展，并推动文化的传承与创新，这当中"人"是个体的，"文化"是多元的。作为个体人的存在，背后是孕育其人性潜能的文化系统，不同文化系统相对来说又是个性化的，人们经由多元文化生活的参与、融入而习得了相对稳定的文化心理，从认知思维、价值信仰、情感态度上体现出民族性。然而，无论是个体身心发展还是群体文化发展，都是一个动态的历史过程，并非是静止的铁板一块，其发展变化不拘囿于个体和民族文化内部，需要与他人和他文化进行交往，通过学习新的知识、接受文化刺激来促进自身的进步提升，以摆脱封闭、固守而停止不前的僵化状态。"一个文化的寿命之短或长，除了生物逻辑和自然逻辑的原因以外，通常是与它对内部及外部的适应力相关的"[2]。因此，作为促进个体和文化发展的教育，要积极促成教育对象开放进取的心理品质，使其形成良好的文化认同和自觉能力，能够认清自我，对本民族文化充满自信，但不尊大，也不妄自菲薄，在

［1］　杨斌.什么是真正的教育［M］.福建教育出版社，2010：2.
［2］　殷海光.中国文化的展望［M］.上海：上海三联书店，2002：18.

与他者的相互交流中展开学习，汲取它文化之优点为我所用，将之与自我文化体系融为一体，如此才能在全球化和现代化中紧跟时代步伐，在多元文化世界里确定自己的位置[1]。同时，教育在关注了文化多元个性之余，也需要重视文化发展中的社会道德建设问题，因为不同文化虽然都是人化的结果，其中皆内聚着人性能力，从文化整体或系统角度来说，各种文化之间不适宜作孰优孰劣的区分，但作为文化中的一部分，如经济发展、科学技术、民主法治等却具有普遍性，现代社会中大多种文化发展都会注重社会成员物质生活水平的改善、社会秩序的法治保障，守法、诚信等社会公德在新时代人们是要共同去遵循的。当然，现代社会中这些普遍性文化不是刚开始就有的，而是历史发展的结果，尤其从观念认识到付诸实践民众克服了诸多困难，故当下教育要注重从观念、意识、行动上培养人们的公民素养，促使教育对象在不断学习中将诸如自由、民主、平等、公正、法治、诚信、友善等价值加以内化认同和外化践行，在此基础上，人们的文化交往才能够在"求同存异"中顺畅，如此，整个社会发展和人们的生活方可有序而充满生气。所以，教育在培养人的发展和文化发展上要讲求"和谐共生"，既注重人的全面发展，亦重视其个性创新；既尊重文化的多元发展，也讲求文化交往的共识规范，将人的发展还原到社会文化系统中来理解，促进其身心素质能力的综合提升，进而构建多元和谐的社会文化生态。

（三）"类"与"个"：教育凸显"全纳"，加强资源"互补聚通"

教育是人类为了传承文化经验诞生发展的，从逻辑上先有人类的教育（社会文化历史）后才衍生出个人的学习教育（文化习得）。随着人类文化经验的积累、社会生产的分工，教育逐渐从人类的劳动实践中独立、分化出来，且日益走向形式化和体系化，越来越多的儿童、青少年接受着制度化的学校教育，但也有一部分儿童、青少年及其他社会成员由于各种主客观原因，接

---

[1] 费孝通.反思对话文化［A］.潘乃谷、王铭铭.田野工作与文化自觉［C］.北京：群言出版社，1998：53.

受的是非形式化的家庭教育、社会教育。这就引出了一个问题，为了促进人（既是人类又是个体）的发展，什么样的教育才是有效的？这可从两个方面加以阐析。其一，关于教育形式的互补连续性。从现实性上，人的本质是一切社会关系的总和，而一切社会关系总和是人的本质力量的对象化过程和结果，直观地表现就是人所进行的文化创造及其成果。因此，作为文化组成部分的教育，它要能承担好传承与创新文化的重任，其在形式上唯有借助于学校、家庭、社会教育的合力聚通，方能让人的本质力量充分实现，把人仅拘囿于以抽象的理论学习为主的单一学校教育来加以培育，其身心素质能力是不足以担负起此重任的，这可从不少人的发展所接受的教育是来自学校之外得以印证。其二，关于教育对象的全员普及性。从人类起源角度来看，人类诞生之时，人不能称其为人，"文化的人群有自己的生日，而动物的个人则没有"，"变成人类就是变成个体的人，而我们是在文化模式指导下变成个体的人的"[1]，也就是说，人的类特征（共同人性）是人类整体的文化历史实践创造和积淀而成的，个体只有在人类文化社会关系中才能获得发展，进而才可能成为一个人，同时个体又是人的类特征得以个性化呈现的现实载体。所以，从这个意义上来说，教育不是一个人或一部分人的事，而是关涉整个人类绵延生存的全体社会成员的事，全体社会成员包括各行各业的从业人员，无论老、中、青、少哪个年龄段的社会主体，都需要在工作中、生活中、成长中接受教育，以发挥聪明才智，实现自我价值。"任何事物的真正发展都与人的自觉努力相关，每个从事者在行事过程中实现自我的发展自觉，这本身就是社会教育力期待达到的最高境界"[2]。为此，当前社会要形成尊师重道的良好风气，夯实基础教育、家庭教育、职业教育、社会教育的服务质量水平，使不同教育类型之间互补共谐，将全纳教育、终身教育、全民学习等理念逐渐付诸实践，为社会成员提供丰富的教育结构体系和优质的教育服务，让每一个人都获得发展自我和实现自我的教育机会和资源平台。

---

[1]　克利福德·格尔茨著，韩莉译.文化的解释［M］.南京：译林出版社，1999：60-61.

[2]　叶澜.终身教育视界：当代中国社会教育力的聚通与提升［J］.中国教育科学，2013（3）：67.

三、人性圆融的自由自觉：教育实践动力的审美韵味

教育的活力在于其实践品性，它要把时间的纵贯连续和空间的横向连通所集合而成的文化统一于人的发展上，在过程、内容、形式、方法上将实践的交往性、文化性、反思性、自由性和审美性得以贯彻落实，从而积极促进人性生命能力和境界水平的提升，让人的个体身心获得全面自由发展。

（一）立德与成己：教育摆脱"学仕"窠臼，回归生命生活

教育的价值意义是深远的，对于文化发展而言是传承与创新，对于个体生命而言是身心自由和谐。"教育的目的就是引导人发展其进化的能动性；经由此一过程，他将自身塑造成具有人性的人—以知识、判断力和美德武装起来的人。同时，教育又将他生活在其中的民族和文化遗产传授给他，并以这种方式保存世世代代所创造的、历史悠久的成就。教育实用性的那一方面——使年轻人谋到一份职业并维持生计的那一方面——也断然不可漠视，因为人类的后代并不是天生要过贵族式的闲暇生活。然而，以人类已经形成的一般能力，便可以使这种实用目的得到最充分的实现了；儿童所需要的这种外部的专业化训练，应该永远不要危及教育的根本目的"[1]。那么，如何才能实现此价值意义和目的呢？最为根本的是要认真贯彻落实立德树人的根本任务，将"成人""成己"作为教育的宗旨，摆脱长久以来"学而优则仕""学而优则利"的教育异化取向，转为以人的发展为轴心。其中"成人"是指从做人的角度来培养教育对象的综合素质基础和通识能力，让其获得适应社会和发展自我的普遍人性能力，包括科学及技术知识、道德法治规范、价值、理想、信念等；"成己"是指从个体的角度来培养教育对象的兴趣爱好和特长，使其学有所长、学有所好、学有所得，教育对象要将教育和学习变为"为己之学"，立足于个体身心和谐与道德修养来"乐学"。所以，当下教育实践要回归到促进人的发展上，将"立德"与"成己"融入教育教学过程之中，发挥"立德"

---

[1] 雅克·马里坦著，高旭平译.教育在十字路口［M］.北京：首都师范大学出版社，2010：13.

在"成人"上的基础价值，进而走向发展个性的"成己"。当然，这个过程是在实践中展开的，即在教育主体的学习生活实践中展开的，这就涉及对如何"立德树人"进行追问？对此，一个基本的着眼点就是教育对象"成长"中的问题，面对其发展过程中会出现的挫折、错误等"不完美"或"瑕疵"，教育者要加以细心、耐心、科学地启发、激励、感化，使教育对象不断走向"完美"，如此才能称之为立德树人。教育的魅力和价值也恰恰在于此——通过给学习者施以有针对性的科学引导，使之从"不确定"中走向认识自我，以学习、反思和创新的姿态来展演自我的生命，在终身学习中融入社会、应对时代的挑战；在反思自律中修身心，不被物欲横流的世界所异化，平凡、勇敢、理性地在和谐社会关系的构建中追逐意义；在创新进取中施展个性，全身心地投入生产实践以充分发挥自我潜能。

（二）审美与创造：教育摆脱"技术"陈规，回归情理和谐

教育者和学习者之间的"教""学"互动，是教育培养人的基本形式，要让这种形式变得具体有效，则教育实践须以人的完整生命发展作为"教""学"的本源，在此基础上来开发、选择、组织和利用教育内容、技术和方法。然而，从现实实践来看，唯分数的应试教育依然有着强大的惯性，教育主体往往以理性的认知和意志来"追名逐利"，把应该用生命交往的、灵魂沟通的教育变为机械的程式而失去创新和活力，教育对象在沉重的分数角逐中失去了身心健全应有的"理""情"和谐。因此，为改变这种境况，未来教育要切实发挥其内聚的艺术精神，以美的方式、过程来孕育学生的"求真""向善"，使得人们常说的"真善"统一于"美"当中，而美之所以能够统一真善，就在于美是"自由"的，它既合规律性又合目的性。合规律性要求教育能够培养主体理性、科学地认识问题或把握问题的能力，且在认识问题和把握问题中获得成就感；合目的性则是教育能够培养主体理性、恰切地解决矛盾关系的能力，在处理和调节现实问题中形成价值认同感，并在规范地践行中获得心灵的德性升华。不过，这二者在实践中统一并指导教育主体自由自觉的行动，离不开"情"的滋养，以使"理"融化在"情"之中，也即只有"美"

的教育方能使得主体交往中的理性是愉悦的，而不是沦为纯粹理论和概念的枯燥认知。"美是人的本质力量的一个最内在的方面的体现。真、善、美的人本学基础在于人的知、情、意，其中情感又更集中表现了人性的全部内涵。我们通常说一个人'没有人性'，并不是指他缺乏知识，也不是指他没有意志能力，而是指他没有感情……美和艺术是情感活动而非认识活动……但美本身也有真的方面，一种情感体验同时是对人性的感性认识，情感的对象化给认识人性提供了社会普遍性媒介。美是人性的真，情感的真……，它又是也能揭示科学的真理，但它也可以不必符合科学的真而表现出美，甚至更美"[1]。所以，教育作为培养人的实践活动，其个性就在于以"美"的形式来促成人的身心和谐。虽然在人的身心发展中，理性的认知和实践十分重要，缺了认知理性和实践理性都不足以使人成为人，但如果缺了理性融于情感，让人在通情达理中舒展人性，则会失去学习、交往实践的激情和希望。所以，情理共谐的教育尊重每一个具有独特个性和创新潜能的学习者，在敬畏、欣赏、关爱、激励中促使其理性能力和谐发展，并最终将其学习和生活导向"学而时习之，不亦悦乎"的审美境地。

（三）实践与自由：教育摆脱"授受"模式，回归教学相长

教育是主体间的双向互动，它要促成教育者和学习者的共同发展。从学习者角度而言，教育要注重身心和谐，一方面要让他们身强体壮，拥有从事生产劳动的良好素质，通过学习生产劳动知识、技术，并将之运用于实践而创造财富；另一方面要让他们认同自我，注重自我道德品质的培养，形成良好的学习和生活习惯，能够养成在阅读、言语、饮食、卫生、睡眠、运动、兴趣等方面的自律。从教育者的角度而言，一方面他是学习者身心健康的督促者，扮演的是学习者的对象性主体，学习者经由与教育者围绕着知识内容的教学互动而实现身心发展变化；另一方面教育者自身也要通过与学习者的互动来增益身心，促进自身教育能力不断提升，经由教育来实现自我价值。

---

[1] 邓晓芒.实践唯物论新解：开出现象学之维（增订本）[M].北京：2019：90-91.

也就是说，教育者与学习者在围绕知识进行教学的过程中完成的是一种对象化的交往实践活动，双方通过生命经验的对话交流、情感共鸣而引发各自身心的发展变化。其中，教育者希望在学习者身上看到自己的影子，以交往实践来将自我的形象在学习者身上实现出来；学习者则借助于教师的激发、引导、鼓励而成为理想中的自我，最终这个自我是与教师一同塑造的。"教育绝不是一种片面的技巧，而是两个灵魂之间的吸引或碰撞，两者发自内心的需要。没有这种需要，不论是教育者还是受教育者，都不可能参与和完成一个成功的、相互默契的教育过程"[1]，"自由是一个非常复杂的问题，要了解如此复杂的东西，心灵的绽放是必要的……只有在我们的感知是清晰的、客观的、非个人化的，没有被强加任何的负担时，心灵的绽放才会发生"[2]。总之，教育是培养人的实践活动，这种实践是自由开放的。教育者与学习者不是机械重复地进行着所谓知识的训练，而是敞开心灵去探究"一切社会关系"的奥秘，通过自由学习进行创新，将科学和人文精神内化在人所面对的与自然、社会、自我的矛盾关系的认知理解和行动操作中。"在新的历史时期，要融入世界发展大潮并加速现代化建设的步伐，就必须使人们具备与现代化建设要求相适应的理性精神和科学精神"[3]。因此，为了能够创造美好的人类社会，当前教育实践须从"授受"模式中挣脱出来，注重教育主体间的关系构建，开启教育者与学习者围绕知识和问题的分析、解决而展开质疑、探究式的交往实践，将自由创造、反省自律的理性和科学精神融贯在教学过程里，在教学相长的基础上促发教育主体生命能力和人性境界的提升。

综上所述，在全球化发展的当下和科学技术日益精进的未来社会中，教育要着眼于人性的反思和人性能力的增进，将人类历史进程中创造的灿烂多元文化及其精神加以传承和凝聚内化，积极促成人类生命个体知、情、意或智、仁、勇的协调发展，以一种学习、反思、超越的精神与外界发生交往实

[1]　邓晓芒.教育的艺术原理[J].湖北大学学报（哲学社会科学版），2003（2）：103.

[2]　克里希那穆提著，周豪译.教育就是解放心灵[M].北京：九州出版社，2010：2.

[3]　赵志业.道德教育回归日常生活世界的张力与路径[J].内蒙古社会科学，2019（5）：183.

践关系，不被物欲本能、科技工具、权力和资本等吞噬而失去理想信念、意义价值、法治道德的坚守和追寻，能够自觉地抛弃各种来自主客观的异化，在实践中通过理性的认知、自由意志的自律和积极情感的投入，不断推动和引领人类政治、经济、文化、社会、自然生态和谐共生地发展。

第六章　新时代劳动教育价值定位及实践

随着社会物质经济、科学技术、文化娱乐不断提升和丰富的时代背景下，社会成员尤其是青少年儿童对生产生活中的劳动日益疏离，为了能让其立足现实、面向未来去奋斗、创业和创新，学校积极倡导和践行劳动教育显得尤为重要。2020 年 3 月中共中央国务院《关于全面加强新时代大中小学劳动教育的意见》指出，"长期以来，各地区和学校坚持教育与生产劳动相结合，在实践育人方面取得了一定成效。同时也要看到，近年来一些青少年中出现了不珍惜劳动成果、不想劳动、不会劳动的现象，劳动的独特育人价值在一定程度上被忽视，劳动教育正被淡化、弱化。对此，全党全社会必须高度重视，采取有效措施切实加强劳动教育"，并提出了学校劳动教育"把握育人导向、遵循教育规律、体现时代特征、强化综合实施、坚持因地制宜"[1]的原则。2020 年 7 月教育部印发了《大中小学劳动教育指导纲要（试行）》，从"劳动教育性质和基本理念""劳动教育目标和内容""劳动教育途径、关键环节和评价""学校劳动教育的规划与实施""劳动教育条件保障与专业支持"[2]五大方面对大、中、小学为何实施、如何实施劳动教育作出了比较全面和系统的规划。因此，新时代背景下学校劳动教育为何重要？学校教育要怎样与生产劳动相结合？此二者又同归于新时代背景下学校教育如何培养人之全面发展？无疑，对这些问题的探析是在一定程度上回应一个重要的教育学命题，即教育理论与实践怎样得到有效统一，从而在现实中切实促进学生自我潜能和个性的全面自由发展。

---

[1] 中共中央国务院.关于全面加强新时代大中小学劳动教育的意见.

[2] 教育部.大中小学劳动教育指导纲要（试行）.

一、工具技术与科学精神：注重生存本体价值，凸显劳动教育的时代性

人类要生存发展首先要保证其物质生命能够绵延，故生命是最根本的，舍此则一切皆无可能。而要想活下去，"吃饭"是紧要的，正所谓"民以食为天"，要想吃饭就必须要劳动，这在生存本体的层面凸显了劳动在人类历史中的重要性和必要性，不劳动则无以为生，即使在物质经济极其发达的今天，保障衣食住行仍然是人们所努力奋斗的目标。而人类为了维持生命的绵延，其劳动方式在历史进程中不断改进，从较为简单地取材于自然界中的物质材料，如木棍、石块、骨头及对这些原始工具的打磨、砍削，到土陶、铜铁器具的制作，直至近代的机械化、信息网络、人工智能及各种生物医药制造等，经由工具的使用和制造之不断更新进步，人类日益加深着对自然的了解和认识，从而创造了丰富的物质和精神文化。当然，劳动的价值和意义，最为直接和根本的是为人类生存绵延提供物质基础，但却不独限于此，更为重要的是劳动使人脱离动物而"人化"，人在劳动实践中改造自然的同时逐渐积淀形成了人性能力，使其具有了知、情、意为内容结构的身心潜能。"动物只是按照它所属的那个物种的尺度和需要来进行塑造，而人则懂得按照任务物种的尺度来进行生产，并且随时随地都能用内在固有的尺度来衡量对象"[1]。可以说，正是劳动使人成为人，人通过劳动日益人化，比如，人的生理感官不再纯粹是应用于本能反应上，而是具有了社会属性，形成了"感受音乐的耳朵、感受形式美的眼睛"[2]，所以"人也按照美的规律来塑造物体"[3]。显然，人类的劳动不是赤手空拳，是有工具的，正是对工具的使用和制造以及日益的现代化，人的本质力量的对象化在广度和深度上才得到了大幅拓展，人在认识、利用、控制、开发自然的基础上，使自然能够服务于人，并在日臻发达的生产力和科学技术的推动下促使人走进自然、保护自然，实现人与自然的和谐

---

[1] 马克思，刘丕坤译.1844年经济学—哲学手稿 [M].北京：北京人民出版社，1979：49.

[2] 马克思，刘丕坤译.1844年经济学—哲学手稿 [M].北京：北京人民出版社，1979：80.

[3] 马克思，刘丕坤译.1844年经济学—哲学手稿 [M].北京：北京人民出版社，1979：75.

共生，"社会是人同自然界的完成了的、本质的统一，是自然界的真正复活，是人的实现了的自然主义和自然界的实现了的人本主义"[1]，虽然这是一个漫长的过程，其中充满着人与自然的矛盾冲突关系，诸如自然资源被无度攫取、环境受到大范围污染、生态遭到不可逆破坏，人的意义、信仰缺失和身心异化等问题，这些是需要人们认真反思加以消解的，却也不能因噎废食，否定或排斥科学和技术的成就和历史作用，否则就是逆潮流而动。且从现实来看，保障人们的衣、食、住、行、娱乐等日常生活、提升身心健康质量水平、应对自然灾害和保护环境，都离不开科学和技术工具的创新进步来推动，科学技术是第一生产力，它依然是当下社会发展的重要标尺，其所体现的乃是人类社会发展要以物质经济和生产力为基础的这一根本事实。

因此，新时代学校劳动教育特别要注重学生对科学知识和技术的学习、掌握和运用，以及对学生科学思维方法和精神的培养，这是由于现代化和全球化时代背景下，社会发展的竞争力主要依靠的是科学及其技术，它直接与社会的生产力和物质经济发展水平相关，也与人们过上丰衣足食、出行便捷、娱乐丰富、延年益寿的健康、高质量生活相关，此乃是不容置疑的，而且在未来这一点会越发的突出。现代科学及技术会更广泛地融入人们学习、工作和日常生活将是日益普遍的发展趋势。那么，学校劳动教育要如何突出学生对科学知识和技术的实践与转化能力，其在形式和途径上怎样组织和实施？对此，有必要从全面发展教育构成来加以分析。德智体美劳是全面发展教育的基本内容，各自有着自身的特点，比如德育注重学生道德品质培养，着重于学生对社会公共规范和善的价值之认同和践行；智育注重学生逻辑推理和分析能力的培养，着重于学生对知识的理解和运用；体育注重学生运动能力的培养，着重于学生身体和生理的健康；美育注重学生审美能力的培养，着重于学生身心和情理的和谐；劳动教育注重学生实践能力的培养，着重于学生融入社会生产生活的适应性和创新性。显然，各育之间又相互渗透，其中都有知、情、意的参与，以劳动教育为例，劳动教育并非是让学生从事单纯

---

[1] 马克思，刘丕坤译.1844年经济学—哲学手稿[M].北京：北京人民出版社，1979：50.

的体力劳动，否则就变成了蛮力苦干，背离人类劳动实践的意识和目的，而且，即使是简单的体力劳动也有着认知、情感和意志的参与，更何况现代化背景下人们的许多劳动实践都需要有科学知识和技术能力的，对这些科学知识和技术如果不加以学习，没有认知上的了解和掌握，实践中的劳动教育就缺乏指导性和有效性。教育部关于《大中小学劳动教育指导纲要（试行）》指出，劳动教育"具有显著的实践性，必须面向真实的生活世界和职业世界，引导学生以动手实践为主要方式，在认识世界的基础上，获得有积极意义的价值体验，学会建设世界，塑造自己，实现树德、增智、强体、育美的目的"[1]。所以，学校不能将学生的劳动教育仅仅简化为打扫卫生、家务活动等，虽然这也十分有必要，对学生的良好生活习惯养成起着积极意义，但从学生未来投入社会劳动生产和生活的角度而言，其在学校劳动教育中理应获得科学的思维、方法和精神，而这就得强调劳动教育"行"的一方面，如果说"知"是基础，那"行"则是劳动教育的"形"与"质"，"形"指的是学校劳动教育要体现出"劳动"的样子，不只是学生的静坐和默思，得有行动操作。"质"指的是学校劳动教育具有的实践性和对象化，以一定的知识为基础，通过活动的开展，实现自我目的。同时，学校劳动教育也不同于纯粹的科学实验，虽然科学实验中需要师生通过选择实验材料、开展实验程序来验证原理，但其目的是更好地明了科学知识原理。那么，学校劳动教育在形式上要怎样组织和实施呢？其一，学校除了开设诸如劳动技术课程，结合知识讲解和实验操作让学生形成一定的劳动技术知识之外，要开辟和构建学校的劳动场所，类似于学前教育中儿童的活动构建区，学生可以在其中从事植物、花卉、蔬菜的种植和小动物的饲养，让学生真切地在劳动中将水、土壤、阳光、食物等方面的知识在实践中具象化，虽然这种劳动在场地和范围上是有限的，但毕竟它是一种学生运用所学知识进行劳动的场所和劳动实践的过程，是教育与生产劳动相结合的一种载体和平台，其劳动成果是对象化的，其中也融入了学生的知、情、意，它们还可用来装饰校园环境，成为校园文化的重要

---

[1] 教育部.大中小学劳动教育指导纲要（试行）.

组成部分，其二，学校劳动教育除了小规模劳动场所的开辟，让学生在校内以劳动的方式将科学知识应用于实际生活之外，还得将视野投入校外的自然和社会场域，为了增加其可行性，学校可在校内成立劳动教育社团，将社团活动纳入学校教育教学的组成部分，在社团活动内容、时间、经费等上给予相应的要求和保障，组织社团成员根据季节气候变化深入临近乡村参与农业生产劳动，结合书本上的理论知识、社会成员生产经验的了解而展开学习劳作，并将其作为一种研究，通过建立假设、文献查阅、田野调查、实验和实践验证等科学研究方法融入后续的劳动教育中，逐渐培育其分析、研究和解决问题的思维和方法，从而形成质疑、否定、坚持的实事求是的科学精神。

二、身脑潜能与个性丰富：注重交往学习价值，发挥劳动教育的文化性

人类从动物变成人，经历了漫长的生理进化和文化创生的历史进程。由于生存需要，人类不得不向外谋取生活资料，在以工具使用和制造为前提的劳动实践中，经由社会性群体反复与自然打交道而逐渐使得自然开始人化，包括外在自然界的人化和人内在自然生理的人化两大层面。外在自然的人化是人对自然环境的利用和改造，即人们常说的人化自然；人内在自然生理的人化是人的自然生理感官摆脱了纯粹动物的本能，具有了诸如语言、自我意识等区别于动物的理性能力，从而使感官获得了社会性的内容，在科学、道德、宗教、艺术等文化的影响下而有规范地认知和交往[1]，实现从生物人向社会文化人的转变。当然，外在自然和内在生理的人化是相互渗透融合的，是在历史中积淀生成的，既与人的生理进化相关，又离不开文化在人的身心发展中的作用。一方面，人类能够利用自然环境资源，充分发挥其主观能动性，在劳动实践中创造出丰富的多元文化；另一方面，已创生的文化又成为影响人的重要力量，它是人从出生就必须要加以学习和内化的，否则难以成

[1] 李泽厚.己卯五说[M].北京：中国电影出版社，1999：135-155.

人成己。正如文化人类学家克利福德·格尔茨所言："文化的人群有自己的生日，而动物的个人则没有。""没有人类当然就没有文化，但是同样，更有意义的是，没有文化就没有人类。""变成人类就是变成个体的人，我们是在文化模式指导下变成个体的人的。"[1] 这就是说，人类在历史实践中诞生，伴随着文化的创造和影响，人有了与动物相别的人性能力，其潜藏在不同人类个体身上，他们又在特定文化的学习和影响下成长、发展，成为具有不同文化个性的人，以语言、生产方式、服饰、建筑、音乐、价值信仰等方面的差异而有别于他者。而从生理的发育变化来看，更明显地反映出建立在劳动基础上的文化在人身心成长中的作用，使得人和动物的生长发展有了区别。与猿等动物相比，人刚出生时是羸弱的，其本能的生存适应能力远远不如其他动物，很多动物出生后很快就能飞、能跳、能跑，它们有锐爪、利齿，具有较强的生存适应能力，而人类新生儿如果没有成人的细心照料与养育，则很难生存下来，他要经过一个较长的儿童生长期才能较好地适应环境并与之产生互动关系。之所以如此，是因为与人的身脑发育特点有密切关系。和人类相比，新生猿的脑量平均是 200 毫升左右，大约是成年时脑量的一半，另一半增加的脑量在猿的生命之初就能很迅速地达到。而相反，人类新生儿的脑量平均是 385 毫升，是成年人脑量的三分之一，剩余三分之二脑量的增长要在生命早期的成长阶段来完成，比较起猿，人类的这个过程相对要漫长得多，要经历婴幼儿、儿童、青少年等长达十几年的时间方能达到成人脑量——约1350 毫升左右。为何会如此呢？新生儿的脑量能不能一开始就接近成人脑量的一半？这在技术和逻辑上是可行的，只要女性妊娠期从 9 个月延长至 21 个月，然后借助于剖宫产就可以使新生婴儿脑量接近成人的一半，然而这会遭遇两个现实的阻碍，其一，人类在进化过程中有效的直立行走要符合工程学，这导致女性的骨盆开口最大只能让 385 毫升脑量的婴儿通过，超过这个数值，女性分娩会遭遇生命危险，所以女性妊娠期往往是 9 个月[2]；其二，新生婴儿

[1]　克利福德.格尔茨.文化的解释［M］.南京：译林出版社，1999：60，62，65.
[2]　理查德.利基.人类的起源［M］.上海：上海科学技术出版社，2007：40-44，76.

的无力自助与出生时的脑量大小密切相关，如今三分之二的脑量增长需要在母体外生成，比起母体内生成的三分之一脑量，三分之二的脑量需要在多元复杂的外在刺激下经历长达十几年的学习才能成熟，那母体内脑量就算在21个月达到了成人的一半，也不一定是成熟的。所以，人类出生时的脑量就限制在了平均385毫升，婴儿出生直至成人的成长阶段才有接受教育的必要，同时也决定了教育的重要性和性质。在人的成长阶段中，成人和教师与儿童之间有着确立互助关系而不是对抗关系，通过成人和教师对儿童生理、身体的呵护照料，以及为其提供包括人类社会的文化（语言、生存生产技能及各种社会规范）和其他多样的环境刺激，从而使儿童经过十几年的学习之后身心发展能够突增上来[1]。

无疑，人类身脑发育和发展的人性特征，为教育对人的培养提供了很重要的启示。人的发展是自然生理和文化社会性的统一，尤其是人脑量增长的接近成人脑量的三分之二是在母体外进行，也就是在自然社会环境中，人的发展水平的量和质的差异都和这三分之二有关，"加速我们脑子生长的力量似乎是一种新的刺激物：语言、符号、集体的记忆等所有文化的元素。正如我们的文化产生于复杂的事物，我们的脑子也是这样。大而聪明的脑子导致更复杂的文化，文化又反过来导致更大和更聪明的脑子"[2]。因而，作为教育者的成人或教师为儿童提供多元丰富的学习条件和机会，以及探寻多元丰富的学习方法、手段、工具就显得尤为重要，只有在综合、自由的教育之下，大脑才能得到充分的刺激而发育成熟。这就是人们常说的，人的发展是未固型化的，在教育对象成长的过程中，如果长期接受的学习刺激是单一或片面的，那势必会使其心智发展受限，而且由于受教育对象统一接受的是相同的学习内容，往往造成他们主体人性能力的同质化，这也是为何当前学校教育在人才培养上存在"方差小均值高"[3]的重要原因，学生的创造力或个性缺乏自由的教育风气熏陶，其兴趣、选择等品性在制品化的教育下受到了阻滞，具有

[1] 理查德.利基.人类的起源［M］.上海：上海科学技术出版社，2007：40-44，76.
[2] 张诗亚.回归位育：教育行思录［M］.重庆：西南师范大学出版社，2009：11.
[3] 教育部.大中小学劳动教育指导纲要（试行）.

创造力的优秀人才比较少，它与受教育对象大脑发育没有受到较为充分多元的学习资源刺激不无关系。而这本应是学校教育的优势，避免不同家庭或文化背景的学生在入学前的"差异"上的"不平等"，平等地为每一个学生提供基于他们兴趣和学习需求的多元丰富的教育内容和自由选择的学习平台等，从而令其自我个性的发展有更大的可能性。

为此，当前十分有必要组织和实施好学校的劳动教育，积极发挥劳动教育的文化性，让学生在劳动中获得来自他者或环境所提供的对问题的不同认知理解和解决方案，经学习、反思后，其成长中内在自然生命的"人化"基础变得更厚实，而不会因为当下一元的科学及技术知识在学校"独尊"，进而影响到学生内在人性能力的萎缩，甚至带来外在自然的"人化"难以求变创新。所以，新时代学校劳动教育要积极汲取优秀传统文化，可以开设诸如传统手工制作、传统文化体验和研究课程等，让学生在动手操作和实践中获得更多与人类生产生活相关的知识和经验，其意义在于学生因接受多元文化的学习刺激而形成良好的文化认同自觉，不封闭自我也不自负尊大，在不断的学习交往中能灵活应对各种问题而不僵化，促使其人性能力充满弹性和活力。教育部关于《大中小学劳动教育指导纲要（试行）》指出，劳动教育要"继承优良传统，彰显时代特征。在充分发挥传统劳动、传统工艺项目育人功能的同时，紧跟科技发展和产业变革，准确把握新时代劳动工具、劳动技术、劳动形态的新变化，创新劳动教育内容、途径、方式，增强劳动教育的时代性"，中小学生要"进行简单手工制作，照顾身边的动植物，关爱生命，热爱自然"，"适当体验包括金工、木工、电工、陶艺、布艺等项目在内的劳动及传统工艺制作过程，尝试家用器具、家具、电器的简单修理，参与种植、养殖等生产活动，学习相关技术，获得初步的职业体验，形成初步的生涯规划意识"[1]。

那么，学校的手工制作、传统文化体验和研究课程等要如何开展实施呢？从内容和目的而言，可选择学校周边人们生产生活劳作中还时常用到的传统手工制作技艺，根据其用途、结构形式、制作方法而编写成相应的校本课程，

[1] 教育部.大中小学劳动教育指导纲要（试行）.

并结合这些制品所运用的时令节气或季节而设置课程计划，目的在于让学生能够把手工制作与现实的生产生活建立起联系，这样，既能把学生制作的手工制品投用在人们的生产生活实践中，发挥其应用价值，又能在应用中让学生明了其背后的文化缘由。从场所空间和形式而言，除了手工制作课程之外，学校的劳动教育也要营造学生学习的"第二课堂"，主要以一种行动研究的方式来展开学习，积极让学生结合自身的生活经历，将其身边发生的劳动实践进行观察记录，并进行相关资源或文献的查阅，由教师和学生共同确定研究主题、制定研究计划的基础上，在学校和家长的参与协助下利用周末、假期，组织学生深入自然田野、社区、乡村等去参与体验不同文化中人们的生活方式，在实地的劳动中调适和修正自我所持有的观念和知识，在学习他者和他文化的过程中提升自我，形成良好的文化认同和社会实践能力，在多元文化的学习中促成创新活力的个性。

三、秩序规范与人性能力：注重合作共生价值，激活劳动教育的社会性

人类的劳动实践是在交往合作中展开的，单纯依凭个人力量进行的原子化劳动是难以为继的，劳动中虽不乏个体的创造性推动作用，但如果没有以往劳动经验的积累、学习、传播，人类的生存与发展是不可持续的。为了生存延续，人类群体和个体不得不向外谋求生活资料，个体是终其一生，群体则是代际相承，其唯有通过不断地劳动实践来实现自己的意图，在反反复复不可计数的尝试错误中总结经验，经由个体间相互交流将经验重复使用，进而实现在群体间的保存，又在后续劳动实践中通过个体的创造和群体的模仿进一步丰富和总结经验，从而使人类对自然的认识水平和能力获得持续提升和积淀。同时，人类在劳动中认识、利用和开发自然之余，也结成分工、合作及相应的秩序，呈现出明显的社会性特征，它除了在人类理性认识能力形成上有凸出的体现外，也反映在人类的实践领域，各种伦理、制度、组织等人际关系规范要求让人们结成稳定的社会秩序，而其之所以成为人们共同认

可的价值、原则，并内化为人们的思维心理，正是长期劳动实践中群体生存延续的需求，人们在冲突、对抗、危机与合作、分工、共享等相互背反的渗透、交织和拉锯关系中摸索达成相应的交往规范，久而久之衍生为群体社会的明文制度、道德伦理、风俗习惯，深深地影响着代际相传中群体和个体的身心发展。所以，劳动虽然是人类起源及发展的重要动力，人类在漫长历史中维持着单纯物质生命具有目的性，直至今日其重要性也是不言而喻的，但劳动于人类社会发展的价值意义却不止于物质层面，还有以此为基础却又超越其上的人性能力或文化心理，主要以语言、科学、道德、艺术、宗教等文化为其重要表征，它们同物质生产共同构成了人类社会生活的基本存在方式。换言之，人类在漫长的劳动实践中创造了丰富的物质和精神文化，并在学习、参与文化生活的劳动实践中积淀形成文化心理或人性能力，在人性能力的作用下积极参与各行各业的社会实践，在积累和创造中不断推动文化的发展进步。

由此，当我们反思关于"人是什么"这一问题时，结合人类社会自身的结构特征来认识的话，就"人是理性的动物""人是制造工具的动物""人是符号（文化）的动物"这几个经典定义相较而言，人是符号（文化）的动物比较具有概括性，能从抽象和具体两个层面把人与动物区别开来，而且将"人是理性的动物"和"人是制造工具的动物"涵盖其中，因为"理性的动物"是运用思维认识能力把人与动物区别开来，"制造工具的动物"是根据生存的手段把人与动物区别开来，而"符号（文化）的动物"则既根据具有意义的词汇、概念、符号在人群中进行认知、情感交流来凸显人的社会性，又根据意识的对象化包括工具在内的各种人化成果来体现人的主体性。"对于理解人类文化生活形式的丰富性和多样性来说，理性是个很不充分的名称。但是，但是所有这些文化形式都是符号形式。因此，我们应当把人定义为符号的动物来取代把人定义为理性的动物。只有这样，我们才能指明人的独特之处，也才能理解对人开放的新路——通向文化之路"[1]。也就是说，对通向文化之

---

[1] 恩斯特.卡西尔，甘阳译.人论［M］.上海：上海译文出版社，2004：36.

路的人的理解是把人视作由理性、情感、想象等构成的符号动物，"语言、神话、艺术和宗教则是这个符号宇宙的各部分，它们是织成符号之网的不同丝线，是人类经验的交织之网。人类在思想和经验之中取得的一切进步都使这符号之网更为精巧和牢固"[1]。因此，从符号（文化）的角度理解的人，不同于群居、偶然使用工具和本能作出信号反应的动物，人是以有意义的符号（文化）来处理人与自然、人与社会、人与自我等各种矛盾关系的，突出地表现在语言、科学、艺术、宗教及各种制度规范等人类文化实践活动方面，而在漫长的人类文化实践活动历程中，人类日益积淀生成了文化心理或人性能力，它们以天赋潜能的形式内聚在主体生命中，似乎是不学而能的，其实从人类总体来看，是在其创造文化的漫长历史实践基础上形成的，从个体来看，是在不断参与文化活动的学习中塑造的。人与动物的不同，首先是人类的自我意识，人能够将自我作为反思的对象，而动物却只有生理的感知觉，其与外界环境的关系是自然、机械的，是建立在本能的反应基础上，而人既能将外在环境包括他人作为认识的对象，能够根据不同的情景自由、主动地作出不同反应，又能通过对他者的认识来实现自我认识，以他人为一面镜子来反思自己，从而形成所谓的类意识。这就离不开作为人与人之间交往，以及交往所借助的具有普遍意义的纽带，比如语言、制度等，它们是人类社会交往实践的产物，不独属于个体，而是集体智慧的结晶，故人类群体共同创造文化的过程使得自我意识生成成为可能，所谓他人有的我也有，"他人"通过认识我而认识其自己，"我"也是通过认识他人来认识自己，自我意识其实就是类意识，而这要成为可能首先则离不开人类创造文化的实践以及借助所创造的文化为媒介（比如语言、工具）来表达人类的意识。其次，在自我意识的作用下，人类开启了漫长的"自然向人生成"的历史，在解决人与自然、人与社会、人与自我的矛盾关系过程中创建了形色各异的多元文化，并在文化创造的基础上形成了处理各种矛盾关系问题的人性能力，主要包括认识、道德和审美能力，它们统一于人类生命主体之中，认识能力更多体现的是人的思

[1]　恩斯特.卡西尔，甘阳译.人论 [M].上海：上海译文出版社，2004：35.

维逻辑性，解决的"对象是什么"，道德能力更多体现的是人的意志行动，解决"应当是什么"，审美能力则是认识与道德在感性中的融合，体现为"规律性与目的性的统一"。可以说，认识、道德、审美作为人性能力的结构成分，虽然它是形式上的划分，但作为人类或个体发展来看，他们都要面临着认识的真、道德的善和审美的追求，才能够不断推动人类社会进步。

所以，学校劳动教育在培养人的过程中要注重文化心理或人性能力的陶冶和引导，将之导向于真善美的方向，而不是将人性能力加以割裂而片面化或异化，使教学内容和方法变为一种知识的机械灌输，教学过程成为老师的权威宰制，学生只是被动地完成老师指定的学习任务。"教育的目的就是引导人发展其进化的能动性；经由此一过程，他将自身塑造成具有人性的人—以知识、判断和美德武装起来的人。同时，教育又将他生活在其中的民族和文化遗产传授给他，并以这种方式保存世世代代所创造的、历史悠久的成就。教育实用性的那一方面—使年轻人谋到一份职业斌维持生计的那一方面—也断然不可漠视，因为人类的后代并不是天生要过贵族式的闲暇生活。然而，以人类已经形成的一般能力，便可以使这种使用目的得到最充分的实现了；儿童所需要的这种外部的专业化训练，应该永远不要危及教育的根本目的"[1]。换言之，教育对人的培养是有目的的，这种目的指向的是人性能力的激发和培育，注重的是学生认知、道德、审美能力的全面和谐发展，把科学和人文精神统一于学生身上，让其成为具有批判反思和实践行动能力的生命主体，只有内在的人性能力得到发展，其才能担负起传承与创新文化的重任。基于此，学校劳动教育理应是一种综合教育，其综合性在于以人性能力的提升为导向，凸显学生学习生活的社会交往性，让之在合作、竞争的行动实践中形成善的自由意志，能够将法治、民主、平等、公正、友善等价值观融入自我的社会关系中，培育起良好的主体间教育教学相长关系，既具有个体的独立性，又有共同体意识，在相互的砥砺、反思中面对学习和生活所面对的各种

---

[1] 钱颖一.均值高方差小——教育与人才培养状况的影响性分析 [N].北京日报，2016-11-21（016）.

问题。

那么，学校劳动教育要如何开展才能更好地促进学生人性能力的提升，使其在学习和生活中充分地体现出人所具有的社会性？教育部关于《大中小学劳动教育指导纲要（试行）》指出，"学校要将劳动习惯、劳动品质的养成教育融入校园文化建设之中。要通过制定劳动公约、每日劳动常规、学期劳动任务单，采取与劳动教育有关的兴趣小组、社团等组织形式，结合植树节、学雷锋纪念日、五一劳动节、农民丰收节、志愿者日等，开展丰富的劳动主题教育活动，营造劳动光荣、创造伟大的校园文化"[1]。于此，学校劳动教育在内容上要以"社会生活"为取向，在形式上采取校内的"成长"主题班会为常态和校外的"生存"体验为辅助的模式，其中，"成长"主题班会以每学期一到两次的频率，每次以两周左右为一小单元连续构成，在老师的主持组织下，以学生为主体，让他们以成长中的家庭和社会生活现象为背景，通过老师的引导自主交流、协商确定主题和行动方案，在分工合作中收集与主题相关的材料，包括生活故事、文献资料，并将这些任务要求融合在自我的行为改变中。主题班会确定的主题是让每一个学生都参与进来探讨、分享和解决相关主题内容，对这些主题的探讨、分享和解决不仅需要查阅文献、收集生活故事，还得结合自我学习生活中的身心经验，不断与同学进行交流来完成主题任务。换言之，以班级主题班会形式展开的学校劳动教育是一种生活化的教育形式，它凸显的是学生的主体能动性，让学生直接参与学习生活问题的探讨，形式上既有不同角色的任务分工，又有相互分享交流的启迪，并在共同行动中达成真善美的价值判断，形成良好的社会交往身心能力。与校内的以主题班会为载体的劳动教育不同，校外的"生存体验"则是在更为自然、真实状态下的学生自主实践活动，以"春游""夏令营"的形式组织学生到自然、社区、企业或乡村中去，让他们切身体验生存的复杂性，经由生火烧饭、农耕生产、产品加工等观察和操作体验，感知不同劳动背后所共同具有的人性能力和多重的社会关系，将不同社会主体身上所体现出的团结、坚

---

[1]　教育部.大中小学劳动教育指导纲要（试行）.

韧、创新的劳动精神内化到自我的身心之中。

四、全面发展与情理共谐：注重自由创造价值，追求劳动教育的审美性

从人类起源发展和创造文化的历史来看，在工具使用和制造的劳动实践基础上，人类逐渐生成了自我意识、语言等类特征，慢慢地由自然走向人类文化社会，其身心也日益与动物有了区别，形成了认识、道德、审美的人性能力。但不可否认或忽略的一点是，人与动物虽有别，可人毕竟在感性的层面上依然保留有动物性的一面，人的生存或生活并非完全依靠理性来支配，不是纯粹地建立在理性的认识和道德伦理基础上，它离不开生存层面的物质需求和情感层面的心理依赖，虽然人与动物的根本不同的确在于理性，然而人的存在本体却是感性和理性的交融，也即人们常说的是物质生命和精神生命的统一，二者在人类身上并非时时都表现出和谐，不时出现"感性"和"理性"违和的情况，如有着"以理杀人""法不外情""禽兽不如"等现象，这在理性或非理性的层面揭示着人是具有复杂人性的动物。那么，能不能或者如何使得人性中"感性和理性"得以协调，以促使人类社会发展的文明和个体身心的和谐？

要回答这个问题，不得不从人的感性实践活动这一角度来加以阐释。这是因为人性不是抽象的，理论上对人性进行的界定和结构剖解仅仅是为了叙述的方便，现实中人的存在是立体的、交往的，而不是单个人的抽象物，也不只是感性的生物机体，而是感性实践活动基础上的类的存在，其生活是在劳动或实践中的有意识的生命活动，"劳动本身，生命活动本身，生产生活本身对人来说不过表现为满足他的一个需要，即维持肉体生存的需要的手段。但生产活动就是类的生活。这是创造生命的生活。生命活动的性质包含着一个物种的全部特性，它的类的特性，而自由自觉的活动恰恰就是人的类的特性"[1]，也就是说，人不仅仅是维持肉体生存的存在物，也不单单是纯粹的精

---

[1] 马克思，刘丕坤译.1844年经济学—哲学手稿 [M].北京：北京人民出版社，1979：50.

神沉思，而是在有意识的生命实践活动中使得"感性和精神"得以统一，"动物只是在直接的肉体需要的支配下生产，而人则甚至拜托肉体的需要生产，并且只有在他摆脱了这种需要时才真正地进行生产。所以，人也按照美的规律来塑造物体"[1]。所以，在有意识的感性生命实践活动中，人不仅能将外在环境进行对象化以满足自我的维生需要，也能够把自我的情感、价值付诸对象身上而实现自我感性和精神的统一，以美的方式存在。概言之，有意识的生命实践活动是人的存在方式，而人的存在方式要想以美的形式呈现则离不开生命主体在实践中对感性与理性的"度"的把握，正所谓增之一分太长、减之一分太短，是无过无不及的中庸之道，是人的真正的自由自觉的实现。当然，这是一个理想，然而此理想又是建立在现实的基础上的。人类生产力水平提高、科学技术发达的今天，人们的物质生活较之过往可以说是极其丰富，衣食住行等需求对于大多数人而言已经得到满足，但这并不意味着人们的生命状态是和谐美满的，人类生存发展的基本矛盾问题并未在实践中得到有效解决，因为并未找到一个感性与理性的"度"，比如人与自然关系方面，借由工具技术的使用，人已经能够不断拓展对自然利用和开发的边界，可是对自然资源的过度开采、攫取和掠夺造成了自然环境失衡，自然生态的破坏给人类生命和健康造成的威胁日益凸现出来；人与社会关系方面，经过人类漫长的历史实践，人们已践行过不同的社会形态及相应的道德伦理和制度规范，直至今天，自由、民主、法治等成为人类社会普遍的价值追求，然而不以人为目的的人类社会行为依然存在，非道德和违法的现象在人们生产生活中不乏多见，甚至在理性或道德的名义下战争也时有发生；人与自我关系方面，随着社会和科学技术的进步，个人的物质经济收入、职业选择、生活方式等在今天有着较大的自由度，人们可以尽情地展现自我个性。但是同时引发的问题是个人的原子化倾向，即生命的意义、信仰被物质、名利所吞噬而变得浮躁、虚无，亲情、爱情、友情等人情都被经济、权力的算计所异化。故而，人类在面向未来时，针对过往和现实的生存发展中存在和面临的矛盾

---

[1]　马克思，刘丕坤译.1844年经济学—哲学手稿［M］.北京：北京人民出版社，1979：51.

困境，不能无限地放大人类的本能，纵欲无度，但也不能无视人类的情感心理而一味地以理性所塑造的各种标准来规制人，让人缺乏激情、想象和生气。

因此，学校劳动教育理应是一种自由的教育，其在价值取向和实践运行中要以人的全面发展为目标，注重教育对象身心中感性和理性的自由和谐生长，把科学和人文精神化为其学习和行动的追求，把学生视为个性饱满的感性实践个体，师生之间以知识为桥梁，围绕着人类社会发展矛盾问题而展开倾听、对话、理解、共鸣的实践交往活动，把求真向善的教育目的落实在充满深情和自由的教育文化之中，学生能积极主动地投入科学和人类社会发展问题的探思中，充满激情和快乐地展开学习和生活实践，心怀理想信念而不虚度年华，心系民瘼而意志笃定，在奋斗中、感悟中、珍惜中为人类创造美好的世界。可以说，学校劳动教育不仅是一种理论学科知识的教育形式，还是渗透融入整个教育过程中的一种方法。其形式是指学习者有目的地专注于问题的探究，而不是单纯地进行抽象的概念认知。以自身的经验基础为前提，在主体的实验和行动实践中去和问题发生关系，在深入认识问题和不断操作中获得身心的愉悦，而这个过程并不意味着没有勤奋和辛劳，而是因目的明确、身心专注地投入学习之中忘却了自我。所以，学校劳动教育过程要给学习者以自由，让其充分地在学习中运用其认知、想象、情感来创造个性，而不是将其束缚在学校和教师的价值标准、经验逻辑或教材的固有思路、要求上。学校应鼓励学生有自我的想法和做法，即使是知识上有错误，也不会让学生失去思维和个性上的独立而变得没有创造力，这才是关键所在。

那么，要实现这样的效果，学校劳动教育要如何开展呢？或是说学校劳动教育在内容和形式上要如何实施而有利于学生自由个性的培养？一个最为根本的做法是将劳动的自由和审美品性融入、渗透进学校教育教学的内容和管理之中，通过教育教学情景的创设，将知识讲解、案例分析、故事引导、角色扮演、实物演示、实验操作等方式加以综合运用，根据不同的教育教学内容进行灵活选择组织，让师生的教育教学在"活动"中进行，充分调动教育教学的"理""情"交融共谐，让"理"融化在"情"中，让"情"催化"理"的生长，也即以一种美的方式展开。教育部关于《大中小学劳动教育指导纲要（试行）》指出，"发挥主体作用，激发创新创造。关注学生劳动过程中的体验和感悟，引导学生感受劳动的艰辛和收获的快乐，增强获得感、成就感、荣誉感。鼓励学生在学习和借鉴他人丰富经验、技艺的基础上，尝试新方法、探索新技术，打破僵化思维方式，推陈出新"[1]。同时，"推动学校充分利用校内学习、生活有关场所，逐步建好配齐劳动技术实践教室、实训基地，丰富劳动教育资源"[2]。这也就意味着除了将劳动教育的自由和审美品性融贯在学校教育教学各环节之中外，其自身也应有一定的载体形式，比如学校开设创意（艺）空间，让不同学生结合学校教育教学和自我学习及生活中的"目的""想象"等通过该空间提供的材料、资源实现出来，而这个空间并非是配合教学实验而设置的实验室，虽然诸如实验室是学校进行科学知识教学的重要辅助条件，但它也替代不了由学生自主施展的自由挥发，而且学生的这种自由挥发是在其明确的目的和强烈的情感推动下去实践的，在实践中其身心专注地与问题或对象所交融，不存在由外在标准、规范、要求之下的压迫，能够专心致志、饶有兴趣地去钻研、探究、设计，虽然这个过程也有失败，但这种失败不是不同主体进行同一件事情之间的优劣比较，而是学习者自身目的、想象外化中的变形，它可以促使学习者转变实践的路径方法，不断趋向于目的性与规律性的统一，达成"学而时习之，不亦乐乎"的境地。

当然，学校劳动教育的创意（艺）空间更多适于学生认知的审美转化，而关于学生良好道德品质的培养如何借助于劳动教育得以内化？其在形式上又如何开展实施？对此，除了前面提及的社会生活体验、主题班会之外，更重要的是要关注学生对道德认知内容的情感培育和意志自律的促发，因为道德认知内容涉及的是时代和社会所倡导的价值，即什么是对的或应该的，这些有明确的内容规范，但如何让学生产生对其的积极情感或爱好，而且还能在行动中自觉践行，这才是关键和难点，而这恰恰是作为常规化的学校劳动教育及管理来完成的，诸如通过班级和学校环境卫生的打扫、师生仪表和文

---

[1]　教育部.大中小学劳动教育指导纲要（试行）.
[2]　教育部.大中小学劳动教育指导纲要（试行）.

明语言的运用、少先队活动及家校委员会、心理辅导站的设立，在学校层面组织与校外的政府、企业之间的联合的环境、法治、健康、生态、社会文明价值方面的宣传、参观、调查等活动，为学生的身心和人格发展提供良好的文化环境，在学校、教师、家庭、社会、企业等共同构成的教育力量影响下，培养起学生好学、反思、勤奋、勇敢的自律品质，使其充满朝气地呈现和发展自我的身心潜能。

第七章　教育实践贵乎中庸之道

从人类教育发展的历史长河来看，具体的教育实践有着鲜明的社会性、时代性和个性化特征，不同历史时空环境中的多元丰富教育实践为人类不断总结教育经验，并将之上升为普遍性教育原理打下了基础，而普遍性教育原理一旦凝聚形成之后，其会成为人类社会发展面向未来的可资借鉴、反思的教育论说，人们不断从中汲取养料，在立足现实的基础上培养融入未来世界文明和谐发展的生命主体。在众多人类教育智慧结晶中，中庸之道所内含的教育哲学思想对当下教育改革发展具有本体论和方法论意义上的启示，为培养具有人类命运共同体意识和理性反思行动能力的生命主体提供来自历史和传统的深邃思想之光。

一、教育本源：始于率性，继于修道，达于自觉

教育的本质是培养人的实践活动，但要培养什么样的人，以及怎样培养人却是个具体的现实问题。不同历史时期、不同生产力发展水平、不同文化背景下培养人的教育实践活动是有差异的，这在教育目的、内容、形式、方法上有着明显的体现，在承认这个前提的情况下讨论教育的基本原理才有现实基础和意义导向，否则人们会常常陷入教育理论与实践、课程分科与综合、奖励与惩罚、教与学、校内与校外、个性与社会等关系处理上的拉锯状态。也就是说，为避免现实中人们对教育"合法性"各执一词，有必要通过溯源追问来形成共识，在本源反思下形成教育实践的基本线索和基本精神，从而有效地发挥教育实践活动培养人之本质。《中庸》首章提出"天命之谓性，率

性之谓道，修道之谓教"[1]的观点，对何谓"教育"给出了人类学的解释，天所赋予人的东西就是性，遵循天性就是道，遵循道来修养自身就是教。首先，人置身于天地系统中，"天命之谓性"包含了自然万物与人的"性"及其作为共生一体关系的"性"，"天地人三才"共同构成如今这个世界，此乃为"天命之谓性"的基本结构。教育作为培养人之实践活动，要将人之发展置身于自然社会中来理解，对人性作出简易的"善恶"极端之别，忽略了人性在自然社会中"率性修道"的人文实践发展过程。其次，"天"赋予了包括人在内的万事万物之"性"，它们内聚于事物自身之中，有着发展的潜能势力，人之外的其他事物按其"天命之性"自然地生长，而人之性却内藏着各种精神动力，不同的人"率性"而为，在现实中有着不同的行动表现，甚至存在着悖离共识规范以致危害人类生存发展的境况，这就意味着人之"性"需要在方向或"度"上加以规约引导，不致使"恶"在人性中放大，为此须"修道"，使得人性朝着善的方向发展，此之谓"教"也。因而，对教育的认识和理解要将教育对象（个人）视为自然宇宙系统中的一分子，他有着意识能动性和自利性，其生存发展依托于外在的自然环境，同时也与他人交往合作构成人类社会，而要使得人与自然、社会、自我的矛盾关系和谐共生，一个基本的原则是要"率性修道"。"率性"是对自然宇宙万物而言的，它们按照自身具有的"性"来存在，相互之间构成一个相对稳定的系统，如果违背或破坏了其"性"，则会引发自身及整个系统的变动。而就人来说，其生存发展都离不开具体自然时空和人文环境，其可发挥自身"人性"中的认知能力来利用自然、创造各种文化，以满足其身心发展需要，并在与自然、他人进行交往实践中形成有利于共同体生存绵延之道，这是作为个体的人要在生命实践中不断学习"修道"才能将之内化为自我的能力。是故，人作为宇宙自然系统的一部分，要在其中生存绵延下来，离不开与自然、他人的认识和交往，要在共同的实践中去修"人文之道"，此中既有人作为自然的一部分，其身上有着动物的生命本能，但更重要的是通过修道而成人，终成为不离人道的个体自

[1]《中庸》

我，此乃"率性修道之教也"。具体来说，一个人出生之后，其身上内聚了"天命之性"，包括自然的动物本性和人类漫长实践积淀形成的人性潜能，人的婴幼儿早期成长过程基本上是"率性而为"的，其言其行以自我为中心，皆出乎其本性，即使其言行背离了成人世界的伦理道德和价值逻辑，但于其自身而言那是"自然的流露"，可成人成己的"修道"却是要在社会实践和文化学习中展开的，不断在"修道"的过程中完成对人的教化。所以，教育是以一个渐进展开的过程，其在面对教育对象时，无疑先要对之有一个全面的了解，对其"天命之性"进行结构化剖析，进而才能做到有效的引导培育，使之身心发生积极的变化，使自我的人性在教育的作用下遵道而行，自然的动物性在人道之下张弛有度。

现实中，当我们进行教育实践的时候，首要的是得明了教育的本源性问题，只有厘清了"教育是什么"，才能有后续的"教育怎么做"，这是教育实践的本末问题。那么，教育是什么？回答这个问题有一个基本线索，即《中庸》所言的"天命之谓性，率性之谓道，修道之谓教"，教育作为培养人的实践活动，不能无视"天命之谓性"，何以如此？

首先，无论是历史还是现实中的人，也不管是生产力或技术发展水平怎样，人出生以后皆以"自我"来与外界环境（包括自然、社会、自身）发生联系，"自我"往往以自身利益为中心，或是以"自身视角"来认识、理解外在环境对象，这是基于自我维生的需求，也是天性使然，正如孔老夫子所言，"食色性也"，人们为了满足自我的需求和欲望而会不加节制地进行索取，如此往往会打破"自我"与"他（它）者"的平衡关系，"自我"会把利益的争取变为一种"占有""攫取"，以致失去和谐与可持续的"度"，往往给他人或环境造成不利影响。同时，自我或人性中也会有"善"的天命之性，故能在自我学习、反思和相互学习中积善成道，由"小道"终成"大道"。所以，"修道之谓教"也就意味教育在遵循"天命之谓性"的同时，也得对作为教育对象之人类进行规约引导，而非一味地"率性而为"，这就隐含着一个基本的教育原理问题，教育的宗旨是让人变得更完美，这就得以"率性"为基础、"修道"为引导，"率性"既是指让教育对象自身所内聚的人性"整体"呈现，让其意识性、能动性、目的性、好奇心得以充分发挥，又让教育对象融身于复杂的天地系统中，如此其人性的丰富性才能够有施展的环境，继而在"率性"中"修道"，通过不断地对人性进行打磨、规约、引导而使其能够"致中和"，从而实现"天地位焉，万物育焉"的兴旺发展之态。我国著名优生学家潘光旦先生曾提出"位育"[1]教育论，认为"位"是安其所，万事万物（包含人在内）各以自我之"性"守其"正位"。"育"是遂其生，万事万物（包含人在内）之间各安其位、共生互动，从而形成万事万物化育生长的局面。当然，要实现"位育"之结果，还得要"致中和"，何谓"致中和"？《中庸》曰：喜怒哀乐之未发谓之中，发而中节者谓之和。"致"，达到。"致中和"，指人的道德修养达到不偏不倚，不走极端，十分和谐的境界。从此也可以看出，"天命之谓性"是一种"中"之状态，是一种"位"之状态，正如喜怒哀乐皆为人之性情也，但其要在与环境互动过程中"相宜"，在相互作用中实现"发而中节'，这即是"率性修道"之"教"也。

其次，从人类生命历程来看，人类有一个从出生到死亡的生命发展过程，而人性也是内聚在生命发展之中的，要想不断提升境界水平，就得终身"修道"，毕竟"天命之性"伴随终身，"修道"就是对"率性"的不断锤炼、引导的过程，正所谓"活到老，学到老"也即此意，也就是教育于人的发展作用并非体现于朝夕之间的变化，而是终身"修道"的过程。然而，长期以来人们对教育的理解或践行都是将其当为一种"阶段任务"，在考试升学的"阶段任务"中胜出或淘汰，学习教育变成了用身心去追求外在目的之过程，出现了人们常说的目的与手段本末倒置之状况，于是，教育不再是一个人不断与外在环境进行交往互动之后对生命进行的反思、内省，也不会在此基础上激发生命积极向上的发展。因此，当下人们进行教育实践或教育改革要本着以人为本的导向，在遵循人性中的生存发展之需求和意识能动性之潜力的同时，也要对之进行规约引导，使其人性发展朝着真善美的方向迈进。当然，这个过程是一个逐渐积淀，充满着丰富多元个性的过程，因为"天命之谓性"

---

[1] 潘乃谷，潘乃和.潘光旦教育文存 [M].北京：人民教育出版社，2002：55.

是"共性与个性"的统一，"共性"是每个人都生而平等地拥有有着人之为人的类特性，即意识能动的未固型化特征。"个性"是不同个体因自身所处环境、条件不同以及自我主观努力程度有别，而在人生发展的道路上有着较大的差异，但这并不会阻碍每个人基于自身基础而不断超越和提升自我。总之，教育是培养人的实践活动，培养人也就意味着是让人变得更好，而变得更好则隐含着人有向好的"潜力"和"不好"的行为表现，而这些都内聚在主体的天命之人性中，教育就是需要遵循人性，在面对人性的基础上加以引领，不断发挥人性中的主观能动性，结合知识学习、社会交往、行动实践来将人性导向对真善美的追逐，形成爱智求知、自省慎独的生命发展自觉。

二、教育动力：见于微末，谨于慎独，形于诚中

教育实践是使不同主体人性潜能中的个性能得以充分健康发展，从而有效推动社会文化向前迈进。因而，个体人性潜能中的"仁善"部分该如何激发和蓄养？这便成了一个重要的教育学命题。孔子曰："人者，仁也"[1]，此"仁"是"从二为仁"，有汉郑玄注"相人偶"[2]之义，它是个体在"亲亲""尊贤"中将自我身上天命之性中"善"加以存养、扩充而来，并在"三人行，必有我师""择其善者而从之，其不善者而改之"的学习中来增进。与此相反，"子曰：'人皆曰予知，驱而纳诸罟擭陷阱之中，而莫之知辟也'"[3]，因为人天命之性中的"自欺"使得其在实践行动中往往"过之"或"不及"而背离了"善"，从而使得"道之不行"也。可以说，天命之性并未见得是自然向善的，人唯有"见贤思齐"[4]方可积善，在持之以恒的践行中才能"弘道"，此得花一番宋儒主张"主静居敬"[5]的功夫不可，"'子曰:回之为人也，

---

[1]《论语》

[2]（汉）郑玄.《仪礼注》

[3]《中庸》

[4]《论语》

[5]钱穆.中华文化十二讲［M］.贵阳：贵州人民出版社，2019：137.

择乎中庸，得一善，则拳拳服膺而弗失之矣'"[1]。显然，"率性修道"之教育是一种人文化成，而非天命之性的自然呈现。《易经·贲卦》中的《象辞》言："刚柔相济，天文也。文明以止，人文也。观乎天文以察时变，关乎人文以化成天下"[2]，此表明"人文化成"是一种人道而非自然的天道，正是人们基于"得一善而弗失"基础上的积存沉淀，使得天命之人性"情系于善"，逐渐形成"文明以止"之"人文"也。《礼记·乐记》中有"情深而文明"[3]一说，之所以"情深"乃是人人遵从认同于人文之"礼"，非礼勿视、勿听、勿言、勿动，"克己复礼"[4]而为"仁"，"为仁由己"[5]则有了"情深"，故而"敦厚以崇礼"。因此，教育虽然始于率性，或者说教育要遵从天命之人性，但须将其导向对人文的认同，在"习礼育仁"中完成对人格的陶冶，它不是一个如"善恶""真假""美丑"一样非此即彼的断然界分，而是在此两端中时时慎独自律，如《易传》所言，"见善则迁，有过则改"[6]，学习者要从细微处入手，能够"知远之近，知风之自，知微之显"，才"可与入德矣"。因此，教育所遵循的中庸之道是刚强有健、德厚悠远的，一方面强调积极进取，以"礼""仁"之人文大道为尊，时时处处要以之为本。《中庸》曰："知、仁、勇三者，天下之达德也，所以行之者一也。或生而知之，或学而知之，或困而知之，及其知一也。或安而行之，或利而行之，或勉强而行之，及其成功一也"[7]，此即是说"知、仁、勇"是学习者内在的动力精神或学习方法，不同的学习环境对其都要加以遵循或持守，事业方能有所成。另一方面强调"道不远人，远人非道也""君子之道，造端乎夫妇"，学习就在伦常日用之中，不舍求从"天国"或"上帝"来指引，而是通过世间人际"君臣也，父子也，夫妇也，昆弟也，朋友之交也"的"五达道"来实现，在群体人伦交往实践

---

[1]《中庸》
[2]《易经》
[3]《礼记》
[4]《论语》
[5]《论语》
[6]《易传》
[7]《中庸》

中来涵养自我之德性。

所以，教育如何把人培养好？从过程而言，它是一个动态且终身持续的修道实践，且在这个过程中要因时因势而动，在"变"中求"不变"，"变"是"择"，时空不同而"达道"会有所异，但"达道"所要遵循和涵养的"达德"是同一的，正因有此"达德"之品性，其才能行中庸之道，或适可而止不逾矩，或知其不可为而为之，既可有孔子所言的"从心所欲"[1]，也可有如孟子所言的"富贵不能淫，贫贱不能移，威武不能屈"[2]，但皆非"德之贼"的"乡原"[3]也。所以，教育培养人的基本动力要兼顾"形与质""有限与无限"的统一。"形""有限"指的是教育内容或时空是具体的，不同的教育对象因所处的时代、文化、地域等的差异，其所获得的知识经验也会不同，它们以人们解决自身所处环境中遭遇的矛盾问题为基础，属于"器"的层面；"质""无限"是指教育对象无论处在什么样的环境中，其与外界进行交往时，已将接受的有"形"的"知识经验"或"文化"内化和提升为"形而上之"的"人道"精神。《中庸》言，"道也者，不可须臾离也，可离非道也"[4]，就人道而言，人应该走的是一条正道，此正道是对"天"所"命"之善性的遵从，它内聚在人性中，人人有此善性，但未见得人人率此善性，故"可离非道也"，须得"慎独"，唯有人人循其身上的善性而行，不断修道而成德，积少成多，从而"万物并育而不相害，道并行而不相悖。小德穿流，大德敦化"，于己，能在德性上不断精进，于人，德泽风化。当然，这不是一条线性上升之路，而是温故而知新的学习实践和涵养内化过程，正所谓"故君子尊德性而道问学，致广大而尽精微，极高明而道中庸"[5]，唯有"恐惧乎其所不闻，莫现乎隐，莫显乎微"[6]，在细微处见显著，在叩其两端中求适中，由近

---

[1]《论语》

[2]《孟子》

[3]《论语》

[4]《中庸》

[5]《中庸》

[6]《中庸》

及远、自卑及高，在由明而诚的修道学习和慎独实践中去"问学、温故、崇礼"[1]，从而能够"赞天地之化育"[2]。总之，教育是一个动态的实践过程，其动力在于"修道"的基础上率天命之"性"。但在人道路途上，不限于一条，不同民族、不同文化或不同时空环境中人们所行之道殊异，可以"并行不悖"、殊途同归于善性，故学而时习之，在朝夕的好学、乐学中去"与天地参"。

教育于人的培养是一个长期性、周期性的实践过程。长期性，是指人之生命纵贯出生至死亡的漫长过程，且在代际之间绵延相续，世代更替不绝，运动变化是其主旋律；周期性，是指人之生命发展呈现出年龄阶段特征，婴幼儿、儿童、少年、青年、中年和老年各自有着不同其他阶段的身心水平。而且，无论是长期性或是周期性，人之生命能力发展或提升是渐进的，长期性和周期性又统一于人自身对德性的尊崇和问学不止的精神上，即终身的不同阶段都要"修人道"，正所谓"勿以善小而不为，勿以恶小而为之"，须得慎独，无论生命处在什么阶段或环境下，都要追求自我的立身之本，尽职尽责，心无旁骛地专注于学习和工作，虽成不了圣人或完人，却能永远或不息向前。《中庸》曰："君子之道费而隐。夫妇之愚，可以与知焉，及其至也，虽圣人亦有所不知焉。夫妇之不肖，可以能行焉，及其至也，虽圣人亦有所不能焉"，"君子之道，造端乎夫妇，及其至也，察乎天地"[3]，这就是说，君子之道或是为人之道是在人的日常生活实践中体现的，要在不断与人交往中汲取别人的"善道"，在"忠恕"之中尊道而行，即使"遁世不见知而不悔"。可如今人们追求"富贵名利"，为了"分数""爵禄"而无所忌惮，此恰恰是孔子所反对的，如其所言"古之学者为己，今之学者为人"，此是悖逆了"自明诚，谓之教"的修道率性之本源。随着生产力水平的提升和人们受教育年限的延长，人们在接受教育过程中的"主体"地位似乎日益彰显，但事实上，当人们在提倡教育以人为本时，往往没有对受教育对象的人性进行"正反两极"的权衡，而仅从"权利"角度维护受教育者的各种"权益"，教育者则在

[1]《中庸》
[2]《中庸》
[3]《中庸》

一定程度上成了"弱者"，还得担心受教育者以"权益受害"为由将其"状告"受到责难，于是出于"自保"，教育者不能有效地对受教育者进行教育惩戒。同时，当前无论是农村还是城市里的学校教育，抑或是重点学校和普通学校，大家都把心思放在了升学考试课程的教学上，而"德、体、美、劳"等内容有意被压缩，时常变成课程表里的"装饰"。这其中的根由究竟何在？

我们经常说教育要能够让学生身心和谐发展，使其在行动中可以理性地规划未来，对自己的行动加以有效的情感、意志的调节、规约。但事实上，现实中的教育往往成为人们提升"经济、权力、身份地位"的手段，这本无可厚非，一个受过良好教育的人，通过努力拼搏、发挥自我聪明才智来获得美好的生活和较高的社会地位是应得的，但这并不意味着教育的目的仅就如此。显然，生活中绝大多数人是平凡者，其资本或地位较为普通，可他们身上不乏有着高贵的坚忍、勇敢、仁爱等各种美好品质，同样也有着各种弱点，然，这并不影响在教育的作用下，他们不断超越自我而向上进步的可能。《中庸》曰："君子素其位而行，不愿乎其外。素富贵，行乎富贵；素贫贱，行乎贫贱；素夷狄，行乎夷狄；素患难，行乎患难。君子无入而不自得焉。在上位，不陵下；在下位，不援上。正己而不求于人，则无怨。上不怨天，下不尤人"[1]。由此能知，人道贵在"正己不疚"，用心用情于正道而不偏僻，与人"故君子以人治人，改而止"[2]，与己则"忠恕违道不远，施诸己而不愿，亦勿施于人"[3]，对于德性和学问"人一能之，己百之；人十能之，己千之"[4]，如此真诚执着于一事一物一善，焉能不有所得，焉能不有所成，故"果能此道矣，虽愚必明，虽柔必强"[5]。当然，教育过程并非是一马平川的，其中也有曲折不平的时候，学生在学习成长过程中会在认知、情感、意志、行动等方面出现所谓的发展偏差，其实这是很自然的，正所谓"人无完人，金无足

---

[1]《中庸》
[2]《中庸》
[3]《中庸》
[4]《中庸》
[5]《中庸》

赤"，更何况青少年，他们感到迷茫或者犯错误是普遍正常的，对此，需要教育者的宽容大度，以同理心来对待孩子，把理解孩子当作对自我的一种审视，从而要珍视、尊重他们并积极引导其身心发展。但现实中的教育，往往将学生视为"长不大的孩子"或"心智不健全者"，常常对其施以或要求一种"安全"或"防范"的教育及管理，不允许或害怕教育对象发生各种"错误"或"问题"，无疑这是对学习者"天性"和"修道"的压制，以独立于人之外的某一"实体或标准"来塑造学生，缺失了"审问、慎思、明辨"之"叩其两端"的求中过程，学生难以真正亲近学问，形成"尊德性而道问学"的自觉。因此，教育实践十分有必要注重学习者对学问诚意倾心之情感培养，让其学而"为己"非"为人"也，专心致志地沉潜和涵泳于学业，做到"诚于中而形于外"，积极利用各种教育资源来增进自我生命能力和境界水平。

于此，首先，教育对象要认识到自己是人类的一分子，与他者一同交往、合作去应对各种矛盾困境，方能凸显自我的存在价值和必要性，脱离了社会关系来谈自我个体的存在是一种虚无的论说，认同、遵守和践行人类基本的社会规范，这是一个人成为自己的前提，也即成人是成己的必要条件，故而，学习要心诚，诚意于人类的"正道"，树立坚定的理想信念，从容用功于学问，则终有所得；其次，教育对象与其他社会成员交往中要保持自己独立个性，相互间方能更好地形成合作互促关系，个人带着对问题的理解来与他者对话交流，从对方身上汲取智慧和优点，并真诚地反思和改变自我，从而双方一道在解决问题中达成思想和价值共识，各自在学而时习中不断超越和提升自我。

三、教育方法：敏好于学，尚于力行，求于时中

教育是教育者与学习者之间以知识为载体或纽带而展开的交往互动过程，良好的教学相长关系能促发师生双方身心的积极变化，使其在后续的学习和生活中能理性、有效地选择和行动。也就是说，教育重要的意义在于促使教育主体的"成人成己"，使自我的生命得以圆融发展，能够有效地应对各种

矛盾关系。其中，"成人"意味着与别人一样，在什么方面一样呢？这是有着规范和标准的，也即所谓做人的"尺度"。孟子说："舜之居深山之中，与木石居，与鹿豕游，其所以异于深山之野人者几希。及其闻一善言，见一善行，若决江河，沛然莫之能御"[1]。又说："大舜有大焉，善与人同，舍己从人，乐取于人以为善"[2]。此即表明，做人需要在群体中求善，由涓滴之善而日积为盛大光明，如此才"人皆可以为尧舜"[3]，也如孔子所言："吾十有五志于学，三十而立，四十而不惑，五十而知天命，六十耳顺，七十而从心所欲不逾矩"[4]。所以，不学则难以立，教育要切实起到促进人的发展，很重要的在于培养学生的好学乐学精神，将其人性中的好奇心加以呵护、存养和激发，在向善为人的路程上做到"乐以忘忧，不知老之将至""一箪食，一瓢饮，人不堪其忧，回也不改其乐"[5]，其乐就乐在对人生正道的深情和认同上，即使"苦"也能有所乐。"成己"则意味着在与别人不一样中有坚守，它是自我对人生正道的一种修炼，即从慎独的角度而言，因自我出生、成长的环境与他人有异，故所行之人生道路会受到外在不同因素的影响，而其自身却能"修身以道，修道以仁"[6]，而修身须"好学"，如《中庸》所讲，"子曰：好学近乎知，力行近乎仁，知耻近乎勇。知思三者，则知所以修身；知所以修身，则知所以治人；知所以治人，则知所以治理天下国家矣"[7]。也正如此，才有"尽己之性则能尽人之性，能尽人之性，则能尽物之性"[8]，从而"君子无入而不自得"。

那么，教育要如何才能促进"成人成己"？或者说如何才能更好地把人培养好，以实现立德树人呢？其在方法上有无讲究呢？《中庸》曰："舜其大

---

[1]《孟子》
[2]《孟子》
[3]《孟子》
[4]《论语》
[5]《论语》
[6]《中庸》
[7]《中庸》
[8]《中庸》

知也与！舜好问而好察迩言，隐恶而扬善，执其两端，用其中于民，其斯以舜乎"[1]，又如孔子曰："吾有知乎，无知也。有鄙夫问于我，空空如也，吾叩其两端而竭焉"，"攻乎异端，斯害也已"[2]。显然，此之执或叩两端而用中的中庸之道，用在教育实践上则如人们常说的教育是一门艺术，因教育对象或情景不同而有殊异的方法，正所谓"教无定法"，但却又能收到良好的教育效果。孟子说："物之不齐，物之情也"[3]，但"君子之道，夫妇之愚不肖，可以与知能行"[4]，只要其有善念而能慎独，则"人皆可以为尧舜"，如非乃"是不为，非不能"也，因而无论是"夫妇"抑或"圣贤"，唯有为学力行而慎独，则能不断将"人人能行之"的"小道""小德"通向"大道""大德"，从而形成"万物并育而不相害，道并行而不相悖"[5]的"川流敦化"局面。因此，基于不同的对象教育要以其人性为本，但非从行"诚明尽性"的圣人之道始，而是"其次致曲，曲能有诚，诚则形，形则著，著则明，明则动，动则变，变则化，唯天下至诚为能化"，也就是让不同学习者守住各自能行之善端而不馁，锲而不舍去追逐，不断地在与他人交往和行动实践中扩充存养，使得自我在成己的同时也能成事达道，从而使身心既仁且知，这也就是"君子诚之为贵。诚者，非自成己而已也，所以成物也。成己，仁也成物，知也。性之德也，合外内之道也，故时措之宜也"[6]，从而才能"致中和而万物育焉"。所以，实践中教育方法是灵活的，执两用中的中庸之道是其基本的方法精神，因对象、情景、问题之不同而在方法上要讲"时中"，要体现出"度"的艺术，不过也无不及，如此才可称之为教育有方。

首先，教育方法以激励为主，促使教育对象敏于好学。好奇是人的天性使然，尤其在儿童、青少年身上特别凸显，他们似乎对外在的一切都充满兴

---

[1]《中庸》
[2]《论语》
[3]《孟子》
[4]《中庸》
[5]《中庸》
[6]《中庸》

趣，一般都要问个究竟，这无疑是教育之所以成为可能的重要基础。因此，教育在培养人的过程中，或是说当有意识地对学生或教育对象施以教育的时候，一个基本的方法原则是遵循自然，给予教育对象一个自由宽容的学习环境，允许其进行积极发现和探索，对他们学习过程中存在的错误、不足要怀有体谅，而不应只用否定、失望的回应，否则其好奇之心会受到"伤害"，当然也要对其"好奇之问"加以"审查引导"，而非放任不管。是故孔子有言，"君子欲讷于言而敏于行"，"始吾于人也，听其言而信其行，今吾于人也，听其言而观其行。于予与改是"，"巧言令色，鲜矣仁"[1]，《中庸》也说"言顾行，行顾言，君子胡不慥慥尔"[2]。然而，现实的教育实践中，孩子的好奇心和求知欲往往会在成人或教育者的奚落、辱骂等各种惩罚中减退，好学之心会随着学习的推移而不断弱化。对此，教育理论与实践工作者有必要慎思之。从人性角度来看，天命之人性是自利（自然）的，人在本能上有着满足感官的需要，往往以"快乐"来行事，好奇心无疑也是其中之一，也就是说，人性中与生俱有满足自己向外探求的欲望，但这种自利性也往往会因自我保护而改变路向，会由于受到不安全刺激后而可能将之封闭和内卷起来。同时，天命之人性是自省（人文）的，随着向外自利的满足或受阻而会向内对自身进行反思，不过这种反思是以与己相同的他人来作为参照的，他人即是自我的一面镜子，或跟随模仿或引以为戒，从而才会有着经由自我选择之后的不同人生道路，每一个人都须在自我人生道路上"执两端用中"，让自我不断"去"完善，当然有的人难以时时处处做到"用中"，正所谓"君子之道费而隐。夫妇之愚，可以与知焉，及其至也，虽圣人亦有所不知焉。夫妇之不肖，可以能行焉，及其至焉，虽圣人亦有所不能"[3]。也正因如此，人性的复杂或未固型使得教育有了发挥的空间和余地，其价值和意义就在于要稳住教育对象身上的好奇之心。《中庸》言："《诗》云：'予怀明德，不大声以色'。子曰：

---

[1]《论语》

[2]《中庸》

[3]《中庸》

'声色之于以化民，末也'。"[1]因此，教育实践要对人性潜能和自然本性加以引导和规约，不能使其走向于人于己发展有害的境地。于他人而言，作为具有好奇和本能的主体要学会与他人一起合作共处，善于倾听他人的意见，如此，好奇心才能变为一种丰富和补充自我认知、情感结构的重要力量，真正生成一种积极的好学和反思品性，而非为"学而不思则罔"[2]的状态；于己而言，作为具有好奇和本能的主体要能正视自我，要能勇于接受自己的不足，意识到自己的不完美不是一种缺陷，但仍会通过不断学习来改进、提升自己，做到常学常新而不自负或固执己见，在不断和自己沟通对话的过程中来完善自我。总之，教育于人的发展是要充分激发其人性中的好奇之心，并经由老师的呵护、鼓励和引导而转化为一种好学之态，做到学思结合，此才谓之敏于好学，而非为一时之热情或冲动。

其次，教育方法注重学做结合，知行合一。教育所培养之人是要融入宇宙天地自然和人文系统之中的，其生命是一切社会关系的总和，教育是为了促使其更好地应对、解决各种自然和社会生活问题，推动人类社会的发展进步。显然，对于教育要具有如此的效果与作用，不存在什么分歧，但实现这个效果的教育过程方法却是值得人们去斟酌和追究的，因为在教育实践中人们常常有"教育培养的人最终是要走向社会的"言说，如果联系现实的教育来看，这个熟悉的观点似乎有如此含义，即教育对象走入社会之前的教育实践可以没有或不用面向社会，事实上，学校教育对象也的确让学生更多接受的是静态的理论知识，而单纯的静态理论知识学习无疑与真实性、复杂的社会难以有效对接。这也就是长期以来存在于教育领域中的"理论与实践"的分离问题，用中庸思想来析之，"理论""实践"则为"两端"或"两极"，攻乎"异端（一端）斯害矣"，故要理论与实践、知与行相结合，不可非此即彼也。《中庸》曰："仲尼曰'君子之中庸也，君子而时中"[3]，孔子曰："学而

[1]《中庸》
[2]《论语》
[3]《中庸》

时习之，不亦说乎！"[1]。而事实上，关于教育方法的活化和创新时中问题，在日常的教育活动中会被人们言及，如"教无定法""活学活用""因材施教""因时而动"等，它们所蕴含的意义在于教育在培养人的过程中要"活"，在对象上要因材施教，在知识内容上要内化，在知识运用上要时中，最终形成学习主体良好的学习习惯、态度和能力，实现"学中做""做中学"的学做合一。当然，学做合一，其要旨或关键不在于学和做的先后顺序，而是在于理论学习要以学生社会文化知识经验为背景，做到新知识的内化；或者理论知识的教学以个案的方式展开，将理论知识的学习理解渗透在个案的结构情境分析中，以及以社会实践或体验的方式来运用、验证和深化。另外，"学做合一"还强调在教育意义上的知行统一，也就是教育所培养的人要"求真"和做"真人"，而不能表里不一、言不由衷，如当下的"说真话变成稀缺资源""精致的利己主义者"等状况，所以为避免或减少此等问题的发生，教育上的"学做合一"还应该注重学习者价值、情感和意志培育，将立德树人的教育宗旨加以贯彻落实，通过传授给学生科学技术和先进文化，逐渐形成求真、向善、逐美的身心品性，在学习和生活中做言行一致、知行合一的生命主体。"诚者，天之道也；诚之者，人之道也。诚者，不勉而中，不思而得，从容中道，圣人也。诚之者，择善而固执之者也"[2]，为了让学生真诚向善，择善而固执之，要提供积极、正直的榜样力量，让教育者的人格和具体正直行动来影响学生，也就是人们常说的"身教"，促使学生能"亲其师，信其道"，成为一位孜孜不倦的"诚之者"。孟子曰："我善养吾浩然之气"，"其为气也，至大至刚，以直养而无害，则塞于天地之间。其为气也，配义与道；无是，馁也。是集义所生者，非义袭而取之也"。正因为如此，学校教育要将立德树人作为根本任务，而且，老师自身就是一种教育力量，学生可以从老师健全的身心实践活动中获益，老师可以通过读书、运动、学术和社会实践活动来影响学生，在良好师生关系中去培育学生好学乐思、勤勉正直、仁

[1]《论语》
[2]《中庸》

爱善良的能力品质，使学生在老师身上感受到积极的人格魅力，将"智、仁、勇"之"三达德"融化渗透于自我的学习和生活之中，在实践中不断去追真善美。

综上所述，教育实践贵乎行中庸之道，立足于学习者天性潜能的激发，培育其"尊德性而道问学"的好学乐学精神，积极促使学习者与他者交往，在博学、审问、慎思、明辨、笃行中去探索自然人生奥秘，避免陷溺于单一、偏狭、自负、傲慢或犹豫、贪求、自卑、迟滞之中，形成"博采众长、悦纳别人、改进自我"的修身进学之路，在刚健不息、宽柔仁爱的奋斗中去建功立业，开创美好和谐的社会人生，形成新时代天人合一的新境界。

第八章　贯通·贵乐·用行:《论语》中"学"之启思

　　人生天地间，有生必有死。生则存于世，死则归于土。处于生死之间的人生何所赖? 自然乎? 社会乎? 抑或天堂乎? 自然者，以自然为立足之本。马克思有言，自然界就是人的无机的身体。实乃深谙自然为人性之本源。然人又非纯粹的自然存在，其有精神或意识，不可能将其复归为无心、无情、无识之物质机体。天堂者，其为人之所设想，虽能成为信仰被人们所尊崇，但却超乎生死之外不在人世间，无可验证，实难成为人生所赖。社会者，彰显了人在历史实践中创生丰富文化而形成的种种社会关系，立足现实去追逐、体验生命之意义。故人之为人，生于世，当行于世，既不可将自我降格为本能求生的动物或无情无智的自然物，也不能迷恋虚无的仙界来逃避现实。孔子曰:"未知生，焉知死。"[1] "鸟兽不可与同群，吾非斯人之徒与而谁与? "[2] 无疑，真实的人生是现实的，它不可逃避、妄想枉然，须得直面应对、尽力而为，去求真、去向善、去逐美，代际交迭，通过不断与自然、社会和自我的交往来创造、积淀、更新和提升人类的知识技术、物质经济和道德法治水平，从而让人们的生活变得更温情、更文明，让每个人实现个人生命的意义，此才是人生正道之所归。

　　时至今日，虽世事变迁，然在世为人当行人之道则同焉。而行人之道得以学为先，须把时代社会之"艺"（科学和技术）和"仁"（法治和道德）内化于身而成"德"（全面发展），实践中树立远大志向，学思相与、学行相谐，不畏艰难、不骄不躁地去构建人类社会和谐发展之"道"，在学而不厌、海

----

[1]《论语·先进》
[2]《论语·微子》

而不倦的奋斗中对人生充满深情。孔子言："志于道，据于德，依于仁，游于艺"[1]，在世为人不能游离于社会之外，或在无为之中颓废，而应心怀理想、崇德辩惑、意志坚定、脚踏实地，进学不辍，在好学、乐学、用学中为人类谋创更加美好的生活，这是《论语》中"学而第一"的教育精神传统在新时代背景下值得阐扬和发挥的价值意义。

中共中央办公厅、国务院办公厅印发了《关于进一步减轻义务教育阶段学生作业负担和校外培训负担的意见》[2]（简称"双减"），意在改变儿童、青少年学业负担过重的现状，为其身心全面、自由、和谐发展提供良好的学校和社会教育环境与服务，使之能够成为奋进向上的学习主体，学得广博多元的知识、受到美好情感的陶冶、意志得到磨砺，开启人生积极求索之旅途。于此，当前学校教育更应该以立德树人为根本任务，让学习者成为学习的主体，积极营造好学、乐学和用学的教育服务体系，有效实施德智体美劳"五育"融合，充分激发不同学生的个性，让学生在学校教学、管理、生活中自由成长，这也是《论语》中"志于道，据于德，依于仁，游于艺"为总纲的"学"之思想和方法所具有的对当前学校教育实践之重要启示，让学生在"博学约礼""仁爱意诚""公道忠信"的教育教学服务中获得身心的全面和谐发展。

一、学贯在通：学校教育实践要"博学约礼"

教育以人的发展为鹄的，而人的发展是终其一生的，正所谓活到老学到老，学无止境也。今天，人人学习、时时学习、处处学习已成为社会成员的价值共识，且随着社会上终身学习的风气日渐生成，学在民间悄然变为人们的一种生活和存在方式。尤其对于中小学生的学习成长，学校、家庭及社会都关心甚切，在校内外主动为他们筹划和提供各种学习计划和机会，为其发

---

[1]《论语·述而》

[2] 中共中央办公厅、国务院办公厅《关于进一步减轻义务教育阶段学生作业负担和校外培训负担的意见》

展投入了大量的人财物力。然而，由于人们热衷于提高应试科目成绩，所以往往通过延长学习时间、增加作业量或考试训练次数、加大学科培训力度等方式要求学生学得更多更久，以求其能在分数上胜过他者，久而久之，学生学习兴趣低落、学业负担加重，甚至出现教育竞争不公等后果，在一定程度上既没有发挥好整个社会教育环境和资源的效益，也阻滞了儿童、青少年身心潜能的激发。这也是为何社会生产力日益提升、办学综合条件越发完备、社会创新活力需求强盛的时代背景下，党和国家要提出"双减"政策的一个重要原因，就是要以学校为教育主阵地，充分利用校内外资源，积极发挥和确保学校育人的优势和正义，为所有学生提供公平而又能学有所长的教育资源和服务体系，让不同学生身心个性得以全面自由发展。所以，面对"双减"，学校要切实将立德树人根本任务之实现作为办学的导向、中心和线索，各项教育教学工作要围绕其进行组织、设计和构建，逐渐摆脱过往"唯分数""唯应试"的窠臼和束缚，将学生身心健康置于首位，使其在学习和生活中认识自我，能够择善而从、有过则改，与老师和同学一道去探索自然宇宙之奥秘、社会人生之真谛。换言之，学校要通过"为学"让学生学会"做人"，而"做人"很重要的基础在于道德品性，正所谓人无德则不立，没有良好的道德品质做内里，外在的行事难免失于偏正而不持久。另外，"做人"除了内在的德性，还需要外在的交往行为来应对生活中与周遭自然环境、社会环境的复杂矛盾关系。故而，学校仅止于"一学"或"一育"显然很难实现为学做人之教育功效，须得"博学"而"约礼"来立德树人。"博学"是要让学习者广泛学习各门类知识，具备从事生产生活实践之能力；"约礼"是让学习者获得科学和人文精神，具有反思、律己、自胜之意志品质。学习者在学校唯有通过博学、审问、慎思、明辨、笃行的学习过程来充实自身，遵循人与人相处交往的公共规范，将传统优秀文化和时代精神内化于心，自觉以真善美的价值和标准来要求、约束、激励自己，才可见学校教育之效能也。孔子曰，"古之学者为己，今之学者为人"[1]；孔门授徒以"德行、言语、政事、

[1]《论语·宪问》

文学"为类型和内容，又以"德行"为首[1]。即孔门育人在内容上注重"礼、乐、射、御、书、数"六艺之全面学习，但又强调"君子不器"之学习[2]，讲求"礼""德""仁"取向的"为己"之学。尽管时过境迁，然《论语》中"博学""为己""成己"之教育思想并未陈旧，其中真义依然鲜活有效，用其评析当下教育之境况尤可适切，令人怃然慨叹之余也显露出教育本真之义古今皆然，皆以育有"德"之人为本也。

教育的对象为人，目的在于促其"成人成己"，此也是立德树人之内涵所在。"成人"意味着通达，能合于他人，在认知、情感和行动上内化社会和时代精神，具有适应和处理各种社会矛盾关系的综合素质能力。"成己"意味着个性，能坚持自我，不媚俗从流，执着于真善美的追求，在学习专研中不断创新超越。同时，"成人""成己"又是相融的，都聚集于自我身上，即人们常说的身心健全、和谐之生命主体也。子曰："君子博学于文，约之以礼，亦可以弗畔矣"[3]。博学，则礼、乐、射、御、书、数皆学也，不偏于、不止于一隅，如同今日之德、智、体、美、劳要全面发展，贯通融合而能内得于己，施之于外则符合礼节。内外合一，于外能"成人"交往互动，于内能"成己"坚守自我。而何以能如此？"成人成己"或"立德树人"是一种"良知""善端"，不学而能、不虑而知即可直觉获得呢？或者仅仅是一种实体化的知识可直接传授呢？非也，《论语》中孔子多处言及要"博学""约礼"方能通达的观点。"达巷党人曰：'大哉孔子，博学而无所成名。'子闻之，谓门弟子曰：'吾何执？执御乎，执射乎？吾执御矣。"[4]"太宰问于子贡曰：'夫子圣者与，何其多能也？'子贡曰：'固天纵之将圣，又多能也。'子闻之，曰：'太宰知我乎？吾少也贱，故多能鄙事。君子多乎哉？不多也"[5]。可见，孔子之学广博而不偏狭，广博则通向于成人，因人事多涉及整体的社会关系，非一人或

[1]《论语·先进》
[2]《论语·为政》
[3]《论语·雍也》
[4]《论语·子罕》
[5]《论语·子罕》

一技所能适也。诚如子夏曰："虽小道，必有可观者焉，致远恐泥，是以君子不为也"[1]。然而，博学并非无限，或者是数量的不断增多，重要的是在于将知识或学问融会贯通，将其贯串起来，否则知识或学问是会散碎而凌乱，以致无用也。"子曰：'赐也，女以予为多学而识之者与？'对曰：'然，非与？'曰：'非也，予一以贯之'"[2]。此之谓一以贯之，即是将"约之以礼"渗透于"博学于文"中，且"约之以礼"又须"辅之以学"，否则徒有其表而无实质。"子曰：'由也，女闻六言六蔽矣乎？'对曰：'未也。''居！吾语女。好仁不好学，其蔽也愚；好知不好学，其蔽也荡；好信不好学，其蔽也贼；好直不好学，其蔽也绞；好勇不好学，其蔽也乱；好刚不好学，其蔽也狂"[3]。可见，成人成己或立德树人不是一种名称，也不只是一种知识，而是一种学行合一。孔子之育人既追求"博学达真"，"博"为先，"达真"继之成之；也注重"大德至理"，"德"为纲，"至理"用之行之。而"博学达真""大德至理"皆离不开一个"学"字。"子曰：十室之邑，必有忠信如丘者焉，不如丘之好学也"[4]。所以，教育要有所成，能够实现立德树人之根本任务，很重要的基础在于学，唯有好学方可有进，在学而时习、见贤思齐、三省吾身中去躬行，不断远离"六蔽"而去"罔"去"怠"，在学而思、思而学中修身立德。

今天学校教育何以能立德树人？在培养人的过程中如何实现从"为人之学"向"为己之学"转变？此乃"双减"后学校教育所要着力达成的，以往学校教育中学生学业负担过重和校外学生培训负担过重，其重要的原因就在于学校、教师、学生、家长乃至整个社会都在一定程度上以"为人之学"为导向的，以"学"来饰"人"，有着功利的目的追求，如"分数成绩""重点升学率""好工作高收入"等，使得相关的教育主体为了赢得这些"指标"而纷纷在校内外给学生"加码"。显然，此种教育体现出学在于"外"的特点，学习的目的动机与闻达名利相关，虽然它并非意味着完全的消极或不好，毕

---

[1]《论语·子张》

[2]《论语·卫灵公》

[3]《论语·阳货》

[4]《论语·公冶长》

竟"为人之学"也是"学"，但终因心向外，难免急功近利，知识和学问发展不可悠久和厚实，正如孔子所言："君子，不重则不威；学则不固"[1]，唯有出于对知识真理的兴趣、社会道义文明的宣扬而好学，具有"士不可以不弘毅""仁以为己任""任重道远"[2]之精神，学才能发挥和具有"人能弘道"[3]的价值意义。所以，学校教育在培养人的过程中，不能止于一种"为人之学"，须以"为己之学"为导向，以学来修"身"，让学生热爱学习本身，体现出学在"内"的特点，学习的目的、动机与正身律己相关，博学贯通而成"德"，而非仅是知识和学问的融通，还有和人之德性的内外相合。这就是为什么孔子讲求"行有余力，则以学文"[4]，"君子食无求饱，居无求安，敏于事而慎于言，就有道而正焉，可谓好学也已"[5]，"质胜文则野，文胜质则史。文质彬彬，然后君子"。学习要讲求"文质"兼顾，"质"胜则野，"文"胜则史，难怪孔子学生子路提出"何必读书"的话语后挨批于孔子，"子路使子羔为费宰。子曰：'贼夫人之子。'子路曰：'有民人焉，有社稷焉，何必读书，然后为学？'子曰：'是故恶夫佞者'"[6]。概言之，学校教育将立德树人或为己之学作为根本任务，其对人的培养要处理好两层关系：一则是"博学"和"约礼"的关系；一则是"文"和"质"的关系。以学校课程为例，"博学"要体现课程的多元性和全面性，这是从学习内容上来说的。"约礼"要体现课程的价值性和思想性，诸如今天所说的课程思政，这是从学习效果上来说的。"文"要体现课程的理论性和体系性，这是从学习形式上来说。"质"要体现课程的综合性和实践性，这是从学习过程上来说的。所以，学校教育要从单一的应试升学追求中摆脱出来，切实将立德树人的根本任务融化在教育教学诸环节中，学校教育教学内容形式要凸显综合系统性，在现有基础上要增加音乐、体育、

[1]《论语·学而》
[2]《论语·泰伯》
[3]《论语·卫灵公》
[4]《论语·学而》
[5]《论语·学而》
[6]《论语·先进》

美术、劳动与科学、英语等学科在课程结构体系中所占的比例，并积极探索学科教学的"五育融合"方法、渠道，让学生在语文、数学、英语等学科教学中习得和掌握具体的单元知识之余，也应把语言表达、情感交流、生活消费、逻辑与想象、写作分析等能力作为学习内容，使之能够在生活中运用所学知识；学校教育在教学方法过程上要注重理论和实践结合，日常学科教育的教学注重以案例、故事、游戏等参与模式展开，充分调动学生的学习主动性和积极性。学校和班级则以学年、学期、月份为单位，选择与社会发展相关的内容用报告宣讲、观看视频、主题班会、参观访问等方式来让学生了解和关心现实。之所以要如此，是因为过往的学校教育过于凸出知识的理论性，校外的各种学科培训也是进一步强化对知识理论的应试能力，学生似乎身处在一个"抽象"的世界里，而事实上，其整个身心的成长和发展是置于现实的社会中的，长久偏狭的课程和抽象的理论教学使其把知识学习当成了一种单一的任务而非自我成长的方式，导致其学习与生活严重割裂。

总之，学校教育要实现立德树人这一任务就要"文""质"结合，"学之文"要"博"，学校要为学生提供多元丰富的课程体系，既包括"德智体美劳"五育并举的分科课程，也包括渗透于分科教学中的"五育"融合思维等，兼顾学生学习的全面系统性、不同学生学习的个性以及他们身心发展的有机和谐；"学之质"则要"通"，即学校在为学生提供广博的学习内容、活动之余，要紧紧围绕着学生的"成己"来展开教育教学，让学生建立起自我认同，在与师生一同学习宽博知识的同时，能够选择和确立自我的兴趣和理想，在学校和学习生活中找到自己的心灵归属。简括而言，学校教育实践要"博学约礼"，让学生在学校学习和生活中实现"为学"和"做人"的统一，成为"文质彬彬"的时代新人。

二、学贵在乐：学校教育实践要"仁爱意诚"

教育的宗旨是促进人身心的全面发展，现实中，对达成此宗旨之实践路向，有两种比较常见的观点。一种是"学海无涯苦作舟"，认为人身心的全面发展离不开学习者的努力拼搏，唯有勤奋苦读方能学有所成，正所谓"功夫不负有心人"。与之对应的是不少的学校、教师和家长持有的"苦读论"，赞成通过延长学习时间、进行题海训练的方式来提高学生的学业成绩，认为只有"吃得苦中苦，方为人上人"，这种观念由来已久，比较传统；另一种是"学海无涯乐相随"，认为人身心的全面发展离不开学习者的快乐，学生应该在学校中轻松愉悦地学习与成长，学业负担过重会压制和熄灭学生的兴趣和潜能，这种观念随着如今的社会时代进步日渐增多。两者相较，很难说孰对孰错、孰优孰劣，单从一方而论又难免偏极不周。一则学习固然有苦，可也常常苦尽甘来，在付出中会体验到学习收获的快乐，并以此激发学生越发努力的激情和斗志；一则学习固然不能没有乐，否则它就变成一种压力痛苦，可一味感官上的轻松快意无异于本能宣泄，很难促发学生身心潜质的整全发展。所以，"双减"政策的启动，就是要消解和协调这两种观点的矛盾，通过为学生提供更为全面系统、周到细致的教学与课后服务，激发起学生热爱学习的主观能动性，在勤奋、自强、自信中建立自我认同，使其学习需求、学习困难、学习个性得到有效的指导，从而成为积极主动的学习主体，自觉地进行选择、规划并付诸行动，即使遇到挫折和阻力也会迎难而上。也就是说，学校不是"工厂""战场"，也非为"娱乐场""温室"，而是师生围绕着浓缩了人类历史实践经验的文化知识展开交往、学习的场所，师生立足现实，展望未来，来认识、探讨、审视人们的生产生活，在学校营造的教育时空中，学生学习学科课程知识、阅读经典人文科学图书、了解电子科技及时事信息、实践科学与劳动综合课程、参观体验社会生活、参与体育和文化活动、创建优美整洁环境等，师生一道对人类真善美的知识、价值、情感进行感知、学习与反思。学校是立德树人的场域，师生共同为教育教学的主体，在校园文化环境中以知识为纽带来探讨人类社会生产生活中的矛盾问题，通过相互间的交往来提升、陶冶自我的人性能力和境界水平，形成实事求是、亲仁善与的科学和人文精神，在乐观、实诚、勇敢的求学态度中快乐学习。

所以，"双减"政策不只是单纯的"学业负担"在量上的减少，而是学校要转变办学理念，充分发挥学校教育在儿童、青少年身心发展影响上的系统性、全面性之优势，让学生能够在学校的学习生活中习得全面的知识，打下生活能力的基础，树立起正确的人生价值观，从而成为未来引领时代发展的建设者。于此，《论语》中"为己之学""好学立命""仁爱乐学"的思想能够让我们在这一问题上得到很好的启示。孔子曰："古之学者为己"[1]，学是为了做人，做人要往好做，且要靠自己去做，在"为己之学"的路途上，学习者必须要学会处理内外矛盾关系。外部环境对"己"而言往往属于"天命"，具有着偶然性，学习者需要积极去认识、选择和行动，去"立命"；"立命"过程则体现为内在的主体性，即学习在诸己身，其中少不了意志的努力，知其不可为而为之，不可谓不"苦"，但学习者勇于"立命"而不畏退，有"苦"也能够欣然承受，只为尽力争取和开创新的发展可能性。所以，孔子曰："不知命，无以为君子也"[2]。"子罕言利，与命，与仁"[3]"不怨天，不尤人，下学而上达。知我者其天乎！"[4]。可见，孔老夫子以学为志，不怨天尤人，博学多能而上达天命，在学而不厌中知命立命。子曰："我非生而知之者，好古，敏以求之者也"[5]"吾十有五而志于学，三十而立，四十而不惑，五十而知天命，六十而耳顺，七十而从心所欲，不逾矩"[6]。可以说，为人实难，唯有在勤学、好学向仁中渐渐知命立命而成己，以达到从心所欲不逾矩的生命状态，此实属为学习和人生之乐也。

可以肯定的一点是，实施了"双减"政策的学校教育不意味着不让学生"吃苦"，"双减"中减去了的学生"作业""培训"负担恰恰是减掉了过往片面或畸形的教育。故而，实行"双减"后，学校教育教学要回归到利于学生身心全面和谐发展的宗旨上，有必要为学生全面发展构建周全细致的教育服务，通过教育教学、管理及评价改革等让学生在校内"忙碌起来"，根据自己

［1］《论语·宪问》

［2］《论语·尧曰》

［3］《论语·子罕》

［4］《论语·宪问》

［5］《论语·述而》

［6］《论语·为政》

的学习基础、兴趣、需求建立起个人的学习计划，为实现自我的理想而勤学苦读和乐学向上。也就是说，学校教育在培养人的过程中，学习者的学习是"苦""乐"相伴的，"苦"中有"乐"。孔子曰："贤哉，回也！一箪食，一瓢饮，在陋巷，人不堪其忧，回也不改其乐。贤哉，回也！""有颜回者好学，不迁怒，不贰过。不幸短命死矣，今也则亡，未闻好学者也"[1]。为何孔子在众弟子中独许颜渊好学，很重要的原因在于颜回在学习中始终"不改其乐"，此乐不是乐在"陋巷"，而是乐在学中之道，是即使身处"陋巷"，也不改其为学之乐，故才有孔子所谓的"朝闻道，夕死可矣"[2]。所以，孔门四科中贤者能人多矣，可唯独颜渊获得孔子"今则也无"的好学者之赞，乃是因颜回不只好学而且乐学，达到孔子所期望的"知之者不如好之者，好之者不如乐之者"[3]的学习境界，毕竟好学已难，它须强力意志坚持，而乐学则已超然物外，欣然于学问之道，浑然无所累于外，全凭一己之心怡然，比起好学来更难能可贵。而如此之好学、乐学何尝不是孔老夫子自身之写照，孔子曾语弟子子路曰："女奚不曰，其为人也，发愤忘食，乐以忘忧，不知老之将至云尔"[4]。因此，不论是孔子还是颜渊，其为学之所以乐，乃在于学为人（仁）而成己，成己有得于心而成仁德，成仁德当能行人道，在学中不断弘扬人道，学习者自当快乐。对此，《论语》中多处有所论及，如"子曰：'士志于道，而耻恶衣恶食者，未足与议也'"[5]"君子谋道不谋食""君子忧道不忧贫"[6]等，都表明"孔颜乐处"在于"为学"是为了"成人（仁）成己"而不在于"谋食忧贫"，是故才能"学而时习之，不亦说乎？有朋自远方来，不亦乐乎？人不知而不愠，不亦君子乎？"[7]，学习的真正快乐在于进学不辍、趋道日近心中生喜，在生活中尊道而行不逾矩，即使不被他人或外界所闻所知也心中无

---

[1]《论语·雍也》

[2]《论语·里仁》

[3]《论述·雍也》

[4]《论语·述而》

[5]《论语·里仁》

[6]《论语·里仁》

[7]《论语·学而》

怨而能乐，此乐实乃乐道也，这也就是在学习中建立和获得了自我认同。

那么，学校教育如何才能让学生好学、乐学，让其建立起积极的自我认同？这才是"双减"政策实施后学校教育所要审思的。孔子曰"性相近也，习相远也"[1]。学习者"好学""乐学"并非天性释然，即使孔子在言人之"知"时将人划分为三，"生而知之者，上也；学而知之者，次也；困而学之，又其次也；困而不学，民斯为下矣"[2]。但"知之"并不是"好之"，更不等于"乐之"，"知之"要能"好"和"乐"，非经由"学"不可，是故孔子自己也坦言"我非生而知之者，好古，敏以求之者也"[3]。当然，好学、乐学离不开循序渐进、次第引发的培育过程，尤其是教师要循循善诱，激发起学生进一步学习探究的动机。"颜渊喟然叹曰：'仰之弥高，钻之弥坚。瞻之在前，忽焉在后。夫子循循然善诱人，博我以文，约我以礼，欲罢不能。既竭吾才，如有所立卓尔，虽欲从之，末由也已'"[4]。可以说，在孔子的循循善诱下，颜渊为学欲罢不能，在"学海无涯"中不断前行，身处陋巷也不改为学之乐也。其实，整部论语中孔子因材施教随处可见，针对不同学生的"问仁""问政""问礼"等，孔子都会根据他们的个性和实际情况给予不同的解答，而不是一个标准答案，充分体现出其教学方法的灵活性，这种灵活性是基于不同学生的基础、个性而给予有针对性的启发指导。"子曰：'可与共学，未可与适道。可与适道，未可与立。可与立，未可与权'"。学校教育中，学生各有不同，学则相同，但在共学中又显有别，故学乃"为己之学"，师者之教当量体裁衣，因材施教，让学生真正在学校中找到自我发展的机会、空间。这要想实现，"双减"后的学校教育就务必要培育积极型的师生关系，教师"乐教爱生"，学生"亲师信道"，相互在仁爱诚意中实现教学相长，以往的学校教育教学由于偏重于应试成绩分数的追求，师生之间的交往更多是围绕着知识分数而展开"智力"交往，所以包括实践经验、情感心理、内在反思等整体身心并未

[1]《论语·阳货》
[2]《论语·季氏》
[3]《论语·述而》
[4]《论语·子罕》

得到有效交流和互动，这些是需要师生在教学和生活中彼此敞开心扉的。

作为教师，其要能真诚地对待每一个学生，转变以往师生交往主要集中于课堂上的状况，通过课外游戏互动、心理辅导、教师成长故事分享、师生话剧表演、社区服务活动等形式来了解不同学生的学习心迹，教师适时地给予激励、赞扬、点拨，让学生真切感受到老师的真诚，从而能够主动地与教师融入理性与感性交融的文化知识学习当中。"子曰：'二三子以我为隐乎？吾无隐乎尔。吾无行而不与二三子者，是丘也'"[1]。"陈亢问于伯鱼曰：'子亦有异闻乎？'对曰：'未也'。""陈亢退而喜曰：'问一得三。闻诗，闻礼，又闻君子之远其子也'"[2]。可见，孔子对待学生无所隐藏，面对学生真诚示教，师生之间坦然讲学论道，"颜渊季路侍。子曰：'盍各言尔志？'子路曰：'愿车马衣轻裘与朋友共，敝之而无憾。'颜渊曰：'愿无伐善，无施劳。'子路曰：'愿闻子之志。'子曰：'老者安之，朋友信之，少者怀之'"[3]。老师提问，学生直抒胸臆，在相互问答中推进对问题的深入探讨，由物到事再到人，层层累进。"子之武城，闻弦歌之声。夫子莞尔而笑，曰：'割鸡焉用牛刀？'子游对曰：'昔者偃也闻诸夫子曰：'君子学道则爱人，小人学道则易使也。'"子曰：'二三子！偃之言是也。前言戏之耳'"[4]。教学中，作为教师的孔老夫子与学生交往是有仁有诚的，学生可以向老师提出问题、指出错误甚至质疑，对此老师也能诚然接受并改正。又如，让学生子路、曾皙、冉有、公西华各言其志的过程中，对于曾皙的志向"莫春者，春服既成，冠者五六人，童子六七人，浴乎沂，风乎舞雩，咏而归"[5]，对此孔子深表认同，喟然叹曰："吾与点也"[6]，但又处理得适当有度，一旦学生有所"过"或"不及"，则能及时给予提点，因而当曾皙正为老师与己志相同而暗自高兴时，孔夫子却曰："亦

[1]《论语·述而》
[2]《论语·季氏》
[3]《论语·公冶长》
[4]《论语·阳货》
[5]《论语·先进》
[6]《论语·先进》

各言其志也已矣"[1]，适时消止学生的骄傲心态。可以看出，孔子与弟子之间的师生交往关系是仁爱诚意的，教师关心注重学生身心人格和个性的发展，而学生则亲师信道，传习老师教诲，相互之间的交往是真诚无间的，从而能够一同在教学中去追逐学问和人生理想。

总之，"双减"后的学校教育除了要积极营造丰富多元的教育教学服务之余，也要关注学生好学、乐学精神的培养，其中十分重要的是构建积极型的师生关系，师生之间在坦诚友爱的交往中探讨学问，老师关爱学生且以其身心人格健全发展为重任，学生尊重老师且以其传道、授业、解惑为学习向上之动力，在相互尊重、信赖、激赏、奋进中悦然乐道。

三、学用在行：学校教育实践要"公道忠信"

教育如何体现出育人的实践属性？这是重要的理论问题，同时也是重要的实践问题，它与教育对象人的存在方式和发展历史密切相关。人是实践的社会历史产物，其发展是在主客观相互作用的统一中不断超越现实而走向未来的。正如马克思所言，"人，作为人类历史的经常前提，也是人类历史的经常产物和结果，而人只有作为自己本身的产物和结果才成为前提"[2]。也就是说，人通过实践创造了自身和社会历史，他依托过往的文明，立足现实，并经由其主观能动性的发挥在实践中不断开辟新的历史。所以，教育作为培养人的实践活动，其实践性主要体现在以历史文化传承为基础，发挥人改变现实的能力培养，让教育对象通过实践的方式掌握理论知识，同时又在理论知识的指导下通过实践来改造现实世界。具体而言，教育培养人的过程和方法要体现出实践性，教育者和学习者之间展开的教学交往不能只是既有纯粹知识的传递或机械的记忆灌输，因为它们在两者之间不能进行有效的实践转化，教育教学难免就会在一定程度上流为表象。与此不同，具有实践性的教育教学则注重理论与实践相结合，其虽以间接性的知识为教学材料，但所要达成

---

[1]　《论语·先进》

[2]　马克思恩格斯全集第26卷［M］. 北京：人民出版社，1974：545.

的效果则是能让知识生成具有历史性的逻辑体系，实现知识理论从抽象到具体，能够用其来诠释和指导解决现实的矛盾问题。而且，其实施有必要借助于感性的生活事件、案例游戏、历史主题等，通过讲解、讨论、交流、辨析、调查等环节，让学生在感知中逐渐把握概念的本质或事物的普遍性，并在后续交互参与式教学的持续中形成具体的结构化理论知识，即能够以建立在历史和逻辑相统一基础上的理论体系来分析、指导和解决问题，从而对现实生活和社会发展起积极效用。

所以，当前"双减"政策实施后，学校教育在培养人的过程中要凸显形式和方法上的实践性，不能再似以往为了追求分数而进行机械训练，围绕考试成绩而加大"培训"力度，不能再让学生的学习停留于抽象而空洞的知识形式训练中，得不到结构化、体系化的具体发展。我们要明白，教育是培养对时代和社会发展有益的社会主体之实践活动，其对象不能是徒有抽象知识的"空头理论家"，也不应是"两耳不闻窗外事，一心只读圣贤书"的"逍遥遁世者"，而应让其获得系统的知识体系，发挥它们在生活中的实践转化作用，使之成为参与和推动社会文明进步的建设主体。具体而言，学校要结合诸如科学教育、劳动教育等课程的实施，让学生在探究式学习中把知识与社会生活环境建立起联系，改变以往学生被动学习的局面，从"要我学"转向"我要学"。"要我学"的学生往往是学习的工具，学习的实质是图于"私"，学习动机显于外，是为了所谓的"名和利"而从学，并不重视实践性；"我要学"的学生是基于对学问本身的兴趣而学习，学习的实质是为了谋"公"，学习动机显于内，是为了探求自然宇宙人生之真谛而从学，知识学习往往承载着历史社会性。所以，"双减"的目的和意义不只在时间和量上减轻了学生的学习负担，更重要的是它向学校提出了培养具有责任担当的社会发展主体要求，让教育从工具化、功利化的分数追求中摆脱出来，确立以人为本的生活化、社会化教育导向，通过社团活动、参观调查、运动会、创意展示、兴趣小组、科研活动等的组织开展，让学生获得更为真切和丰富多元的学习体验，让抽象的知识在学习生活和交往实践中有了价值和效用，从而形成正确的学习价值观。

　　可以说，《论语》中有关为学的目的、价值和意义，对于当下学校教育教学如何培养有理想、有责任、有担当的社会实践主体是有一定的启发和反思作用。"子贡曰：'有美玉于斯，韫椟而藏诸？求善贾而沽诸？'子曰：'沽之哉，沽之哉！我待贾者也'"[1]。即使"善贾难遇"且不得志时，孔子出仕之心和匡扶危难的抱负仍然不灭，"公山弗扰以费畔，召，子欲往。子路不说，曰：'末之也已，何必公山氏之之也？'子曰：'夫召我者，而岂徒哉？如有用我者，吾其为东周乎！'"[2]"苟有用我者，期月而已可也，三年有成"[3]。可以说，孔老夫子一生确乎有着明显的为学从政之欲求，此也常常被后人指摘和批评，认为其"读书做官"的思想过于功利和迂腐。但事实上，对于公山弗扰之召，孔子并未应往。对于阳货之流的上门延揽，孔子则在躲避不及后表面应诺，其内心虽对"吾将仕矣"是关切的，但在行动上却有个"经"和"权"的平衡。因为在其看来，"为政"须得配之以"德"[4]，当政者或君子、仁者乃至圣人要"修己以敬""修己以安人"之余，还要"修己以安百姓"，那么"尧舜其犹病诸？"[5]。所以，"为学""为政"不是为了一己之"修"，更不是为了一己之"私"，其高尚、难得在了为"安百姓"而追求"仁德"。正如子夏所言的"仕而优则学，学而优则仕"[6]，"学""仕"有着"优"的统一，"优"之所在则"道义"和"仁爱"也。显然，孔子"为学"而心怀安"百姓"之志，与此相悖逆则其身心不从，即使富贵、安乐所诱也不为所动，是故孔子才自称只有颜回和他能够"用之则行，舍之则藏，惟我与尔有是夫！"[7]。不难看出，孔子在教育或学习上是主张学而有用的，但如何用、怎样用之"行"是讲求"度"的，也即人们日常所说的既要讲原则性，又要讲灵活性，此乃孔子为学为人之道的"权"也，"可与共学，未可与适道。可与适道，未可与立。

[1]《论语·子罕》
[2]《论语·阳货》
[3]《论语·子路》
[4]《论语·子张》
[5]《论语·宪问》
[6]《论语·子张》
[7]《论语·子张》

可与立,未可与权"[1]"我则异于是,无可无不可"[2]。对于子路的"有民人焉,有社稷焉,何必读书,然后为学？"[3]"君子亦有穷乎？"[4],孔子给予"是故恶夫佞者""君子固穷，小人穷斯滥矣"[5]的严厉批评。而对于"三年学,不至于谷"则以"不易得也"赞之[6]。可见,孔老夫子之学,学而为政乃出于公心公道公德，非此则不为也，这是作为学者或知识分子的一种胸怀、责任，今日之社会发展何尝不需要如此之精神？

那么，教育要如何才能培养出具有行动能力和责任担当精神的社会主体,切实将其所学知识有效运用于实践中，积极为人类谋福祉？其一，学无常师，教育教学采取一种开放式教学，教育主体之间对问题探讨是多元发散的，在交往共学中共同成长。"卫公孙朝问于子贡曰：'仲尼焉学？'子贡曰：'文武之道未坠于地，在人。贤者识其大者，不贤者识其小者，莫不有文武之道焉，夫子焉不学？而亦何常师之有？'"[7]"子曰：'三人行，必有我师焉。择其善者而从之，其不善者而改之'"[8]。可以说，学习是活的，拘囿于一己之见往往难以对问题有周全的理解，导致实践行动的偏执极端，唯有立足于现实而"传习"[9]"温故知新"[10]"就有道而正焉"[11]，在"见贤思齐""见不贤而内自省"[12]中不断弘道积存，通过他人来认识和提升自我。其二，学思结合，知行相顾，教育教学注重理论和实践的相互促进，凸显学习中身体力行的重要性。子曰：

---

[1]《论语·子罕》
[2]《论语·微子》
[3]《论语·先进》
[4]《论语·卫灵公》
[5]《论语·卫灵公》
[6]《论语·泰伯》
[7]《论语·子张》
[8]《论语·述而》
[9]《论语·学而》
[10]《论语·为政》
[11]《论语·学而》
[12]《论语·里仁》

"吾尝终日不食，终夜不寝，以思，无益，不如学也"[1]"学而不思则罔，思而不学则殆"[2]。孔门教学强调思行结合或理论与经验互参，理论需要自我身心来参验证实，强调实用而不空谈。"子入太庙，每事问。或曰：'孰谓鄹人之子知礼乎？入太庙，每事问'。子闻之，曰：'是礼也'"[3]。总之，孔子求学讲究实在，要脚踏实地地印证自己所知道的和不知道的，故要"每事问"，此问是"礼"，更是一种审验，以便能够学而时习或温故知新。那么，孔门教学的"开放性""躬行性"到底与今日培养具有责任担当的社会主体有何关系呢？人是历史性的社会关系存在，又是以感性的个体与他人展开交往，人与人共同生产、生活交往所形成的规范，无疑是人类集体智慧的结晶，作为个体的人唯有通过学习他者身上所体现出来的真善美来提升自我，并在自我反思内省、慎独自律的践行中传承积淀、弘扬共同规范。所以，"双减"后，学校要回归到育人的本质上来，其所培养的并非是"单一竞争型"的应试考分能手，而是全面发展的、具有共同体意识的、有责任担当、勇于行动、情理通达的学习主体。

学校于人的培养要讲求实践性，教育教学须关注"学和用""知与行"的整体统一关系，让学生能够立足现实而学行天下，将自我所学、所知真正用行于世，在学习生活、生产实践、社会交往中信守公德规范、忠于法治道义，切实成为担负未来时代和社会发展的主体。"子以四教：文，行，忠，信"[4]，有"文"无"信"则不"行"，有"文"无"忠"则偏"佞"，有"行"无"忠"则致"乱"，有"行"无"信"则悖"义"。当然，有"忠"有"信"而无"文"无"行"也不可，容易走向"愚忠""不谅"。可以说，孔门"文、行、忠、信"四教是圆融而不偏失的，孔子主张君子要"文质彬彬"而不能"质胜文则野，文胜质则史"，理应是文质匀称相和的，在实践中知行相顾的。就当下学校而言，也十分有必要兼顾育人过程中"文、行、忠、信"的

[1]《论语·卫灵公》
[2]《论语·为政》
[3]《论语·八佾》
[4]《论语·述而》

统一，将"为学"与"为人"融合在学生的学习生活中。"子夏曰："贤贤易色；事父母，能竭其力；事君，能致其身；与朋友交，言而有信。虽曰未学，吾必谓之学矣"[1]。"曾子曰：'吾日三省吾身：为人谋而不忠乎？与朋友交而不信乎？传不习乎？'"[2]。学习是身心合一的实践活动，知识只有入眼、进耳、着心、见行才是律动有意义的，面对今天教育中的"文（知识）、行（实践）"与"忠、信（品德）"分离，从而呈现"为学"显薄浅、"为人"不忠恕的现象，学校要在学科的思政教学、日常良好学习习惯的培养、校园文化的建设等方面进行积极探索和夯实，正如子夏之言："君子之道，孰先传焉？孰后倦焉？譬诸草木，区以别矣。君子之道，焉可诬也？有始有卒者，其惟圣人乎！'"[3]，唯有以学生知、情、意、行整个身心发展来构建形成一个系统化的教育环境和风气，才能发挥其育人的聚合力。

综上所述，学校教育作为培养人的实践活动，它立足于现实，又兼联着历史的传承和未来的展望，其目的、内容、方法、过程应是一体相应的，孔子"志于道，据于德，依于仁，游于艺"[4]为总纲的教育教学思想和方法对"双减"后培养新时代社会主体的教育实践的启发意义可谓不小！

---

[1]《论语·学而》

[2]《论语·学而》

[3]《论语·子张》

[4]《论语·述而》

第九章　教育发展共生共谐的互补关系

现代化和全球化时代背景下，民族文化认同必须要处理好"变"与"不变"的关系，"变"者乃是不断把主流文化的学习当成反省和提升自我的动力，"不变"者是要保持民族文化之个性以作为与他者对话的基础和条件。然而，当下促进民族文化认同的两大力量即学校教育和校外"文化心理场"之间相互分离，且二者各自内部发展存在着工具化危机。因此，为保证民族文化认同的辩证统一，积极推动民族文化顺应时代发展且又能坚守文化的民族性，有必要促成民族地区学校教育与校外"文化心理场"之间共生共谐的互补关系。

一、民族文化认同教育"共生共谐"的必要性

"教育"不是单数的"education"，而是复数的"educations"，既包括学校教育，也包括学校教育之外于人发展具有促进作用的"文化心理场"，"考察一个民族的教育，就必须把它同整个民族文化生态系统联系起来考察，这样才能相对正确地认识其系统功能"[1]。民族文化认同教育理应从学校教育与校外"文化心理场"两方面的统一来加以认识和推进。

（一）学校教育与"文化心理场"的文化认同意义

教育的宗旨是促进人的发展，而促进人的发展之教育形式或形态是多样的，学校教育仅为其中之一。杜威曾言："社会生活不仅和交往完全相同，而

---

[1]　张诗亚.西南民族教育文化溯源［M］.上海：上海教育出版社，1994：2.

且一切交往（因而也就是一切真正的社会生活）都具有教育性"[1]。可以说，除学校教育之外融人文与自然为一体的各种景观所构成之"文化心理场"（如建筑、服饰、礼俗、音乐、舞蹈等）也是一种重要的教育资源，人们通过参与其中而获得文化性格或精神滋养，其"独特的文化传承与教育功能，远不是现代社会中的家庭教育所能涵盖的，也远非现代社会中的学校教育所可比拟的，它是一种分散的、系统化不强的、计划性和目的性都不强的文化传习活动，它与各族群的家庭、村落等社会组织和特殊的生存条件紧密相连，以口授为主，综合语言传承、行为传承和心理传承等诸多文化传承方式，向生活于斯的人们传递着文化和知识"[2]。为此，民族文化认同教育的探讨离不开对校外"文化心理场"的观照，因为通过"文化心理场"的参与实践民族社会成员能够建立起与外界环境之整全联系，形成对所处周遭世界的体验、认识、理解和领悟，从而塑造了自我的文化生命。至于学校教育，它主要是一种有目的、有计划、有组织的教育活动，其传授的知识内容更多代表的是国家主流文化价值，学生通过系统地对其掌握而不断完成自我的社会化发展。综观二者，虽然它们在内容、空间及表现形态上不尽相同，但它们对学生及社会成员皆具有不可或缺的教育意义，民族教育需要将学校教育和校外"文化心理场"的和谐统一纳入视野，使二者共同作用于教育对象完整生命的培育，让其成为传承与创新民族文化发展的社会主体。

（二）学校教育与"文化心理场"的文化认同危机

当下民族地区中小学校对民族传统文化是漠视的，其偏重的是对"分数成绩"的追求，并未有计划和系统地组织民族传统文化的教育教学活动。因此，可以肯定的是现实中学生对本民族文化之认同更多是受到校外"文化心理场"的强化，他们在参与由人生礼俗、居住环境、音乐歌舞以及其他文化事项构成的"文化心理场"活动中培育了对民族文化的情感与价值认同。于

---

[1]（美）杜威.民主主义与教育［M］.王承绪，译.北京：人民教育出版社，1999：6.
[2] 管彦波.火塘：西南民族文化的传承场［J］.民族大家庭，1994（4）：14.

此，能够引发我们思考的是虽然学校没有将民族传统文化有效纳入教育教学中进行传承，但校外的"文化心理场"以自己特有的方式强化着学生的民族文化认同，可这能否意味着现实中的客观互补关系是"完美无缺"或无须讨论的？答案无疑是否定的，如果未来学校教育依然以追求升学率为价值导向，对民族传统文化不予以有计划、有目的地自觉传承；同时"文化心理场"的各组成部分不受到政府、社会成员的重视，从思想意识和行为层面加以有效保护，相反以"经济效率说了算"为发展思路，不断让"现代化的生活方式"取代"文化心理场"内容或任其消失和破坏，如此民族地区中小学生及社会成员民族文化认同发展必将走向畸形并失去双重支撑，即一方面学校教育"无心"传承民族传统文化；另一方面缺失了"文化心理场"这一"活"的教育生境来孕育社会成员的民族个性，正如有学者所指出的，"现代性对传统的否定，在一定意义上造成了文化断裂……，伴随现代性而来的强势文化扩张和文化霸权，造成了文化秩序破坏和文化生态的失衡"[1]。因此，现代化、全球化不断冲击民族传统文化生存发展的背景下，强化民族文化认同势在必行，需要学校教育和校外"文化心理场"之间形成和谐互补关系，让民族地区中小学生及社会成员在主动追赶主流文化之科学、技术和经济发展步伐的同时，也能坚守住自我民族文化的个性。

二、民族文化认同教育"共生共谐"的内涵及形式

民族地区中小学生及社会成员文化认同构建过程中，学校教育与"文化心理场"都是必不可少的教育力量，但要使这种教育力量变成一种合力，有必要在二者之间建立起一种"共生共谐"互补关系。

（一）学校教育与"文化心理场"共生共谐的内涵

民族教育发展只有树立起保护民族传统文化的自觉意识，并使学校教育

---

[1]　崔新建.文化认同及其根源［J］.北京师范大学学报：哲学社会科学版，2004（4）：106.

和校外"文化心理场"之间形成协调互补关系，才能发挥其对学生及社会成员良性文化认同的促进作用，这既包括学校教育对部分"文化心理场"资源的整合，以使学生在学校教育中接受主流文化知识的同时，也能对民族文化内容有所了解，并继承民族文化的优秀精神。但这仅仅是一个方面，学校教育内部在作出努力的同时，学校教育外部也应形成一个良好的氛围，使得民族文化认同个性孕育生长的"文化心理场"得到保护与发展。因此，民族文化认同教育在"意识"上要有促进民族文化认同良性发展的自觉，"结构"上要避免以学校教育独尊的短视器用，忽略校外"文化心理场"的教育价值，并任其"自生自灭"。学校教育与校外"文化心理场"二者之间的"共生共谐"包括三大层面的内涵：其一，民族地区中小学生及社会成员文化认同发展上，学校教育主要起着强化学生主流文化认同的功能，而"文化心理场"则维系学生及社会成员的本民族文化认同。其二，学校教育作为有目的、有计划、有组织的教育活动，理应发挥传承和发扬民族文化传统的功能，将民族传统文化资源纳入学校教育中，培养学生对本民族文化的认同。其三，校外"文化心理场"应受到合理的保护，非恣意破坏或任其变异、消失而失去对学生及社会成员的民族文化认同维持和强化功能，需要给予其认识、理解和尊重，使它有生存的空间，而不仅仅是开发和利用，这需要通过政府、学校、社区等方面的配合而实现有效传承民族文化的作用。此外，民族"文化心理场"的不同内容诸如语言、民居建筑、服饰、舞蹈、音乐、信仰、饮食、节日等文化元素都应给予保护，而不是一刀切，统统走以盈利为目的的"现代化"发展道路，千篇一律，是对其进行不同途径的传承，因而也需要借助学校、政府、社区力量参与。

（二）学校教育与"文化心理场"共生共谐的形式

显然，学校教育与校外"文化心理场"之间的互补关系并非处于一种"自然状态"，而是要求双方都应清楚自我运行发展所存在的缺陷和各自应承担的责任，在此基础上积极谋求或达成二者之间的整合关系。换言之，学校教育在对学生进行主流文化认同培养的同时，也兼顾对学生关于本民族文化认同的积极关注，有目的、有选择地将民族"文化心理场"中的某些资源纳入学校教育教学实践中。而民族"文化心理场"中的某些内容，由于受现代化等因素的影响而面临着变异或消逝的危险，所以也应受到社会各阶层的有意识保护和传承，通过一些有效措施使得民族优秀文化绵延下去，并使民族传统文化精神在学生及社会成员身上得到生长。那么，学校教育与校外"文化心理场"之间的共生共谐关系要以什么样的形式来展现呢？众所周知，民族传统"文化心理场"的内容或类型是丰富多元的，因而其与学校教育的互补形式不可能有着一个统一的模式，它借助政府、学校、社区、家庭及民族社会成员等教育力量的分配协调来加以推进，所以学校教育与校外"文化心理场"的共生共谐形式也就有了弹性，并非仅有某一固定形式，而是可以有着不同形式的表现。"学校教育"与校外"文化心理场"的共生共谐，并不意味着二者之间"共生共谐"形式就是"学校教育"+校外"文化心理场"，而是视二者为促进民族地区中小学生及社会成员文化认同发展所不可分割的教育组成部分，学校要将部分"文化心理场"内容进行整合渗透，有意识、有目的、有计划地对学生进行民族传统文化教育，而有些不适宜整合的"文化心理场"内容则要借助政府和民间力量来传承和保护，这个过程本身也是二者共生共谐的表现形式。概言之，学校教育与校外"文化心理场"共生共谐形式是由政府、学校、社区、家庭、学生、教师、村落民众等力量协调互动参与下构造良好文化认同教育生态环境的组合优化，其形式是灵活机动的。

三、民族文化认同教育"共生共谐"的实现策略

民族文化认同发展得以辩证统一，必须要解决好两方面的问题，即民族文化传统如何延续？民族文化发展如何与主流文化对接？对此，作为民族文化认同教育重要组成部分的学校教育和校外"文化心理场"之间应形成共生共谐关系，而这一理想的实现离不开以当下民族教育文化生态的变革为前提。

（一）确立民族地区学校教育"以人为本"的价值导向

时下民族地区中小学校基本上都以主流文化知识为其教育内容，并以"分数成绩"作为评判其教育教学质量的标准，而这样的教育无疑是一种"忘本"的教育，是一种"无视"民族传统文化的教育，它强化着民族地区中小学生对所谓现代主流文化价值的崇拜心理和无尽追求，使得学生越来越远离乡土和民族文化生活。无疑，当前民族地区为了摆脱自己"贫穷落后"的形象，事事以"经济建设为中心"，反映在学校教育上则以"改变命运或经济回报"作为其发展的价值导向，造成学生接受教育后反而脱离了"乡土"根基的结果。此外，广大的民族社会成员虽长期生活在乡土之中，但大部分人只"履行生活"却未"反思生活"，缺乏对民族文化价值意义的自觉，在他们眼里孩子读书就是要"出人头地""找个好工作"，至于心灵自由、文化生活都可有可无。因此，民族文化认同教育过程中很有必要树立"以人为本"的价值取向，把具有健全人格的社会成员培养作为学校教育的根本出发点，让其学会以反思批判的眼界来面对"人、事、物"，从而过一种有思考的生活，其意义在于，无论是民族地区学校教育要发挥传承民族传统文化的功能，培养社会成员对本民族文化的积极认同；还是民族地区学校教育促进社会经济的发展，都需要具有独立自决精神的社会主体来参与构建和完成。

（二）增强"文化心理场"对民族地区学校教育的基础意义

毋庸讳言，现实生活中民族地区学校教育走的是一条以"应试升学"为目的之办学道路，其教育教学呈现出"非交往性"和"无民族文化性格"的僵化特征，如教育过程的"灌输性"、教育内容的"单一性"、教育主体的"权威性"、教育管理的"封闭性"等。与之相反，民族传统"文化心理场"之运行实践却体现出"丰满"的教育"个性"，和制度化学校教育形成鲜明对比。可以说，文化心理场"无论是其形式还是内容，都呈现出一种人性化的特点，蕴涵着人与人之间的融洽、尊重与爱护。人性、人情、对历史的尊重、对古老传统的热爱、对家族、血缘亲情的重视、对自然的亲近，始终贯穿在少数民族社区教育的全过程中"[1]。教育是"活"的，与学校教育相比民族"文化心理场"是一个由自然和人文构成的"活"的生态系统，它为学生及社会成员提供了生命交往的场域和资源，使其在实践中将民族传统文化转化成自我生命的一部分，而非仅仅是外在于己的东西，从而使得本民族传统文化传承下来，并在其中培育了自我的民族精神。因此，民族地区学校教育应该积极吸取"文化心理场"在教育内容、过程、方法等方面的优点，使学校教育回归教育本质，转变为一种"交往的教育"而非"制度、规范"之下的指令性教育，通过师生之间的心灵沟通和自由开放的教育环境的提供而促进学生文化生命发展的自觉。

（三）营建利于"文化心理场"生长的学校和社区联动环境

学校教育和校外"文化心理场"是教育"同心圆"上的扇面组合，它们共同指向民族地区中小学生及社会成员的文化认同，二者缺一不可。因此，现代化、全球化时代背景下要使中小学生及社会成员文化认同得以良性发展，民族地区学校教育和校外"文化心理场"双方要能"各安其位"，认真构建和维护好它们内部传统文化孕育生长的环境风气，比如学校自觉变革课程结构，结合校内外资源促使民族文化个性在学生身上延续；村落社区及成员则要积极践行民族传统文化活动，过一种有意义的"民族文化生活"，在实践中延续民族传统文化的血脉。在此基础上，它们之间也需要进行联动整合，培育利于二者双向互动互促的环境氛围，如社区向学校教育开放，积极配合学校教育的"第二课堂"，扶助教师和学生的民族文化教育活动；以学校的文化辐射功能来带动民族社会成员热爱民族传统文化的情感，以及形成保护和传承民族传统文化的意识，从而使民族传统文化保护有了最坚实和广泛的群众基础。人类学家林耀华先生指出："人类学始终是以宽广的含义看待教育的，然而现代的人们总是把眼光对准学校，以为学校就是教育，学校的改革就是教育的

---

[1]　刘薇琳，侯丽萍.关于少数民族社区教育的思考[J].云南民族大学学报：哲学社会科学版，2004（2）：50.

改革，这显然是不全面的"[1]。总之，一定的教育从属于一定的文化，学校和社区之间只有构建起积极的整合联动关系，才能为民族地区中小学生及社会成员文化认同良性发展奠定丰润充实的教育文化土壤。

综上所述，学校教育和校外"文化心理场"是教育系统的组成部分，它们各自有着促进民族地区中小学生及社会成员文化认同的教育意义和特征，只有二者形成"共生共谐"的互补关系，才能确保教育对象文化认同发展的辩证统一，使其积极认同主流文化的同时，又能保持本民族文化之个性。

---

[1] 庄孔韶.教育人类学［M］.哈尔滨：黑龙江教育出版社，1988.

第十章　铸牢中华民族共同体意识的教育基础

铸牢中华民族共同体意识的根基何在？一曰意识自觉，一曰付诸实践。二者实为一也，立志做一名有德的华夏儿女，修身以德而孝于父母、睦于邻里、信于朋友、勤于业务、忠于国家，人人立德成己则心心相通、心心相印，做到视人如己，亲如一家，由家而国而天下，中华民族一体实赖于一人立德、人人立德，此乃"一天人，合内外"[1] 之中华文化特质所在。教育以立德树人为根本任务，其所具有的重要意义在于将中华文明"具有无与伦比的包容性和吸纳力"之特质在社会成员身上加以激发、存养和扩充。

一、铸牢中华民族共同体意识的根基

中华文化传统中"德"被视作人禽之别的内在尺度，日常生活中吾人在批评自家孩子时常言"禽兽不如""汝非人也"，并非指责其智识之不完善，而是因其违背了人在群体中相处交往的仁道。专攻于诸如权力、金钱、物质等外在功利上，尽致人伦不彰，不重视父子、兄弟、夫妇、朋友、同事关系之亲恩孝悌、忠信友谊，一味向外索求谋取、自私自利，则何来共同体意识、向心力、凝聚力。以儿童少年来看，潘光旦先生早在二十世纪初就指出，"反思当代教育，我们可以发现它的最大弊病就是在过度强调知识教育的同时，忽视了是非标准和价值判断。这不仅使青少年缺乏应付环境的能力，还容易走上邪路"[2]。扩而言之，社会其他成员也如是，无德则不立，纵身陷溺于欲

---

[1]　钱穆.晚学盲言［M］.北京：生活·读书·新知 三联书店，2018：22.
[2]　潘光旦.潘光旦教育文集［M］.北京：人民教育出版社，2002：340.

望之中，带来的是离散、破坏、占有、攻击的种种社会人际和生活危害。我国著名文化学者梁漱溟先生有言，"人在情感中，恒只见对方而忘了自己；反之，人在欲望中，却只知为我而顾不到对方"[1]。此即无德而使情感降格为动物之欲望。

（一）修身以仁：铸牢中华民族共同体意识的教育基础

孟子曰："仁，人也。"又曰："仁，人心也。"可知，人贵仁也。仁心是人与人相处之"德"，此"德"内聚于人性、人心也。故人们生活中常以德性相连而言。《中庸》曰：天命之谓性，率性之谓道，修道之谓教。其中率性即要率此"德性"，修道即要修此"德性"。"故君子尊德性而道问学，致广大而尽精微，极高明而道中庸。温故而知新，敦厚以崇礼。是故居上不骄，为下不倍"。人人学而为仁、学而时习，从而能够"小德川流，大德敦化"（《中庸》），富者好礼、贫者不馋、强者不傲，皆以德自立，此之谓立己修身，身修而后家齐、家齐而后国治、国治而后天下太平，其中一以贯之的乃是德也，仁也。无疑，人与人交往互动中，有此德与仁，己立群中，必以他人或群体为重，所重者乃道义也，仁爱也。

从微处言，父慈子孝、兄友弟恭、朋友有信、长幼有序；扩及之，"老吾老以及人之老，幼吾幼以及人之幼"；从广处言，"先天下之忧而忧，后天下之乐而乐""天下兴亡，匹夫有责"。这当中充盈的乃是一种以"他人、群体、国家和民族"为重的浓浓深情，德之光辉洋洋盛大。《礼记·乐记》中有"情深而文明"一说，之所以"情深"乃是人人遵从认同于人文之"德"，此"德"外化则为礼。

可以说，此德、此仁、此情乃中华民族人文化成的一大动力，让各族人民心相通、力相合，千世不衰而历久弥新。

（二）好学、力行、反思：铸牢中华民族共同体意识的教育根本

立德树人离不开学，《学记》曰："人不学，不知道""化民成俗，其必由

---

[1] 梁漱溟. 中国文化要义［M］. 上海：上海人民出版社，2018：105.

学乎"。孔老夫子说，"吾十有五而志于学"（《论语·为政》）"十室之邑，必有忠信如丘者焉，不如丘之好学也"（《论语·公冶长》）"学而时习之，不亦说乎"（《论语·学而》）。此皆表明学习和教育的重要性，孔子曰："仁者人也"，此"仁"是"从二为仁""相人偶"（郑玄《仪礼注》）之义，它是个体在"亲亲""尊贤"中将自我身上"德"性加以存养、扩充而来，并在"三人行，必有我师焉，择其善者而从之，其不善者而改之"（《论语·述而》）"见善则迁，有过则改"（《周易·益·象传》）的学习中增进。学习始于行于伦常日用之中，"道不远人，远人非道"（《中庸》），不舍求从"天国"或"上帝"来指引，"君子之道，造端乎夫妇"（《中庸》），德性之修乃通过世间人际"君臣也，父子也，夫妇也，昆弟也，朋友之交也"（《中庸》）的"五达道"来实现，在人伦交往中涵养人性中内聚的善性或德性，唯有人人循其身上的善性而为，不断修道成德，积少成多，从而"万物并育而不相害，道并行而不相悖。小德川流，大德敦化"（《中庸》），于己能在德性上不断精进，于人而德泽风化。所以，教育从方法或根本上来说要培养主体的好学、力行、知耻的精神、态度、情感、能力，三者实为人之一"德性"也。

孔子言"好学近乎智，力行近乎仁，知耻近乎勇"，教育从方法或根本上来说要培养主体的好学、力行、知耻的精神、态度、情感和能力。教育通合于人之"德性"培养上，需要人终身持续修己立德。学思结合、学行结合，因时因势而动。有"达德"之品性，学习者行动方可如孔子"从心所欲不逾矩""知其不可为而为之"，也可似孟子"富贵不能淫，贫贱不能移，威武不能屈"。可以说，教育的"活"、教育的"魂"就在"知、仁、勇"的学习、力行、反思中，唯有如此，才可行"活"的教育、"德"的教育，其所化育出的人方能顶天立地，爱人、爱家、爱国，不偏僻、非奸邪、远贪欲，求和睦、尚忠诚、重团结、敢担当，显中华民族之性格也。

（三）增强育人合力：创设中华民族共同体意识的教育风气

中华民族共同体意识的铸牢，尤要眼中有人，以立德树人为根基，在对象上指向于人人，包括儿童、青少年、老人等全体社会成员，汉代刘向《说苑·建本篇》中师旷答晋平公曰："少而好学，如日出之阳；壮而好学，如日中之光；老而好学，如秉烛之明。"《周易·系辞传》："天地之大德曰生""生生之谓易"。时代楷模张桂梅说："一个女孩可以影响三代人""如果能培养有文化、有责任的母亲，大山里的孩子就不会辍学，更不会成为孤儿。"今天，唯有人人志于学而修身立德立己，在个体与个体、个体与家庭、个体与社会、个体与国家关系的处理上主忠信、重仁爱、慕友好、讲团结，方可在社会主义现代化建设或乡村振兴中实现"德法共治""情理共谐""天人合一"，共促、共享中华民族之伟大复兴。

在党和国家推进教育现代化的当下，须积极构建终身学习的社会教育服务供给体系，协同"家庭、学校、社区""政府、企业、民间""行业、组织、市场"等教育力量，形成和提升聚通融合的社会教育力，为立德树人创设良好的教育风气，将"忠恕""仁爱""好学"之德化育在人们的行动实践中，扎实推动和增强社会文明建设，坚实铸牢中华民族共同体意识的向心力和凝聚力。学校教育是铸牢中华民族共同体意识的重要阵地。孔子曰："后生可畏，焉知来者之不如今也。"（《论语·子罕》）光辉盛大的"德性"需要后生在先贤的积存下不断传承，"十年树木，百年树人"，学校教育于国家民族的重要性即系于具有弘大德性之新一辈人的培养。

二、铸牢中华民族共同体意识的情感助力

中华民族共同体意识重在人性情感的内在塑造，它是中华民族各同胞心之所向，身处四海之内的中华儿女不断凝聚壮大，相互在历史长河的交融中共育"民吾同胞""天下一家"之人文道统，在仁爱德化的中华文化精神润泽下携手同行、风雨同舟，一同化育生成骨肉相连、血脉相通、文化多元一体的中华民族大生命。在历史的生存、生产和生活实践中，中华民族各同胞同心互助、相知相爱、通情达理，形成了宽厚、笃实、谦让、诚信、合和之生命品性，尤其能在一"情"字上见中华民族人性之诚实可贵。此"情"以真切诚恳为本，与天地万物行道讲理，不以一己之私而害大群人生之宜，

"仁""义""诚""爱""信"种种"情"成为中华民族各同胞所崇尚之"理"，将之视为天理人道，其实则为"人心"也，是经过"理"之渗透的人"情"，亦可名之为"性情"，因而性情中人是最为世人所称道的，就在于其体现了人之为人的质素所在，其身上充满了"人情味"，所言所行有情有义、合情合理。孟子曰："口之于味也，目之于色也，耳之于声也，鼻之于臭也，四肢之于安佚也，性也，有命焉，君子不谓性也。仁之于父子也，义之于君臣也，礼之于宾主也，知之于贤者也，圣人之于天道也，命也，有性焉，君子不谓命也"。中华民族经由悠远、广博的历史实践积淀的意识心理在"性命"上追求对"个我""物欲"之超越"性"，在修身立命中去化性起伪，在学而时习、见贤思齐、亲仁善邻中陶铸出"仁以为己任，不亦重乎""有朋自远方来，不亦乐乎"的中华民族道德和艺术之生命。

中华民族道德和艺术之生命，其根底在于"人情"之醇厚自然。与人处，注重人与人交往之共通性，孔子"己所不欲，勿施于人""己欲立而立人，己欲达而达人"之"忠恕"之道即为此"共通性"之人性能力显露，为仁由己非由人也，其中，虽不离理性之是非判断、意志之克己复礼，然其内核处在于情感的油然而生，对善之选择、践行从心所欲不逾矩。"不义而富且贵，于我如浮云""杀身成仁""舍生取义""富贵不能淫，威武不能屈，贫贱不能移"，此情之真可穿透理性，彰显人之情义无价；"一箪食，一瓢饮，人不堪其忧，回也不改其乐""其为人也，发愤忘食，乐以忘忧，不知老之将至"，孔颜之乐清晰可见，好学之情溢流涌动。它们共同所折射出的是中华民族"尊德性道问学"的赤子之心。与天地万物处，注重人与自然之和谐共生，人可以为天地"立心"，但此心即"天心"，"天心"有好生之德，故曰"天地之大德曰生"，人在"赞天地之化育""与天地参"中尽了"人性""物性"，实则尽了"性"一而已，此之为至诚，其不宁乎是人之性情所显然。总之，中华民族道德和艺术人生一则"善"一则"美"，"善"中理性之意志在情感的推动下可达行为之自觉，促使人不假思索去行善，似可为主动自觉，能使喜怒哀乐爱恶欲之"七情"发而中节。"美"中理性之认知、概念消去了逻辑法则，在"物我"相融中舒展情感，身心通达豁亮、怡然悠哉，天地万物因生命情感的共鸣引发真理的显现和认同。

新时代背景下中华民族各同胞齐心协力，积极追赶经济现代化，生产生活汲取科学、技术及其他文明成果，促使社会生产力不断进步，衣、食、住、行日益提升和自然生态日益改善之余，也要弘扬中华民族"尚人文、崇仁道、求和善、贵诚实、讲包容"的生命性情，让其在现实中焕发新的活力，为包括民族地区在内的自由、平等、民主、公正、法治的社会主义现代化建设奠定道德和审美的人性情感基础，以整全的人性生命体验来凝聚各民族同胞的向心力，使之用美的方式致力于社会主义现代化物质和精神文明建设，切实推动社会主义现代化"德法"共治的建设路向，在充满"人情味"的感性实践活动里实现各民族交流、交往、交融的情理共谐，从而将中华民族共同意识铸牢在人们身心性命中去。

三、铸牢中华民族共同体意识的师道弘扬

中华民族共同体意识实乃生命实践之道。"天命之谓性，率性之谓道，修道之谓教"。人道合于天道，人能参赞天地之化育，天人相合、物我同一、人我同心是中华民族各同胞内在生命和行动的源始性情与真理所据。"天听自我民听，天视自我民视""老吾老以及人之老，幼吾幼以及人之幼""先天下忧而忧，后天下之乐而乐""民吾同胞，物吾与也"。中华民族生命之所以悠久广大又充满活力，能够不断齐聚人心，创造出多元一体的中华民族文化，生成以人的生命圆融为境界、以人的感性社会生活和谐为导向的文化精神，是因为印刻于中华民族心性中自然和社会统一的人文道统，人们骨子里存有着以修身为本的齐家、治国、平天下的做人理想。孔子是中华民族文化中做人的代表之一，其为万世师表被人敬仰，唯能以己身来弘扬"仁道"，在"学而不厌、诲人不倦"中为后人树立了人格榜样，成为古今世人共相学习的楷模。"为仁由己，由人乎""为人谋而不忠乎，与朋友交而不信乎，传不习乎""己所不欲，勿施于人""己欲立而立人，己欲达而达人"，孔子所代表的师道成为中华民族人生修养、社会交往、建功立业所不可游离的一种"情理"精神，

当中倾注的是人之为人的整个生命实践，它不仅是谋求"财利""权位"的理性运用，还是人而为人、一视同仁的感性精神交往。

孔子言"仁道"，因人、事和情境不同而有相异的解答，但其核心一直不变，就是如何学做仁人，这正是基于人之感性的精神生命所作出的道问学，不将人及其生活实践简化或等同于物质的抽象认识，而是以心之安、情之近来与人处。人与人在心悦诚服中相知相亲，焉能不仁？焉能不合？合而同心则如一己，是故中华民族共同体意识之铸牢即在此"心"之培育上，此"心"即做人之道。《中庸》曰："道不远人。人之为道而远人，不可以为道"。道在人们伦常日用之中，无有一独立于自然宇宙和人世之外的实体之道。孔子曰："人能弘道，非道弘人"，所弘之道即是人道，人道贵在人生实践的相通处而非分别处，相通处是人性的内核。人生向外之职事可以不同，但向内之德性却是同一，人与人能于分别中融合，关键在于人道之共鸣。既然人能弘道，人道又相通，要使人道悠久博大，当从己身修道以教，以人为师。孔子曰："三人行必有我师焉""见贤思齐"。子贡曰："文武之道未坠于地，在人。贤者识其大者，不贤者识其小者。莫不有文武之道焉。夫子焉不学？而亦何常师之有？"可见，道之在人，人学而弘道能自得师，师道即人道之弘存，师道不熄，人道不灭，正谓"师之所存，道之所存"也。

重视师道即重视人道，中国人向来修身以道，生命实践中人人服膺遵守正道为上，从而形成中华民族"耕读传家""清白人间"的家庭教育传统，"亲仁善邻""通情达理"的社会教育风气，"天下兴亡，匹夫有责"的民族教育心理。今天，铸牢中华民族共同体意识之首要教育任务，便在于弘扬师道精神，让各同胞在生命实践中认识和遵从人之为人的人生大道，在好学、乐学、共学、用学中成己成人，将和善、诚信、仁爱、包容的感性意识融入社会主义现代化建设之中，把自由、民主、法治等核心价值观的培育和践行配之积极情感的推动，在"志于道，据于德，依于仁，游于艺"中同心协力，共建、共创、共享中华民族之伟大复兴。

第二编

学校是打开学生生命亮光的窗口

引　言

学校是一个什么样的场域？现实中人们于此已然积累了不少经验和观点。比如，从肯定的正向方面而言，学校理应是培养有益于人类文明进步之主体的社会机构；从否定的反向方面而言，学校不应是束缚教育对象身心潜能绽放的封闭空间等。它们共同体现出的是学校教育的根本任务是培养身心健全和谐的学生。诚然，把人培养好是学校教育的使命，但它不是一个抽象的目的或要求，而是需要实际行动实践来促成的，包括自然物质和人文精神构成的学校教育情景来支撑和滋养。由于地域和经济社会发展水平的差异，学校与学校之间的教育环境是有区别的，其所培养的教育对象在同一评价标准下所达到的层次是会有差别的。不过，问题的关键在于学校如何用自身条件充分发挥其育人的职责，这才是每一所学校理当去追问和思考的。对于不同的学校来说，其客观的教育环境和条件因为历史的积淀性和个别性一时难以改善，但学校可以发挥自身的主体能动性，通过师生的真诚努力和积极创造激发出育人的活力，这蕴含着现实的必然性。学校理当营造以人为本的人文环境，让教育者和学习者用心、用情地去学习和探究自然人文和社会科学知识，积极投身于有意义的生活实践中。

可以说，学校育人在一定程度上来讲是不唯条件的，也就是说，注重学校教育的学校会让学生在学校中"乐学"。"乐学"也就意味着学生愿意、喜欢在学校学习，虽会遇到学习困难但也不改其乐，直到受教学环境熏陶形成自觉学习的习惯，如此其才能学不止息，向前不已。《论语》有言："子曰：'贤哉回也，一箪食，一瓢饮，在陋巷，人不堪其忧，回也不改其乐。贤哉回也'""子夏曰：'日知其所亡，月无忘其所能，可谓好学也已矣'"。所谓的好学不是说没有"苦"和"难"，其真正的精神在于即使有"苦"亦能"乐"，虽"难"也"乐"进，在不断的学习中因获得新知而喜悦，正可谓"学而时习之，不亦说乎"，日积月累、久久为功，在温习旧知、求得新知中获得身心的快乐。显然，学生来学校学习，是为了更好地获得知识，以增进自我身心素质能力的发展，而其学习过程无疑要付出艰辛和汗水，在努力向上、自律坚持中形成以学为乐的品性，"乐以忘忧""以苦作舟"方是乐学之精神所在。

那么，学生"乐学"的来源在哪里？学校要如何陶冶学生的"乐学"精神？对此，一个重要的基础在于要培育和发扬学校教育情景的人文风气，让师生在深情厚谊中乐教乐学，学生在亲师信道、教师在爱生育人中激荡起生命的激情，去思索，去奋进。

第一章　学校"教""育""学"关系的分离与融通

学校是培养人的专门性社会机构，把人培养好无疑是其价值意义所在。可人们对学校培养人的实践活动和所培养之人又时常有所指摘、批评，往往认为学校没有做好其本职工作，其在"教"和"育""教"和"学"上满足不了人们的需求和期待，出现了"教与育""教与学"分离的局面，存在着诸如"教而不育""育而不教""教而不学""学而不教"现象，不利于学生身心素质能力的全面和谐与统一。

一、学校"教""育""学"分离的危害

教育的目的在于培养身心健全和谐的生命主体，然现实中的学校教育并不能充分实现此目的，甚至走向了反面，使得学生身心发展分裂，这从当下人们对学校教育所持有的诸如人才创新能力不足、道德品质下滑、学习兴趣缺失等批评中略见一斑。

（一）"教而不育"和"育而不教"

何谓"教而不育"？首先，实践中学校以"教知识"为中心，其内容、方法、过程、评价皆围绕着提高学生的应试成绩而组织实施，为了在考试中考出高分，学生的时间、兴趣、个性一定程度上被压缩挤榨，学校教师的"教"往往沦为一种"知识训练"，学生生命发展中的认知、心理、情感没有受到均衡的重视；其次，从文化风气而言，学校拥有比较优越的人文资源，如专业化的师资，他们作为学生成长发展的引路人和榜样，应遵循学生身心发展的规律给予科学施教，学生在其耐心地教导和激励下不断有新的发展。

"在我们的学校里，教育不仅要获取知识，更为重要得多的是让智慧觉醒，然后智慧会利用知识，而绝不是相反"[1]。可当下，学校把更多的心思投放到促进学生分数的提升上，甚至由此产生了对不同学生爱有差等的"喜恶"之情，对所谓的差生往往采取"不理"或"放弃"之举，关爱每一个学生身心变化的积极情感并未成为教师的教学态度。从这个层面而言，学校进行培养人的实践活动在一定程度上是有"教"无"育"的，其最主要的弊端在于将教学任务化、事物化，忘却了以人为本之宗旨，师生双方借以知识为载体而进行的生命对话、身心变化被忽视，心灵沟通、情感共鸣、相互砥砺的交往过程被抽离，于是教育教学被刚性化为师生对知识的追逐，往往形成教育教学中的非良性竞争，一则师生皆以成绩"第一"而骄傲，相互间都把提升分数作为自己的努力目标，于是衍生和助长了各种不良的教育比拼，诸如当下的课外辅导班、择校热、学区房无不都是这一竞争的体现，这往往让师生、家长背上沉重的身心压力；二则由于学校教育教学以分数为王，越来越多的学生在逐级升学中被淘汰和边缘化，进而以失败者的身份逐渐丧失了对学校的亲切感，对教育教学失去了真正的兴趣。

何又称之为"育而不教"？学生的身心发展与家庭环境有着密切关系，尤其是父母作为重要的教育力量对其成长有着至关重要的影响，这也就意味着学生的身心发展在家庭教育和学校教育的合力作用下才能获得良好成长。早在 20 世纪 30 年代，我国著名学者潘光旦先生就指出："在学校里实施教育，最多只能做到一个'教'字，在家庭实施教育，才是'教''育'兼施，并行不悖。……行见有教而不育的危险，甚或造成一种'可教者不育''育者不受教'的新奇局面。"[2]当下影响学生身心发展的教育力量也是不统一的，其中学校和家庭在培养学生发展上各行其道，甚至相悖而行，出现"育而不教"的状况。具体来看，不少父母把孩子的教育责任托付给学校，在其意识观念中孩子的教育是学校的事，自己要做的是为孩子提供优质的教育条件，比如

---

[1]（印度）克里希那穆提. 教育就是解放心灵［M］. 张春城，唐超权译. 北京：九州出版社，2010：12.

[2] 潘乃谷，潘乃和. 潘光旦教育文存［M］. 北京：人民教育出版社，2001：52.

购置学区房以便让子女进入所谓的重点学校，或是将孩子送进各种辅导班、培训班，确保不让孩子输在起跑线上。显然，每个家庭或父母都希望自己的孩子发展得好，可是他们把孩子未来完全寄托给学校，认为进入重点学校、重点班就等同于成功，于是倾尽全力为孩子搭建各种攀爬应试教育金字塔的梯子，却漠视或忘却了父母或家庭理应肩负起的教育责任。而学习和生活习惯养成、亲近自然和社会交往体验、挫折和意志品质培养等都与父母的细心陪护、教导分不开，若没有良好的家庭教育作为基础和后盾，那么学校教育难以完成对孩子的培养。当然，"育而不教"也更凸出地体现在城镇化背景下乡村教育中存在的"留守"问题上，众多年轻的父母在孩子幼年时期就外出打工，孩子从小的亲子教育以及学校教育中遭遇的各种问题都变成了一种"留守"，得不到解决，此乃实实在在的"育而不教"也。

（二）"教而不学"和"学而不教"

学校教学以学科课程为载体或纽带来展开，师生围绕着课程知识而进行"教"与"学"的活动。从教师的"教"来看，主观上他们希望学生能够理解和掌握知识，于此他们尽心竭力乃至牺牲自我休息时间来提高学生的学习成绩，这也是长期以来人们对教师敬业精神持肯定态度，视教师职业压力重的重要缘由，而这又与校内分数成绩的排名竞争有关联，通过量化的考试成绩来对教师教学质量进行最终认定，并将之与职称晋升、绩效待遇等联系起来，使得教师不得不将心思投入在教学成绩的提升上，于是教师就变得匆忙起来，并不断朝着"分数"等物化目标去追逐，使得教学变成一项竞争性的、逐利性的任务。虽有精算于如何提高教学或考试成绩的考量努力，却失去了在"教"中感悟生命真谛、开启生命智慧的教学人生，以致形成了师生双方身上都存在"教而不学"的现状。于教师而言，他们把整个心思用于"分数"的提升而无暇顾及"优等生"之外的学生个体发展，也无心通过广泛阅读人文科学经典来进行反思，走一条不断学习和研究的教育教学之路。就学生来说，他们在压力负担和不断挫败中失去了兴趣，从而对应试化之"教"更加抵抗。

学校教学实践中还存在着"学而不教"的状况。每个学生来到学校都希望获得发展，他们最初都是带着对知识的热情来求学的，但到了才发现，大家接受着同样的教学内容和教学方法。这显然与教育主体是由一个个具体的学生个体构成的事实相违背，因为不同个体学生有着相异的基础、背景、潜质等，教学理应给予不同学生个体差异化的指导，让其获得进步或成就感，进而学生才能有不竭动力去学习探究。但事实上，不少学生在应试升学和成绩分数面前成了失败者，在没有学习成就感的支撑下逐渐失去对学校美好的想象和期待。而作为教师，他们中不乏有人把教学当成一种职称晋升手段和学校管理要求的任务，也有一部分教师选择"学而优则仕"的发展路向，其通过努力付出赢得教学成绩优异之后，会把心思投向于教学管理或学校领导职位上，以致不能在教学一线发挥自我最大优点，当然，对此不能绝对化地给予否定批评，毕竟作为优秀的教师成为学校管理者和领导者，也是学校发展所需要的，但这些教师选择的是一种工具化的教学取向，其进行的各种形式的"学"是为了自我的名利而展开的。

二、学校"教""育""学"的融通机理

学校为实现立德树人的教育根本，有必要在实践中贯彻"教""育""学"的融通关系，这与人类生存发展之道、文明智慧积淀与绵延、技术人文共生等休戚相关，唯有学校所培养的学生身上内聚优秀传统文化和时代精神，在生产生活中不断学习、反思、创新、实践，方能担起推动社会文明进步的重任。

（一）适应和调节刺激：人类生存的位育之道

学生身上具有人之为人的属性，他们都面临着与其他人类个体同样的人生发展问题，诸如有效应对人与自然、人与社会、人与自我的矛盾关系，随着生产力水平的提升、社会物质财富的增多，不同地域、阶层之间的发展不平衡，社会交往中的诚信、互助、宽容、法治、道德的缺失和失序等，依然

还是问题。因此，作为对人一生发展起重要作用的基础教育，中小学校要对学生进行积极的"成人"教育，要将他们身上内聚的"人性"潜力充分激发出来，通过不断的调节创新来迎接现实和未来社会发展的各种挑战，实现自然、社会、人构成的生态系统"位育"状态，相互之间"安其所，遂其生"[1]，形成"万物并育而不相害，道并行而不相悖"[2]的和谐发展局面。为何要这样说呢？

人类并非是被动地适应周遭环境的，虽然所面对的环境是既定的，但又并非是被动地接受，而是进行了有意识地选择、加工和改造，在不断适应与调节基础上继承和创新知识与经验，使得人类的意识性、能动性、目的性等类特征在生产生活中得以有效、有意义的运用，这成为解决矛盾问题中积淀的一种生命能力和文化心理。总之，人性当中内含着人类的类特征，人们通过依托和结合不同文化、社会时空环境进行交往、认知、反思，来增进自我生命能力和人性境界，学校对学生进行知识、技能传授的同时，也须关注对学生实践和创新能力的培养，促使其在面对各种矛盾刺激时积极适应和主动调节，与时俱进地推动社会发展。

（二）学习和反思自我：个体发展的终身动力

从时间属性来看，培养人是终其一生的活动，学校教育的重心就是要为学生将来走向社会打下一种自我学习的意识和能力，把学习变为学生生命发展和生活实践中的自觉行为，如此，学校教育方可谓是有质量的，这也是人们将义务教育阶段的学校教育称之为基础教育的重要原因，即要通过学校教育为学生一生发展奠定主动学习的意识基础，让他们因接受学校教育而将自我身上的好奇心、探知欲及特长等"类通性"和"个性"激发出来。从动态属性来看，培养人是不断超越自我的过程，即学校教育对学生的培养是要让其能够认识自我，不能把自我变成和他人一样，这一点是至关重要的，否则

---

[1] 潘乃谷，潘乃和.潘光旦教育文存［M］.北京：人民教育出版社，2002：55.
[2] 王国轩译注.中庸［M］.北京：中华书局，2006：129.

学校教育就沦为人们常说的"制品生产"。为何这样说呢？人们常说的人生而平等，这反映的不仅是基本的人权，更是每一个人身上都具有的类特征，其中很重要的一点就在于，其具有学习和反思能力，这是作为人类一员的天赋能力，学校教育就是要呵护好学生身上的这一天性，使其在强烈的学习兴趣驱使下不断成就自我。"兴趣是基因带给每个人的厚礼。不是说生来就有的潜在因子后天就一定能发育，但是在很多环境下它可以发育。投入到一种自己喜爱的活动中达到忘我境地是精神上非常高层的境界。"[1]因此，从学生个体的发展来看，其人性中内聚着学习与反思的天赋基因，学校教育就是要将这一天赋基因加以存养，各种教育资源的供给和教育方式方法的运用都是为了学生能够认识自我，使其在人生的不同阶段确立明确的目标，并通过自我的认知学习和意志努力获得良好发展。

（三）个体与群体互嵌：人类文明的智慧积淀

学校教育的对象为学生，而学生又是以个体的形式存在于学校之中，与其他个体相互组成学习共同体，也就是说，学校教育对象存在"个体"与"群体"之别，正如社会是由具体个人所构成的共同体一样，其中存在着个体与群体互嵌的发展关系。因此，学校教育在培养学生的过程中，有必要处理好个体与群体发展的辩证统一关系，它也与人们常常探讨的个性全面发展的理论问题密切相关。首先，每一个学生或社会成员都是独立存在的，对其培养是基于自身的，学校教育要做到关注学生个体的成长。正所谓要因材施教，不同个体学生之"材"是有差异的，只有充分激发其人性特质，才能通过不同学生的个性发展来增进人类共同体的力量，包括依赖个体独特性来彰显人性某一侧面的发展水平，以及不同个性的学生之间通过交往互学来增进自我人性的整体水平。其次，学校教育对不同学生进行培养的过程中，需要有一个共同的或基础的评价标准，其依据是学生融入社会生产生活中得有基本的知识技能和遵循相应的社会交往规范，除此之外，人类在历史发展中积累的

---

[1] 郑也夫.吾国教育病理［M］.北京：中信出版社，2013：175.

具有真善美价值的经验智慧，也是每一个学生所必须学习了解的。所以，从人类个体与群体互嵌关系来看，学校教育要把以往历史中人类积淀的各种经验智慧向学生敞开，让其接受多元的教育内容刺激，而自身又在交往中贡献自我的个性潜力，将其融入人类历史经验智慧中。

（四）技术与人文共生：人类命运共同体关怀

当今人类社会面临着一个和谐可持续发展的问题，具体反映在两大层面：其一是人类自身的身心和谐问题，包括了人类社会交往中的公平、正义、平等、法治、自由、民主等体现文明和价值诉求的发展问题，它们要如何通过制度建设和道德规范来引导并加以落实，使之真正内化在人们的生产生活之中，从而确保人类社会生活中财富资源分配、生产生活安全有序、社会成员权利保障与义务责任自觉等；其二是人类和自然环境的相依关系，在漫长的历史发展进程中，人们利用大自然资源创造了丰富的物质财富，同时也极大地破坏了自然生态环境的平衡，如今生活在地球上的人们越来越意识到自然环境对人类社会发展的重要性。从人类社会和谐可持续发展的角度而言，人类的交往实践要确立命运共同体导向，学校教育在培养人的过程中要注重学生"人类命运共同体"意识培养，在教育教学过程中要把自然环境与人类生产发展的密切关系具体化，围绕水、空气、土壤等不同主题单元对学生进行自然科学知识方面的传授，让其结合生活中的自然地理来认识了解人类生命、生活与之息息相关，从而养成爱护环境、节约资源、敬畏自然的良好意识心理和行为习惯；同时，学校教育也要注重对学生合作沟通、坚定意志、反思自律、理性行动等能力的培养，让学生结合对人类社会发展面临的重大问题、现实问题进行探讨，使其形成公共责任意识和社会忧患意识，抱着为增进人类共同体福祉的情怀展开学习和实践，以积极推动人类美好社会的创建。

三、学校"教""育""学"的实践路向

学校教育权利的公平性、教育师资的专业性、教育时间的集中性、教育

内容的丰富性、教育形式的多元性等优势是把人培养好的基础，但实践应采取什么样的路向和策略才能确保"教""育""学"关系的融通，促使教育对象身心获得良好发展，成为一个不断超越自我的奋进者？

（一）以问题为导向，构建"学做"合一的教育形式结构

1.采取案例课堂教学，注重知识认知内化。

学校教育对学生的培养主要依托于课程知识内容的教学，其基本形式是师生双方围绕课程知识内容展开有效的互动交流，最终促使学生对知识的认知理解与内化，并引发和促动其情感、意志和行动的积极变化。那么，怎样才能更好地促进学生对知识认知的内化呢？一个重要的途径是采取案例课堂教学。这是由于案例教学是综合化的，它以案例事实为基础，将知识原理、态度方法融入案例之中来引导学生，不是纯粹的知识概念或命题的逻辑推演，而现实中这往往又是教学的常态，师生虽然都在认真努力地对知识分析思考，但这种分析思考是缺乏情景的，与社会生活有着多重隔阂，一方面，课程或书本知识是普遍化的，即它抽离了具体社会和文化背景、情景，具有解释或理解事务的先导作用，但从知识获得、转化再到实践、评价、反思，则是一个不断递进和内化的过程，如果知识传授或学习过程中少了具体的案例支撑，知识就是干瘪或空洞的；另一方面，文本知识的教学虽然能让学生明了知识是什么或传达了什么，但由于没有和自己的生活实践经验直接相关，或者缺少应用，单一的文本知识就难以被内化为学生的能力。所以，学校在向学生传授知识的过程中，宜采用案例教学的方式来进行，在一定程度上会弥补上述两方面的缺陷，教学提供的案例虽然不是学习者和教学者直接的实践经验，但其中有他者的经验，结合案例中的问题、情景与多元要素及相互关系的分析而将知识的认知理解加以泛化、迁移、深化和拓展，学会用知识来分析和解决问题，不断在案例教学中加深对知识的认知，还能养成知识在社会情境中是怎样运用的方法，进而能够在学习知识的基础上培养思维能力。

2.加强社会调查研究，注重知识实践转化。

学校教育于人的培养发展，除了在课堂教学上进行知识、价值教育之外，

还需要注重课堂教学之外的形式方法，以形成对学生发展的教育合力。生活中，人们常说用理论知识来武装"头脑"，这在一定程度上肯定了理论知识对人们认识和解决问题的指导作用，但武装"头脑"和武装"人"之间还是有着一定差距的。武装"头脑"更多强调的是，要有理论知识，要能更好地认识和了解对象或问题"是什么"，武装"人"则是注重人的行动实践能力，以正确适宜地解决和处理问题为导向。可学校教育实践中常常存在着"理论上的巨人，行动上的矮子"现象，教师和学生照着书本展开知识内容的传授，他们在课堂上围绕知识不断进行讲解训练，通过记忆和理解来掌握知识，其优势在于师生能够按计划、有进度地完成内容的教学，而且以量化的考试分数来对师生教学质量进行评判，他们可以集中心思展开记忆，通过训练式教学活动而获得高效率。但缺陷也是显而易见的，由于缺乏社会实践经历，学生所获得的知识更多的是一些符号信息而已，虽然他们在一定程度上清楚符号信息之间的逻辑或相因关系，但一旦回到社会生活中就无法有效运用这些知识或符号信息。为此，学校教育教学对人的培养要加强社会调查研究，注重知识的实践转化，也就是说，在课堂知识教学外，需要组织学生走向社会生活，通过观察体验的方式来提出问题，并带着问题回学校和教学中寻求解答，如此，知识才真正被激活起来，带着来自生命生活实践的问题而展开教学，由此，建构起来的知识才是活的。

（二）以情感为纽带，确立交往式教育共同体

1. 依托师生生命经验，在变化中激发灵动。

学校教育教学是师生主体之间的互动交往过程，虽然其交往是建立在以课程知识为载体的基础上，但绝非是课程知识在师生之间的机械授受，停留于所谓教师"教"和学生"学"的层面，教师"教了"、学生"学了"，教学任务也完成了。显然，这样的"教"和"学"与培养人实践活动的教育有着本质差别，其最大的特点在于把人的培养发展简化或等同于一种事务，忽略了教学乃是作为主体的教师和学生生命之间的对话启发、经验交流过程，其宗旨是促进学生"学为成人"，即人们常说的学会做人。这就不单单是培养

一个被人们贴上"学习好"标签的好学生问题，而是培养出能够适应和推动社会发展的生命主体，其在处理人与自然、人与社会、人与自我矛盾关系上有着理性自觉，这不是靠以知识、分数为中心的"教"和"学"就能实现的，必须要以师生各自生命经验为底蕴，把自身所经历的生命经验与知识进行对接，并在师生生命经验的交流中呈现自我生命的整体状态，包括认知理解、价值思维、情感态度等，作为学生，会在老师的榜样人格熏陶和活化的知识经验交流中获得启迪，作为老师，则在了解学生生命经验的基础上真正走进学生的内心，在学生的变化中反思自己，也包括自己的教学，形成教师和学生之间积极的教学关系，各自从对方的积极变化中获得生命智慧，而作为载体或手段的知识也在这个过程中发挥出其价值与作用。

2.运用闲暇敞开式对谈法，在倾听理解中生成学习自觉。

学校教育教学在培养人的过程中，是有着目标定位的，为了完成或实现目标定位，需要师生付出相应的努力，这是毋庸置疑的，但是在形式方法上不应是被动压迫和机械训练式的。从学生层面而言，他们的学习生活被沉重的考试、解题、培训辅导所占据，没有更多的时间去体验生活、探索世界和平静思考；从教师层面而言，他们也同学生一样被分数成绩所捆绑，其教学紧紧围绕着考试课程而展开，教师自我的阅读学习、研究沉思等变为一种奢侈，双方在内心的焦虑紧张中勤奋地完成教学任务，其所造成的危害或弊端在于，师生对于教学的厌倦感使他们自身对读书、思考、交流失去了兴趣和激情，而这份激情恰恰是师生借由学校这个教育舞台来热爱生活、乐于探究、勤于思考、勇于行动的基础。因而，学校教育教学要改变过往封闭式的育人方法，尤其是师生要有自由闲暇的教学时空，能够对一些自然、社会、人生问题进行敞开式对谈，这样，他们才能够在对方的思想表达中获得启发、感悟，进而引发自己的反思。当然，这个过程并非是随意任性的，而是建立在师生广泛阅读、拥有社会生活实践观察体验和自我深入思考基础上的思想交流，在敞开式对谈中，师生对问题的认识表达是多元结构化的，并且这个过程中有对问题的共识、分歧，或者是学生对问题表现出疑惑不解，但各自在认真倾听对方思想观点的基础上进行分析讨论，从而在思想火花的碰撞中形成良好的学习自觉。

（三）以激励为基础，营造创新个性生长的文化环境

1.提供丰富多元的资源内容，为激活学生人性潜能创建平台。

学校教育的优势在于它是有计划、有组织且投入人力、物力、财力的系统力量，能够对学生人性的潜力进行科学的引导。当然，学校教育的优势要想有效发挥，其中很重要的方面就是要为学生提供与人性潜力相适应的丰富多元的资源内容，并为激活学生人性潜能创建平台。一方面，人性潜力是一种类特征，意识能动性是每个学生身上都具备的，通过他们的好奇、反思等特征体现出来，但由于不同个体出生和成长的社会与文化背景差异，最终形成有差异的个性，并且就其个体而言，人类类特征潜能依然内聚在他们身上，因此，其全面发展是个性与普遍的统一，学校教育有必要为学生提供丰富多元的学习资源内容，以满足不同学生个体发展需求的多样性；另一方面，学校为学生提供丰富多元的学习资源内容外，还得提供仁爱宽容的人文环境，让学生对学校的学习生活充满依恋。学校和教师要切实确立起以学生为本的取向，不畏学生的缺陷或不足，以细心、耐心的态度来面对这些问题，对学生向好的改变感到欣慰并给予鼓励，通过教师的良好榜样、学校幽美的环境以及整个学校尊师、爱生、重道的风气来激活学生人性潜力，促使其身心积极发展。

2.营造自由民主的管理制度，为学生身心素质和谐建立规范。

学校对学生的培养是十分复杂的实践活动，这种复杂是由学生复杂的人性所决定的，因为人性中的潜力是"无向度"的，没有好与坏、善与恶之分，所以生活中人们对人性真善美或假恶丑的判断和界定依据是人的行为结果，也就是说现实中，有些人在不断追逐真善美，而有些人则滑向了假丑恶，这些无疑都是具有人性潜能的社会主体的行为选择和实践结果。当然，人性潜能发展在性质上的不同走向带来的影响，使得人们把真善美作为一生追求的人性，因为它更有利于人类社会的文明进步，可这并不意味着人性中就不会有假恶丑，相反，所谓的真善美和假恶丑是以一体的形式内聚在人性潜力中

的。因此，为了更好地激活人性潜力中意识能动性的类特征，同时又使之朝真善美的向度发展，作为培养人的学校教育理当要积极呵护学生身上的人性潜力，对其好奇探究之心、好学好问之心等要积极呵护，因为它们"好学、好动、好问、好奇"的天性常常因其言行的"错误"而被不断打压、抹杀。于此，学校和教师要转变教育教学观念，不能把教育教学事先设定好的"标准"用来"框定"学生，不允许或是不喜欢学生犯错，但教育教学的价值、意义就是把学生的"不完美"转变为"完美"，这就需要学校和教师的耐心和宽容，要为学生的成长营造一个自由民主的教学环境。同时，学生会有自利、任性的特点，其自利任性往往遵循的是快乐原则，容易滑向自我中心和散漫骄惰，所以为了避免这种情况发生，学校教育在营造自由民主的教学环境的同时，也需要使之制度规范化，既对学校、教师关爱和尊重学生的师德师风进行规范建设，也对学生的学习目标、学习质量评定确立管理规范。

第二章 从不确定走向认识自我：
学校育人的魅力所在

学校是专门培育人的社会机构，它要为各行各业输送不同类型的人才，同时也为学生自身的综合素质发展打下坚实的基础，促使其形成终身学习的自觉意识和能力，为全球化和信息技术时代背景下人类社会的可持续与文明和谐发展培养具有反思创新、沟通合作能力的生命主体。为此，未来学校教育有必要转变"确定性"的办学思路，从学校教育的价值意义、实践逻辑、内容形式、管理评价等方面进行改革，切实构建起以促进学生生命潜力激发、生命能力增强、生命境界提升的自由、多元、开放的学校教育体系。

一、学校教育的价值与意义：生命开启

学校教育究竟为何？尤其是生产力较为发达的今天，人们已不再把教育作为改变命运、获取财富的唯一途径，甚至在一定程度上还持有"读书无用论"的观念，这种情况下，要思考如何重新焕发学校教育的活力，让其从单纯的知识传授和应试升学中摆脱出来，发挥对学生生命开启的作用，既满足人们对优质教育服务的需求，也同时是有效落实好优先发展教育政策的需要。为了践行培养人的学校教育宗旨，学校教育价值与意义的定位就显得特别重要。如果只是把考试分数的高低作为衡量学校教育质量的标准，那么很多学校会感到负担沉重，因为为了提升分数学校与学校之间、学生与学生之间会展开激烈的竞争，结果是，学校与师生虽实现了优异的升学成绩的理想，却使得学生的学习兴趣、好奇心、个性、行动能力受到阻滞。究其原因，就是人们把学校教育的价值与意义定位为规范化地培养人才，即人才质量规格、

课程内容、教学形式、评价管理等都是有"标准"的，它们是学校为了对学生身心施加影响而预先安排好的各种教育刺激和要求，学校培养人的过程忠实地照此执行，这是长期以来学校教育教学的基本事实，这也可从当下学校教育追求"美好""无风险"的应试考试成绩中略见一斑。在对高分数的追求下，学校把教育时空尽可能压缩，让学生一门心思地把精力和心思用在考试课程的学习上，既有利于分数的提升，也防范了学生身上的各种所谓的不安全"事件"发生。显然，以应试升学为目的的学校教育，其价值与意义往往通过分数成绩来体现，师生的教学生命被捆绑于"题海"之中，很多人会选择不断延长学习时间来提高效率。于是，学生步入社会后的工作、金钱、权力成了学生接受学校教育质量的检验标准，在此方面胜出者则被社会认为其所接受的学校教育是成功的，反之则是失败的。但是，无论所谓的"成功"还是"失败"，对于学生生命发展的完整性和社会发展的活力而言是有问题的，毕竟，缺乏良好综合素质和创新个性的教育对象，难以承担起推动社会文明和谐发展的重担。

基于此，在人类社会发展日益需要社会主体创新、合作、沟通、公共意识与能力的当下，学校教育得真正从把人培养好的本质和宗旨出发，确立起以学生生命开启的价值意义定位，将学生主体性培养作为学校教育教学的重心[1]。也就是说，要把人类进化积淀的人性潜力加以呵护和激发，让学生人性中的意识能动性得到充分发挥，在学校良好的文化环境中形成好学、好思的习惯，并在师生相互砥砺中形成自我个性，在学习生活中能够保持好奇心和求知欲，使其有善于与他人进行沟通合作的语言、情感交际能力，并能够基于自我兴趣特长而使之获得充分自由发展的机会[2]。从这个角度而言，学校教育作为培养人的实践活动，其价值意义在于把学生身上内聚的人性特质加以存养和激发，并结合相应的课程内容和资源的教学使学生获得适应特定社会的知识和规范，借助于知识和规范的学习运用而获得调节、改变世界或环境

[1] 杨东平.试论以人为本的教育价值观［J］.清华大学教育研究，2010（2）：16-20.
[2] 叶澜."新基础教育"内生力的深度解读［J］.人民教育，2016（Z1）：33-42.

的创新和行动能力，以及在解决问题和交往实践中形成仁爱、诚信、理性、勇敢、担当等彰显真善美的人性特质。总之，学校教育的价值意义在于对学生生命的开启，让其在由教师、学生、课程等要素构成的教育教学情境中孕育自我主体意识，在不断表达自我意识、展演自我实践中受到学校教育文化环境的积极影响，从而使得学生逐渐确立起自我认同，在良好人格品质和心理情感的滋养下，不断超越和成就自我的同时，为推动社会发展贡献自我的力量。

二、学校教育的实践逻辑：矛盾直观

学校教育的价值意义在于学生生命的开启，让学生在学习生活实践中凸显个体的主体理性精神，那么如此结果是怎么样产生的？学校教育在培养或开启学生生命的实践逻辑是什么？也就是说，学校教育开启学生生命不是一个既定的或是直接给予的过程，而是一个建构培育的过程，当中充满着诸多风险，而非是"自然"地或按计划就能如期实现的。其实，这也是一个常识性的"教育原理"，即学校教育在开启学生生命的发展中，要把学生变得更好、更强大，让其能够自主地应对和有效解决各种矛盾困境[1]。然而，作为具有主体性的学生因受环境的影响，其认知、情感、行为等会有着很大的差异，难以按照统一的标准对不同学生进行一致的要求。而且，对于一个具体的学生对象而言，其在学习生活中总是会出现与学校、教师、家长及社会期待相左的言行和心理表现，这当中就隐含着长期以来困扰学校教育实践的逻辑问题。其一，学校教育到底是以预设的"目的目标"作为培养人的起点，还是以学生身上表现出来的"不完美问题"来引导其改变？要把学生看为一个不完美的发展中人，学校教育就是要针对学生身上存在的各种矛盾问题加以引导转化，发挥其积极的改变人的作用。然而，当下学校教育实践对于学生身上存在的"不完美"问题是"防堵"态度，当学生在学习和生活中出现了各种与

[1]　程方平.今天的学校和教师应该忙什么？[J].教育科学研究，2009（8）：18-20.

成人价值世界相悖的思想、言行时，学校和老师潜意识里都没有把此现象看作是值得去研究的，没有确立起消解学生学习和生活中遭遇的矛盾困境恰恰是体现学校教育力量之所在的意识[1]。相反，他们直截了当地将学生身上的各种矛盾问题视为"麻烦"，通过批评、惩罚等各种方式让学生不允许有"下一次"，而和此相一致的是，学校、老师和家长都希望自己的学生或孩子认真地完成各种要求和遵守各种规范，并把心思投放在所谓的考试课程上，如此则是好学生的表现，学校、老师和家长也因学生的规矩而感到所谓的欣慰。显然，这种教育教学思维是"安全化"的。学生是以客体的方式存在，其主要任务在于接受学校教师所传授的知识内容和价值规范，并能够在升学考试中以高分的形式来加以证明。可以说，这依然是当前学校教育实践中师生的学习现状，所隐藏的弊病在于师生在统一的学习内容和评价标准之下，学生生命主体在学习和生活中缺少了需要自己去选择、体验和承担的各种"风险"。学校教育缺乏了呵护和鼓励学生表达真实想法的土壤，在学生有了各种与规范标准不一致的表现时，学校和老师没有将其视为"难得"的教育资源，即通过学生身上存在问题的有效解决来丰富教育实践和理论，使学生自我意识在学校和教师的宽容、理解、耐心的交往、合作、互勉中不断战胜自我身上的怯懦、莽撞、偏见等，形成良好的学习和反思能力，从而不断让自我身上的主体性获得自由、理性的发展。

学校教育的实践除了要关注学生身上存在的"不完美问题"之外，还得思考另一个"教育命题"，即学校教育实践要面向个体还是全体？这似乎是不言而喻的，人们常说的学校教育既面向个体也面向全体，二者之间是辩证统一的。但此说法真正落到现实中却变成了学校教育实践存在的硬伤，因为在一定程度上，以应试升学为中心的学校教育把更多的时间、精力用于学习成绩优异的学生身上，不少的所谓差生或后进生则成了陪衬品。再者，即使是成绩优异者也因学习过程的机械、片面而丧失了生命发展的完整性与和谐性。从这个角度而言可以得出一个结论：学校教育只有面向每一个个体学生，

---

[1] 吴康宁.教育究竟是什么——教育与社会关系的再审思[J].教育研究，2016（8）：4-12.

使其在学校教育中获得进步，通过学校和师生之间的积极交往促其养成热爱学习、反思自我的良好习惯，把自我兴趣的实现、自我能力和价值思维、情感意志的提升与陶冶作为导向，经老师的垂范、砥砺而不断超越自我。总之，学校教育不但有对象上的规模化或集体化特点，而且有让所有学生都达到最基本的培养质量规格要求，归根结底，这都得通过一个个具体的学生来体现，不同学生在学习生活中获得了成就感，并在老师的理解宽容、激励赞赏下获得自我认同感，将自我融入学校环境中去学习探究，积极地发挥自我个性。

三、学校教育的内容形式：文化交往

学校教育是培养人的实践活动，而培养人必然要依托于一定的时空环境，从结构内容上而言，学校教育对人的培养要有具体的资源载体，师生围绕特定的课程内容展开教学过程。师生双方通过对课程内容的认知理解、分析讨论和实践运用来影响自我的身心发展，尤其是学生对课程理论知识的掌握能促使其思维、理解和解释自然、社会问题的能力得到提升[1]。然而，长期以来在学校教育实践中存在的问题是理论与实践脱节、知识系统性与学生学习内容片面性之间的矛盾，它们并未见得没有被人们所意识到，可在学校教育教学中一直得不到有效解决。这在社会对学校所培养的人才缺乏创新性、行动实践能力薄弱等的评价中有所反映，也在学生学习兴趣低落、学习自觉性不明等方面有所体现。此无疑在一定程度上给学校教育如何更好地培养人提供了最现实的反思依据，更好地培养人，即培养的人要能通过自我生命能力的展演来推动社会的发展进步。因此，学校教育培养的人理应是能够适应社会和推动社会变革的，而要适应和推动社会变革，就需要学生对象具有"显性"和"隐性"的综合知识。"显性"指的是适应现实社会发展离不开相应的融入社会生产生活的解决人与自然、人与社会矛盾关系的技术、道德、法治等各方面的知识内容；"隐性"指的是人作为一个历史性的存在，其生命中承载着

---

[1]　鲁洁.教育：人之自我构建的实践活动［J］.教育研究，1998（9）：13–18.

人类的文化基因，他的生命能力要得到圆融发展，就须汲取人类积淀的各种优秀传统文化知识，虽然它们没有直接应用于具体的生产生活实践，但学生通过对古今中外经典著作的阅读学习，其心灵会深受震撼，在与伟大的哲人、思想家、科学家对话的过程中养成良好的学习反思习惯和理性思维，能够积极地处理好人与自我的关系，做到认清和定位自我。但是，长期以来，学校教育是分科应试化的，学生所学内容是片面和零碎的知识，往往造成对知识理解不全面、不透彻，解决不了复杂的自然和社会问题的状况。他们把时间和精力投放在升学考试的知识背诵、解题作答的反复训练中，虽然其应试技巧获得了提升，但由于学习的内容只集中于部分学科知识，所以往往使其难以理解复杂的自然社会现象和问题。而这当中又隐藏着一个需要进一步厘清的问题是：学校教育在培养人的过程中，其所传授的理论知识缺乏与社会生产生活连接的原因到底是什么？

首先，学校教育培养人最大的特点和优势之一在于系统地向学生传授文化知识，学生所获得的知识虽然是间接的，但这恰恰弥补了学生生命时空经验的有限性。可以利用学校传授的理论课程知识来获得对社会、世界的"想象"，虽然这种"想象"没有直接与生活经验融合，但可以开启学生的认知思维能力发展，为他们理解与分析社会生活的推理判断能力提供理论素材。然而，长期以来的学校教育缩减了系统的理论知识和课程内容，更多地让学生只学与升学考试有关的学科课程，这就难免造成学生认识和解决社会问题时的理论观点不切实际。因为影响或形成社会问题的因素是结构性的，这就要求学校提供的理论知识也应是综合的，只有学生获得了系统全面的关于自然地理、社会历史、科学技术等方面的综合知识，他们走进自然社会环境中的时候对各种事物或问题才能有自我的预见，并能在具备了综合的理论知识基础上，对自然社会现象和问题进行思考。所以，学校教育在对人的培养过程中，要为学生提供多元综合的课程内容，把自然、社会、人文科学知识融入课程体系中，而且须将之视为培养学生的重要教育内容，且根据培养学生分析和解决问题的能力来组织和利用多元综合知识。

其次，学校教育在为学生提供多元综合课程之外，要考虑如何确保知识学习是有效的？也就是学生既能够获得多元知识，又能把其内化为自我的能力素质，这就涉及教育教学形式、方法问题。长期以来，学校教育教学的形式是重文本讲授，师生都按照同样的标准来认知理解课程内容，其在教学任务的执行和完成上虽表现得计划有序，但往往不是人与人之间的交往互动。这显然有悖于教育培养人的实践活动之宗旨，即学校教育是作为教育者的教师对作为学习者的学生的培养，是主体围绕课程理论知识展开交往互动，开启学生生命的过程。因此，学校在进行课程知识的教学过程中，以问题探讨为主要教学形式，师生各自以自我文化生活经验为基础进行分析和交流，从而实现理论知识与主体生命经验的交融，拓展和深化各自的认知理解，如此才能较好地实现学校教育的"活化"，让知识真正地内化到学生生命能力之中。

第三章　学校教育要破除学生成长的制约

学校教育如何才能更好地培养人？除了把既有的知识和规范传授给学生之外，还须激发学生的生命潜力，帮其确立起良好的自我认同，形成学、思、行相统一的自觉，破除来自外界环境的各种束缚和制约，切实促进学生身心和谐发展。

一、学校要破除名利等级观念，积极倡导"仁爱好学"的价值取向

学校教育在培养人的过程中，一个很重要的方面是要让学生学会合作、沟通，不把同学和他人当成敌人相互提防，不把学习变为一件争名利的事情。这问题看似很小，却能折射出当下诸多制约学生健康成长的教育弊病。学校常常以"模范生"为标准来与所谓的后进生比较，在这种"以己所长比人之短"的教育方式下，学生渴望权力、名利等观念逐步形成，加之学校、教师和父母要求孩子比别人要"强"的"奖励性"强化，他们形成了学习和生活要"超人"的心理，并以自己特有的方式来追求或表达"存在感"，同学之间的"争斗"便在所难免。

为了促进学生身心健康发展，学校教育实践务必要破除名利等级观念对学生学习的制约，让学校教育回归到激发学生生命潜力、培育学生良好品性的价值取向上来。学校要积极倡导"仁爱好学"的道德实践，让师生围绕生命、生活、自然、社会等方面的问题展开知识教学、交流对话，让学生在校园这一浓缩的"社会"中去学习了解人类社会发展所面临的矛盾问题，将天真、激情、好动投入充满科学性与人文性的教育资源探究中去。同时，学校

要营造公平、正义、诚信、友善的校园文化，让学生在相互合作的氛围中获取知识、训练思维、感受友谊，去除"争名夺利"的压力，把学习变为一种自觉，促使学生真正对学习产生兴趣、对同学产生亲切感、对学校生活产生依恋。

二、学校要破除知识应试观念，确立"成人成己"的宗旨

长期以来，重考试、重成绩、重升学等观念意识根深蒂固，学生的学习重心都在听好课、做好笔记、完成作业、巩固练习等环节上，其目的无外乎是学生能以优异的成绩升学。在这种观念下，最为典型的社会现象是为了"不让孩子输在起跑线上"，为了让孩子进入重点学校，催生了所谓的"学区房""培训班"等教育经济产业，美其名曰"一切都围绕着孩子的成才"。可以说，在知识应试和成才导向下，学生的学习时间不断被延长，诸如体育锻炼、音乐欣赏、活动游戏、自然与社会实践体验等时间不断被压缩，还要承受考试成绩要超过其他同学的负担，心理压力大。为了培养身心健康和谐的学生，学校理应破除长期以来捆绑学生、家庭和学校的应试观念，使学校教育回归到促使学生变得更好的宗旨上来，让每一个学生的潜力和个性获得最大限度的发挥，成为最好的自己。学校是立德树人的场域，要通过多元开放的教学内容、方法、评价管理的设计和运用，为每个学生提供良好的教育服务，使他们有更多展现自我的机会，通过自我个性的表现获得成就感和力量感。要实现学生全面个性的发展，就要使学生在获得多元综合的知识、素质与能力的基础上，解决好人与自然、社会之间的矛盾关系，解决好自我认同问题，从而充分发掘自身禀赋与资源基础，实现更好的发展。

三、学校要破除权威支配观念，构建"自由民主"的交往规范

教育的本质是培养人的实践活动，教师、学生共同完成教育教学过程，这其中便涉及一个问题，即作为主体的教师、学生要构建什么样的交往关系

才能更好地促进学生的发展？现实中，学校"权威支配"的地位是客观存在的，它既受到成人观念价值、社会权力等级的影响，也与学校评价管理制度的绩效量化相关。在父母看来，孩子小不懂事，理应听从父母的安排，这种思维延伸到学校，则是学生必须服从老师的要求。做到在家是父母的好孩子、在校是老师的好学生。而所谓的"好"，则是学生需要严格遵守并认真完成父母和老师提出的学习要求，这也是当下众多中小学校教育教学过程中主体关系的真实写照，其所产生的负面影响也日益被人们所意识到，诸如学生的创造力和行动实践能力是薄弱的。究其原因，学生在"权威支配"的教育教学交往中，他们的主体性不断被老师、父母指定的"目标"和严格要求所遮盖，自我意识在面对学习的疑惑、选择的两难时往往被老师和家长的"决定"所取代，进而形成了按部就班地完成逐级升学考试的学习倾向。

当然，学生应试成绩可以经由学校和老师的高压要求和训练而有所起色，但对于学生的学习兴趣、学习动力以及身心健康发展是不利的，而这些恰恰又是学生发展至关重要的基础。学生只有热爱学习、保持好奇心、勇于突破创新，才能真正成为一个不断战胜和超越自我的生命主体。为此，学校在教育教学中确立"自由民主"的交往规范至为重要。师生共同体围绕着课程知识内容而展开积极的沟通对话，结合各自生活、社会和文化经验对课程知识进行交流探讨，真正将课程知识激活，有效地实现知识的"活学"与"活用"。在这种交往规范下，教师要善于和乐于倾听学生的心声，引导学生更好地处理权利与责任、个人与集体之间的关系，在自由民主的氛围中促进学生的身心和谐发展；学生要在不断与外界环境发生关系的基础上自觉地学习和反思，理性地解决各种矛盾、难题，在与他人的沟通与合作中不断提升自我、实现自我价值。

第四章　成长中的问题：学校立德树人的着眼点

学校的根本任务是立德树人，通过有效发挥自身教育优势促使学生身心获得积极的发展与转变，在知识、情感、意志、行为上形成良好的自我认同，拥有乐学好思、仁爱和善、合作进取、创新求真的品质和能力，在学习和生活中不断超越自我。那么，学校如何落实好立德树人根本任务？其着眼点在哪里？这是学校进行教育教学实践所必须要明确的，否则，立德树人根本任务就会发生偏向和异化，进而不利于学生的全面发展。学校为了更好地落实立德树人根本任务，其着眼点是学生学习成长中的问题。从这里入手，有针对性地基于学生遭遇的矛盾困境，因材施教，不断让学生解放、成就自我，从不完美走向完美。

一、求知中育兴趣：学校教育教学的价值取向

学校应是一个令人向往的地方，它能确保不同地域、民族和文化背景下的适龄儿童都能接受优质公平的教育，为他们提供专业的师资、丰富的学习资源、系统有组织的管理、优美且充满人文气息的校园环境。无论是父母还是孩子，对学校最朴素、最原始的认知和情感都是美好的，"一所学校，不仅要对学生的成长负责，更要为学生的幸福人生奠基，学校还承担着重要的社会责任，要自觉地服务于一个自由、开放、民主、文明的社会的建设"[1]。

这就要求作为教书育人主阵地的学校课堂教学要遵循教育规律，不能将教学定位于单纯的知识传递上，甚至将其演化为分数的角逐，让学生把教学

---

[1]　肖川.学校，用什么来吸引学生［M］.北京：北京师范大学出版社，2015：3.

异化为追逐名利的工具手段。这可以说是学校教学中的常态，并随着当下人们对优质教育资源的需求和竞争的激烈而越发凸显，"最终剥夺了学生的质疑、判断和批判性思维的能力"[1]。无疑，学校要发挥好课堂这一主阵地的育人功能，切实把立德树人根本任务融入其中，学校教学就要确立在求知中育兴趣的价值取向，结合案例教学、实际调查、实验操作等贴近生活的教学活动激发学生的求知欲，让学生在掌握知识原理的基础上，能够将知识内化，真正感受到知识就是力量，从而激发其好学求知的欲望和兴趣。当然，学校教学在处理学生求知与兴趣培育的统一关系上，要注重学生好奇、好动的心理和行为特征，突出知识教学的学做合一，让学生形成良好的学习方法和思维习惯，不停留于课堂教学过程的趣味性、故事性，而是让学生在掌握知识与理论的基础上形成科学的学习方法和态度，将求知和学习变成探索自然宇宙、社会人生的一种基本状态。

二、省思中育美善：学校德育的品质引领

学校教育的对象是学生，其生命成长是个动态发展的过程，这与内聚在学生身上的人性特征关联密切，包括学生在内的社会成员皆有的自私性、好奇心，它们成为人类主体与外在环境发生交往关系中的动力，推动人们为满足自我身心发展需求而开展实践行动。因此，在接受教育的过程中，学生作为具有人性特征的生命存在，由于受各种刺激的影响，他们人性中的自私、好奇心会驱使其追逐本我，遵循自我中心原则。如果缺少有效地启蒙和引导，学生没有学会反思，就会在学习生活中犯错，在言行上出现各种与规范相背离的情况。换言之，具有类特征的学生不是一个完美的生命主体，不同个体人性中的潜能发展在性质和水平上因出生和成长环境的不同而不同，但又因人性中具有的意识能动性使得相互之间可以共同学习、理解，并能在良好的教育刺激和引导下达成对真善美价值的认同和追求。

---

[1] 程平源.中国教育问题调查［M］.北京：清华大学出版社，2013：140.

学生是一个发展中的生命主体，其生命在发展中必然会有瑕疵，而对这些瑕疵进行修补，促使他们的生命转向对真善美价值的追求上来，正是教育的意义和魅力所在。"教育的基本道理并不复杂，其主要使命就是提供一个良好的环境，使受教育者固有的人性特质得到健康的生长，成为人性健全的人。这本来是一个常识，我们所需要做的只是听从常识的指引，实践这个常识。令人震惊的是，我们的教育在做着与常识相反的事情，这么多的家长和老师在做着与常识相反的事情，而大家似乎都停不下来，被一种莫名的力量推着继续朝前走"[1]。因此，学校在落实立德树人根本任务过程中，要有效发挥出德育的价值，而不能仅拘囿于单一的德育理论课程和文本教学，要把德育贯穿、渗透于学校教学的各个环节之中，立足于学生所遭遇的矛盾问题来展开化育过程，就其学习和生活中发生的具体事件进行交流沟通和启发引导。学校德育是人之生命的教育，教育者既要让学生明确基本的价值规范，形成正确的道德认知，更要在德育的过程中宽容、理解学生成长中的问题。唯有教育者正视学生成长中存在的问题，不因其言行规范偏离了标准、学习成绩不够理想、性格内向不合群而随意给学生贴标签。不能只关注学习成绩好的学生，而忽视了教育公平、放弃了教师的公正。教育不能遮蔽人的完整性，教师应对学生的思想动态进行深入的了解，如果少了对学生内心的倾听，那么学校德育必定是空洞的。德育不能只关注客观的理论实体，过滤了学生真实的学习生活，灌输式的德育必然难以实现对学生的转化。育人先正己，教师在引导学生的同时，更要正己修身，用自身榜样的力量引领学生、与学生耐心细致的交流、师生间相互宽容、理解和激励。所以，学校德育的实践是以人为本的，是让学生成为不断超越自我的生命主体的。要结合学生自身的学习问题来引导，而不是以外在的道德标准来要求学生，理应让学生成为通过学习和反思不断超越自我的生命主体。

[1]　周国平.让教育回归人性［M］.武汉：长江文艺出版社，2017：17.

三、规范中育个性：学校管理模式的新要求

学校教育的对象是学生，不同学生个体接受学校教育后，都应获得良好的发展。唯有如此，才能说学校教育是有质量的。这也就意味着学校在教育教学中务必要处理好学生发展的规范与个性问题。让每一个接受教育的学生能够学习、理解和掌握人类创造的文明经验智慧，包括传统的与现代的，成为能够继承和发扬优秀传统文化，汲取时代精神的公民，这是面向所有学生的，具有普遍性。正如王国维所言："教育之宗旨何在？在使人为完全之人物而已。何谓完全之人物？谓人之能力无不发达且调和是也。人之能力分为内外二者：一曰身体之能力，一曰精神之能力。发达其身体而萎缩其精神，或发达其精神而罢蔽其身体，皆非所谓完全者也。完全之人物，精神与身体不可不为调和发达。""知情意三者并行而得渐达真善美之理想，又加以身体之训练，斯得为完全之人物，而教育之能事毕矣。"[1] 也就是说，学校要发挥促进教育对象身心协调统一之宗旨，使其不断趋于发展上的"完全"。但就学生个体而言，其接受学校教育以达成"完全"要求之余，学生又是个体化的存在，与他者之间的差异不能因接受教育而消失，否则教育则变成了一种"制品"加工，把所有的学生都变成一个"标准件"，从而抹杀了学生的个性发展。

因此，学校要落实好立德树人根本任务，在教育教学内容上为学生提供有益于全面发展的丰富资源之外，也要在管理评价上为学生个性的彰显营造良好的环境，改变过往一切以考试分数为标准的管理评价方式。"以升学率的高低来检验学校的教育质量、教师的工作成绩以及学生学业水平的教育模式，限制了学生能力的充分发挥，被动地学习，培养的学生难以适应工作和社会发展"，"学校成为按一个模子改造人的'教育机器'。人的个性发展未能受到应有的重视，而且传统的应试教育极易助长学校教育中的管理主义和权利主义倾向，对培养和丰富学生的个性十分不利"[2]。要改变这种状态，应使学校

---

[1] 杨斌.什么是真正的教育 [M].福州：福建教育出版社，2010：46.

[2] 罗崇敏.教育的价值 [M].北京：人民出版社，2012：19.

管理评价的标准从应试分数中摆脱出来，从教学内容、教学方法、教学成效等各方面凸显"知与行""学与做"的统一，以问题为导向，注重学生分析问题的发散和辩证思维培养，通过给学生提供多元丰富的学习资源来夯实学生的跨学科知识基础，避免当前在应试标准下，学校只以升学考试、知识讲授和解题训练为重，造成学生知识的片面性和刻板性，毕竟现实生活和社会中的问题往往是综合性的，学生获得的相对狭窄的知识内容无法支撑起其对复杂社会和生活问题的深入系统分析和有效解决，这也是为何人们长期以来批评学校教育理论与实践脱节、学生实践和创新能力不足的重要原因。

四、竞争中育合作：学校文化的公共精神陶冶

学校教育对人的培养是全过程、全方位的，更应该是全员的。学校所有的教职员工自身就是一种教育力量，其共同形成的教育榜样会春风化雨般影响学生的心灵世界。从学校办学价值理念、教育信念、管理科学化和人本化组合孕育而成的校园文化而言，只有学校形成一种自由民主、进取合作的教育教学风气，积极对学生精神进行陶冶，才能更好地发挥好教育作为培养人的实践活动之本质，将立德树人之教育根本融化在对学生个体具体的教育实践中，以一个具有社会责任担当的不断推动社会文明进步的社会主义接班人的形象立身行事。为此，学校教育在培养人的过程中，要将人的发展与社会主义现代化建设紧密联系起来，注重学生素质能力发展对社会的适应、调节和引领作用。

当前，学校教育有必要在培养人的过程中处理好竞争与合作的关系。随着社会生产力和科学技术的提升，人们生活的独立性不断增强，其权利意识也日益凸显，无疑这是人类社会发展的一种进步，但在人们权利意识和生活独立获得发展之余，往往陷入诸如精致利己主义的泥淖中。人们的生活虽然越来越富裕，可心灵的距离越来越远，以往文化传统中的心诚、重道、仁和等精神不再是人们崇尚的品质，金钱、权力反而成了左右人们行动的基本原则，使得社会发展呈现出竞争有余、合作不足的局面，为了金钱和权力而不

计后果，甚至以身试法，最终害人又害己。因此，为了避免和消解不良竞争，让人们在公正、公平、和谐的环境中创造美好生活，作为培养未来社会主人的学校教育要做好学生公共精神的培养，让学生形成遵纪守法的自觉意识和行为习惯，使学生养成严于律己、宽以待人的良好品格。学校教育要科学把握学生人性，利用以往教育学发展和研究所取得的成果来指导教育实践，在情感态度上呵护、激励学生，在教育教学内容上提供多元宽厚的知识基础，在教育教学过程中形成交互、敞开式的讨论、分析和研究，在教学管理中注重对自由和个性的尊重、引导和转化，积极培养学生进取、合作、创新的精神品质，在学习和生活中讲究公共秩序和社会道德，善于向他人学习，不断超越自我。

第五章　当前师德建设"虚无"的成因审视

　　师德虽因"师德失范"个案的发生而一时会受到人们的热议或探讨，但其在教育方面却具有深远意义，唯有教师队伍形成不断提升自我品德修养、履行教书育人的行为自觉，方能安心投身教育事业。为此，一个切实可行的路径是还原师德建设的教育学属性，依靠改善孕育师德生长的教育环境来摆脱困境。

一、师德观念认知的"工具化"

　　无论时代如何变迁，人们对教师的要求或对教师的印象是美好、神圣的，认为教师是"人之模范""灵魂的工程师""太阳底下最光辉的职业"。关于对教师职业形象的认识，人们有着一种思维定式，就是将其视为道德化身，且常常以理所当然的心态视之。而与此不同的是，当下现实生活中人们对教师形象还存在着一种功利性认知，即以教师经济收入或社会地位的"低弱"而将其视为"平庸者"，如"教书匠""孩子王""臭老九"等。其实，关于教师师德的认识，无论是将其崇高化的习惯性心理，还是将其贬损化的功利思维，都凸显出社会成员对师德认知的"工具化"倾向，具体反映在两大方面：一是，传统的"师道"价值延续，教师过去一直是社会文明的传播者，在知识方面是权威，其社会地位位于"天地君亲师"之列，因此，传统社会中教师是社会道德、文明的化身，其价值的重心更多地体现在对"道统"的传承上，承担着"传道"的重要使命，而这一传统价值如今依然是社会大众普遍的认知，是影响人们评定教师品德的潜在因素；二是，当代"教育为经济发展服务"的思路，新中国成立后尤其是改革开放以后，教育方针不断凸显促进经济建设的功能，衡量教育成功与否的主要依据是教育于国家、家庭、个人是否会有经济回报，只要此目的得以实现，教育便是有效的，教师就功不可没，然而与此对立的是，教育虽然在国家政策或人们的口中获得了"百年大计，教育为本""振兴民族社会发展基石"的荣誉，可实际上教育恰恰没有成为社会发展的重心，经济、工业、科技、城市化建设风起云涌，而教育从投入到产出都处于弱势地位，且日益滑坡，随同这种颓态的是人们对教育的热情和教师的信心降低了，因为教育的经济功用性衰退，人们自然弱化了对教师价值的认可。

总之，在如何看待教师师德问题上，人们的思想观念明显有了工具化的倾向，对师德的品评也往往从工具属性加以立论。具体表现为，传统文化中教师是社会正统思想的代言人，其"传道授业解惑"是面向全体社会成员，即教师是"道"的形象，在一定意义上扮演着"正义"的角色。然而，这种思想一旦遭遇了当下应试教育横行、社会阶层流通渠道封闭的现代化，"尊师重道"的传统无疑在以金钱、名利为重心的工具支配中败下阵来，虽然各种文章仍冠以教师崇高的地位，但其社会地位不断下降的现实是不言而喻的，教师的师德就在这种工具化思潮中被利用和扭曲了。[1]

二、师德规范标准的"捆绑化"

师德有其自身特有的属性，其内涵兼顾了两个方面：其一是教师的职业规范，如同公务员、医生都有自我职业的规范要求；其二是道德讲求向善，提倡彰显"人性善"，旨在升华人的境界。[2]因此，我们在谈论师德或提出师德内容规范标准过程中，需要以教师职业为出发点，以发扬教育过程中教师人性善的充盈为宗旨。但现实中，师德建设往往与此背道而驰，各种师德内容规范或标准是对教师发展的一种道德"捆绑"，使其在一种负担和压力下

[1] 王自贵，郑艳.社会变迁下的高校师德困境及应对策略[J].重庆广播电视大学学报，2010（1）：9-12.
[2] 吴国友.师德信仰：高校师德建设的几点思考[J].高教论坛，2013（4）：3-5.

喘息。

首先，师德"滑坡"的"真假追问"。毋庸置疑，与师德"失范"同步出现的，还有许多行业的道德问题，如食品安全等。换言之，如果教师道德真的滑坡了，那也是整个社会道德沉沦的一个缩影。另外，个案的师德"失范"行为虽应受到批判，但用个别推断全体的方式来谈论师德整体"滑坡"是不周全的。而且，许多时候社会流行的师德"滑坡"之谈往往会落入"本体主义"的思维窠臼，认为教师师德是一个不变的"实体"，与此"实体"不符的"言谈行为"都得否定。显然，这种对于师德的思考方式是危险的，毕竟承载师德的教育时空环境从过去到现在有了许多的变化，比如教育目的、教育内容、教育方法、教师观、学生观等，因而师德在某些方面发生变化是正常的，它体现出的是社会、教育问题的复杂性，而不单单是"师德优劣"问题。[1]

其次，师德因应试教育而"作茧自缚"。师德问题背后涉及的影响因素是多元的，其建设或发展过程中会受到诸如学生、家长及整个社会的影响，如随着高校招生的日益扩大，教育系统不断膨胀虚浮，高等教育中大学生人数不断增加、专业类型不断在细化增多，而与之对应的是教师的课题、科研数量要求也在增多，所有这些，共同将学校推向追求"升格或排名"之路上，而忘却了学校最重要的工作之一是提升教学质量和办学水平。高等教育之外，高中、初中、小学、学前教育也将升入重点学校作为唯一目标，为将来的高考进行各种"军备竞赛"，从而给学生、教师、学校身上"绞上"了一条不可挣脱的铁镣。可以说，如此教育体制下的教师变成了一个工具，一个制造分数的工具。教师和学生围绕着学习而展开的心灵交流活动消失，代之以的是分数或成绩的刚性规定，新晋作为教师优秀与否的评判标准，师德的内涵在应试教育体制中变得单一而僵化。

---

[1]　谢晓晖，谢金全.大学师德建设的三维视角：需求理论、学校和教师［J］.沧桑，2013（1）：106-108.

三、师德评价监控的"行政化"

孕育师德生长的时空主要是学校教育教学场域，依托"活"的师生教学交往生境来构建，那种通过独立于师生之外的行政指标体系来建设师德的方式，往往造成了教师言行的机械、被动、投机取巧，有损于师德的健康发展。

首先，师德评价监控的"政绩性"和"学术性"。从高校到中小学，衡量一所学校、一个教师优秀与否，其标准主要由教育行政部门制定，反映在学校升学率和学生考试成绩上，只要学校升学率攀升、学生升学考试成绩突出，则学校和教师就被贴上了表现优异、业务精干的标签。因此，在"行政化"教育教学管理之下，教师师德的丰富性僵化了，其发展被教育行政部门划定的各种硬性指标所挤压，教师不得不通过各种努力来提高自己的"量化指标"。而教师的体现教育规律的育人活动被行政部门视为不务正业、不符合主流。显然，评价师德的行政化思维已然背离了教育宗旨，破坏了师德蕴蓄生发的环境。如果师德只是一个具体的分数，那么这种"虚无"的师德将对教育造成巨大的伤害，教育也将变成没有灵魂的"技术活动"，教师则缺乏育人的自觉而成为社会"平庸恶"的制造者，在教育教学过程中真善美、正义、自由、民主等人类社会的文明基础都不会得到关注，以技术理性来教导学生如何适应社会反而成了"主流价值"。[1]

其次，师德评价监控的"红线"设立。对教师师德发展的"行政化"干预，还表现在师德"红线"的"警戒"上，其表现形式"灵活多样"：其一，师德教育的"突击性宣讲"，当社会生活中发生重大事件或召开重要会议时，学校就及时向老师传达事件或会议精神，要求教师在教育教学及生活中贯彻各种会议思想和条文规定，这种选择是必要的，然而这种临时性思想政治要求是一种"宣传"而非教育[2]，并不能把此当成师德教育方式或组成部分；其二，各种针对师德的法律、法规的"立与禁"，有所谓师德的"一票否决"制。不可否认，教师因职业的特殊性有相应的师德规范，但师德规范不能取代了

---

[1] 方朝晖.反思教师失德现象［N］.东方早报，2013-9-26（A23）.

[2] 潘乃谷，潘乃和.潘光旦教育文存［M］.北京：人民出版社，2002：184.

教育真谛，因为教师在培养学生的独立个性过程中，必须以一种真实、开放的教育教学环境为基础，而非用"唯一正确"来培养思想上有"统一性、标准性"的"学生制品"。因此，师德"红线"在某些方面与教育本质是违背的，作为教师，传授真知、质疑谬误、抵制不义等是天职，独立思考并表达思想是他们应有的权利和义务，所以，师德"红线"的零容忍管理其实是给教师思想自由戴上了一道"紧箍圈"[1]。

四、师德建设的"教育学化"

综上所述，师德建设要行之有效，单纯通过教师个体"行为异端"发生后的道德说教或权力干涉，只会形成教师"被迫服从或虚假表现"，难以生成对良好德行的自觉追求。因此，师德建设需要另寻他途，通过还原师德自身的教育学属性，在看到政治、经济、文化等因变量对其影响之余，注重道德"向善"和教育"育人"结合来提升师德的水平和境界。

首先，要回归教育本质，教师坚守"教育之道"。教育的本质是培养人的活动，其目的是培养一个健全的生命个体。一个优秀的教师不在于其承担了多少的教学工作量，或有多少学生获取考试成绩的高分，而在于自身要有"解放性"的教育思想和价值取向，将学生视为一个在人格上与自己平等的对象，充分尊重学生的生命整体，包括其身心的健康发展。在此基础上，教师理应向学生提供多元开放的教育学习内容，涉及人与自然、人与社会、人与自我发展等方面，绝非"自戕"于现行的升学考试内容。并且，对知识的教学应采取一种探究式的方法，鼓励学生的自我思考和表达，培养其自由独立的精神个性。总之，师德建设更重要的表现是在育人上，教师要从理念、目的、内容、方法等方面坚守教育的真谛，这才是师德"向善"之本。如果一个老师，身处教育之中而行非教育之实，还奢谈何"师德"。[2]

---

[1]　冷向洋.师德红线是错位行为［EB/OL］.（2013-06-19）［2014-04-06］.http://www.21ccom.net/articles/dlpl/shpl/2013/0619/85897.html.

[2]　朱广兵.师德自我建构的困境与对策［J］.基础教育研究，2013（4）：16-19.

其次，要强化社会成员对普世价值的信仰。当下社会价值呈多元化趋势，不同社会阶层、成员在道德标准上存在着一定的殊异，如果从尊重文化个性的角度来看，不同文化背景下的人们有自我的道德价值选择是可以理解的。然而，这种多元的道德价值选择如果走向一种极端的相对主义，就会使道德价值滑入虚无主义的泥淖中。事实上，当下存在的一个严重问题就是社会成员之间没有一个普遍的价值信仰，人们热衷于技术、金钱、名利的追逐，在所谓的"个性张扬"中被物欲所吞没，其"精神家园"没有着落，甚至为了一己之私而践踏法律、丧失人性。可以说，在一个缺乏信仰的社会背景下，师德要达到一个较高水平的理想是不切实际的，毕竟师德不是在真空中存在，师德面对的是如何在教育教学过程中弘扬"真善美"、抵制"假丑恶"。可在"真善美"变得稀缺、"假丑恶"习以为常的社会中，师德的"自立自强"难免会失去坚实的环境依托。因此，要提升师德水平，发挥师德对学生心灵、社会风气的"率导"价值，一个基本的前提或基础就是社会全体成员要在正义、公平、自由、诚信、仁爱等普世价值上有着共同信仰，教师在教育教学中才可能成为"道德"的引领者和塑造者。

最后，要重塑社会对教育、学校的信心。师德之所以受到人们诟病，并非整个教师群体存有道德瑕疵之故，更重要的在于人们对学校和教育失去了信心，认为现在的学校和教育是失败的、无用的、有问题的，在这样的价值思维下，学校和教育代言人的教师一旦有"出格"言行，自然难逃社会成员对其进行"审判"。因此，师德建设过程中需要有一个重视教育的良好环境，只有社会成员切身感受到了教育的价值，并认同教育的价值，才能尊重教育、尊重教师，形成尊师重教的风气，从而为良好师德的孕育提供最为坚实的社会基础，使得教师在受人敬重的环境中关注和追求自我道德修养的提升，不断铸就与"尊师重教"社会氛围相配的高尚品质。

第六章　如何走出道德教育的脆弱性？

道德教育为何是脆弱的？何以调节人与人、人与社会、人与自然关系的价值准则和规范未能内化为人们集知、情、意、行于一体的道德品质？一个最为根本的原因在于实践中的道德教育是实体化的，往往被简化为专门任务式的道德教育课程、文本、活动，用以完成对教育对象道德品质的培养，这无疑僵化和阻碍了教育的灵动和自由。

从内容而言，一切有利于人性真善美提升的人和事物皆应成为教育组成部分，它们是一种"活的教育"存在；从目的而言，教育是人的物质生命和精神生命的整合协调与全面发展。因此，教育自身就内含着对人的良好德性修养的诉求。如果说一定要凸显道德教育，那仅仅是为了强调道德在人发展中的重要作用，并非是想将对象化的道德教育从教育中脱离出来。如果试图将道德教育从教育中抽离，势必会把教育分割异化而适得其反。因此，道德教育要走出脆弱性困局，必须回归和遵循教育本质，以培养人的素质能力全面协调发展为导向，实现生命在"能力成事"和"道德成人"上的统一，从而推动人类社会生产生活的文明和谐。

一、从物本到人本：道德教育的价值转向

道德教育是以人为中心的，其意义在于让人占有人之本质，而非成为一种物质性的存在。当然，从为了更好地培养社会成员的良好品质的角度而言，很多道德教育活动的初衷无疑是好的，它们都有良善的价值追求，希望通过活动的开展实现对社会成员身心的淘洗或精神境界的提升。诸如，英雄模范学习活动、爱国主义基地参观活动、社会公益实践活动等，这些活动本身是

有益的，同时对参与者的身心也能起到积极的影响作用，但从活动对于人的道德品质塑造来看却是非连续性的、流于感受式的，它并未真正融入社会成员的生命意识和实践行动之中，其原因在于道德教育活动的主体双方都将其作为一项需要执行的任务来对待，虽然参与者都按照各种要求积极完成该项学习活动，甚至用"计量"的手段对活动进行质量评价，但正是因为这种"物化"的道德教育方式使得作为教育中心的"人"不见了，人被活动任务所取代，人们更注重的是举办和完成了多少数量的"道德教育活动"，很少关注人自身道德品质的提升，这也是为何道德教育活动层出不穷、实际收效却不尽如人意的重要原因。因此，要使得道德教育有效，道德教育在价值意识上需要从"物本"转向"人本"，通过实施以人为本的道德教育活动来促进人的道德素养提升。

那么，何为道德教育的以人为本呢？众所周知，道德是专属于人类的特有现象，即使我们把人的本能界定为自私自利，这种自私自利也会成为一种积极的力量推动人类社会的发展，因为人类在漫长的实践中形成了对共同规范和行为准则的遵守。若离开了道德的规约和指引，就会生成丛林法则、出现恃强凌弱的社会乱象，使社会成员生活于混乱和危险之中。所以，道德教育从"物本"转向"人本"的目的在于要使人能够占有自己的本质，让人的理智受道德的指引从而服务于人，不能把理智化为欲望、等级、权力、控制等破坏性力量，让人异化为纯粹式的动物性存在。而要实现人因接受道德教育变得更为人性化，须在道德教育过程中坚持以人为本，充分尊重人的自由意志，确保人的实践行动是在自我意志的驱使下完成的，并且依靠理性的权衡做出抉择，唯其如此，道德教育才能实现人本化。每个个体在自由意志的支配下进行交往，进而逐渐认同有利于所有人的规范、原则，这种认同是一种自觉的生命实践，不同于没有自由意志支配的道德灌输。没有意志自由的道德灌输虽然整齐划一、高效快速，但难以真正使道德规范和原则内化于心、外化于行。

二、从超越到自我：道德教育的目的转型

道德教育的目的是让人认识自己，让人能够以道德自律来规范生命，使自我身心处于和谐之中，这就意味着道德教育不是为了让人成为名人。虽不能否认名人身上具有某些值得学习的宝贵品质，但道德教育显然不是为了使教育对象变为名人，因为所谓的名人本身并不能代表道德自身，真正的道德是一个人在处理人与自然、人与社会、人与人关系上始终以体现着真善美的行为规范、原则来行事，不会为了名利而违背这些规范和原则。现实社会生活中人们之所以肯定名人，更多的是因为对其身份地位的一种艳羡，而非是对其德行的认同，而这恰恰也折射出当下社会成员道德发展的紊乱：一方面，人们希望自己成为名利的拥有者，为了让生活变得更好，人们不顾道德规范乃至法律去追逐，不把道德视为做人之根本；另一方面，人们又希望他人对自己是道德的，当自己身处困境时都想得到他人的援助。之所以造成这种状况，与长期以来道德教育的超越性不无关系，人们在激烈的竞争或攀比中逐渐迷失自我。具体来说，道德教育的超越性是指人们在生活中形成了争当"最强、最好"的思维意识和价值心理，家庭、学校、社会都在灌输着"强者为王败者寇"的成功学思想。

从家庭来看，每个孩子都熟悉父母的反复告诫——要好好学习以改变家庭命运，孩子从小就背负起出人头地的重担；从学校来看，做学习成绩上的"第一"是学校评价好学生的重要乃至唯一尺度，学生们铆足劲头在分数上斤斤计较；从社会来看，流行的是谁的官大、谁的钱多、谁的车好的攀比之风，各行各业的人都在努力拼搏着，尽可能使自己在比较中胜出来获取满足感。可以说，在这种"超越性"道德教育之下，无论是成功者还是失败者，所有的人都是受害者，成功者在权力、金钱的光环下趾高气扬、盛气凌人，而失败者在差距面前会"耿耿于怀"，双方都会以一种负面的状态来与他人交往，当然，这种负面状态更多的时候是潜在的，只在特定时空下才会以破坏性的行为表现出来。所以，当前道德教育有必要从超越性中摆脱出来，回归到对自我的确认上，以做一个有德性的人作为道德教育的目的，让个体本着

踏实做人、认真做事的态度去面对生活，在成就事业的同时成就人生，如此才能使生命变得有意义。

三、从知识到生活：道德教育的内容要求

道德教育以人为对象，其所要达成的结果是社会成员能够以德立身，这一过程必须以人们的生活为依托，并以融入生活的形式来完成，而不能仅仅依靠既定的道德规范和原则的指令、观点、文本来认知掌握，这是因为作为理论的道德知识虽然能够为人们的行为提供方向和指导，但不经生命内化的道德知识必然是虚空的，人们凭借认知能力可以实现对道德规则的认识和诠释，能不能转化为道德行动却是另一回事。许多时候，人们会基于自身利益的考虑主动放弃已经掌握的道德知识，其行为实践会背离道德认知甚至反其道而行之。之所以出现这种现象，是因为道德认知无法直接指挥道德实践，任何一项道德行为的发生都是在道德情感与意志双层支配下的具体行动。因此，一个人在知识方面有再多丰富的道德理论储备，也不意味他能够将道德理论践行在自己的生活中。常见的"理论上的巨人，行动上的矮子""说一套、做一套"的现象，其原因就在于道德知识并未真正内化于人的生活之中，这样的道德知识还不足以构成一个人的道德素质或能力。唯有自己在与他人交往的基础上形成的规范、原则能得到自己的认同，并自觉地化为道德实践。

因此，道德教育需要融入生活，让教育对象以主体的身份参与交往实践，在和其他主体一同解决问题的过程中达成有益于共同利益的道德共识，道德共识达成的过程就是主体知行合一的过程。主体对道德规范的认知是在自我意志和情感的起伏、控制、调节之下完成的，同时它又是建立在行动实践之上的，并非是人们对已然存在的道德知识的机械执行。换言之，社会主体在行动实践中生成的道德认识，会直接作为方法、信念来发动主体做出和道德认知相一致的行为，真正实现道德认知、情感、意志、行为的一体化。然而，这是否意味着道德教育只能在社会实践中完成呢？答案是否定的，即使社会实践在一定程度上能起到影响主体身心发展的作用，但毕竟教育不直接等同

于社会实践活动，社会实践活动是真实、具体、流变的，而道德教育是可控、可重复、可预设的，这就要求道德教育回归生活要注意两个方面：一方面，可利用社会生活中的道德事件，让主体对问题自由展开探讨、交流，在思想、经验的互动过程中确立一致认同的价值规范和行动准则；另一方面，道德教育要正视生活中的道德困境，使人直面这些困境，抒发其真实感受，在和其他主体交流中加以释疑，并在此过程中辅之以正面的道德人物和事件作为激发、引导主体转向正性的力量。总之，当前道德教育在内容、形式上要从"知识"回归"生活"，实现道德教育在知行关系上的统一，以培养社会主体良好的道德品质。

四、从单一到互补：道德教育的法治保障

道德具有稳定性与可变性的双重特征。稳定性是指存在着人类历史积淀的、超越时空、体现人类共同价值的道德原则和规范，比如自由、平等、公正等。可变性是指道德会受到社会经济关系的影响，随着生产力的发展和生活水平的提升，人们在处理人与自然、人与社会、人与人关系的规则中会有所变化，比如现代社会中个性的彰显、价值观多元化。道德的稳定性和可变性是相统一的，可变性是遵循了稳定性的结果，稳定性也需要可变性的继承，二者共同反映了人类社会发展离不开道德这一稳压器的重要作用。因此，道德教育在任何时候都是有必要的。为什么这样说呢？虽然社会的发展需要依靠人类理性认识能力的发展来推动，通过人们对自然科学知识及其技术的掌握和运用来创造丰富的物质财富和日益便利的生活环境，但这并不是美好生活的必要条件，如果缺少了规范人类共同体福祉和个人身心协调的道德规范，作为美好生活必要条件的物质财富和便利环境反而会吞噬社会的稳定和谐与个体生命的健康，这已经被诸如战争、暴力、环境污染、疾病、犯罪等各种人类社会问题所印证。所以，道德要寻求改善，一个不可忽视的措施在于要高度重视道德教育在人类社会生活中的重大意义，须作出教育改革以切实促进社会成员形成良好道德品质。然而，要真正培养社会成员拥有良好的道德

品质，仅仅依靠教育部门和学校来进行道德教育是远远不够的，还需要良好的社会风气，因为只有在人人讲道德的社会风气中，道德教育才会有良好的社会环境，也才能够真正起到增益人们道德水平提升的价值效用。

因此，要促成社会良好道德风尚的形成，道德教育就须在实施过程中夯实作为道德发展基础的社会法治建设，唯有人们养成遵纪守法、诚实守信的生活行为习惯，才可进一步在道德教育的引领下彰显人性的真善美。众所周知，法律的作用是明确社会中哪些活动或行为是人们所不能做的，给社会或他人造成危害就要受到法律的惩处。因此，法律存在的意义在于最大限度保护社会成员的基本权利，如果整个社会成员拥有健全的法制意识，从内心对法律存在敬畏感，把依法行事当成一种信仰，那么超越于法律之上彰显人性真善美的道德才能被人们所重视。但是，从社会现实来看，生活中存在着不少践踏法律的行为，包括一些政府部门及人员的权力寻租、劣质产品黑作坊等，同时，伴随这些违法犯罪行为的是社会成员的暴戾心态，在面对问题时，人们没有讲理、宽容、谦让的态度，相反，却以争强好胜来平息事件，因此在这过程中累积了更多的仇怨，给社会埋下了安全隐患。所以，当前道德教育要从"形式"走向"自觉"，不能仅仅囿于道德愤慨或唱衰，或是进行纯粹的道德宣传与呼吁，而应从基础工作做起，把培养遵纪守法的公民作为道德教育的基本要求，只有社会成员形成尊崇法律的价值准则和依法而行的良好习惯，超乎法律之上的道德才能逐渐在社会成员身上生成，从而化育出一种文明社会应有的道德风气，这反过来又会促进社会法治建设，最终在德治和法治的并举共谐下促成社会经济和道德的双线发展。

第七章　论道德教育有效性的基础

何为道德教育的有效性？这是实施道德教育所必须要弄清的，否则，现实中道德教育实践活动虽然多，可社会道德发展现状依然在遭受诟病，人们因各种不良社会现象的发生、积习、恶化而否定和指责道德教育的脆弱性。因此，道德教育怎样才是有效的，其有效性是根据教育对象生命的不断发展来衡量，还是凭借既定的社会道德现状来评价？以及主体生命发展、社会道德现象和道德教育之间存在着什么样的关系？它们相互之间要如何联系转化，方能促进文明道德之社会风尚形成？这些问题是道德教育实践需要反思的，以避免其自身背离教育宗旨、规律和常识，甚至于发生不道德的教育过程和教育结果，引致人们将其视为难以企及的空洞说辞，或被当成各种社会问题发生的缘由的尴尬局面。

一、道德教育主体的双向交往共生

道德教育是主体生命交往的实践过程，虽然在形式上存在着教育者与学习者、实施者与接受者的区别，但并不意味道德教育仅仅是在双方之间进行的一个"道德内容"输出与接收，而是主体与主体之间完整生命的对话启迪、垂范模仿和行为实践等。然而，现实中的道德教育主体往往是"分界对立"的，这主要表现在三大层面。

其一，道德教育质量效果评价的"标签化"现象。当前实践中，道德教育主体成了完成、执行某一任务的载体或工具，其在道德教育实践活动及其评估中被分化为两极"主体"（即实施者与接受者），且这两极主体在评估中又常常以并举或交错的方式建立因果关系，如道德教育实施者的"有误"导致接受者品德的"不良"；或是道德教育实施者的"正确"促成接受者品德的"高尚"；又或是道德教育实施者"尽心尽力"让可接受者"难以教化"无动于衷；道德教育实施者"无所用心"，但接受者则"欣然接受"不求进取。总之，当前道德教育质量效果评价对于主体而言是"标签化"的，无论是积极肯定还是消极否定，往往出现类似的评价现象，诸如对某一机构（比如学校）、某一个体（比如教师）之道德教育工作给予"重视""付出"或"不作为""乱作为"的结论来加以认定，而相应地对社会环境、民众主体、学生对象的道德面貌则做出"纯朴勤劳""智慧文明"或"混乱无序""堕落蒙昧"的表达来进行褒贬。

其二，道德教育过程的"实体化"。当前实践中，道德教育过程的展开是有目的的，这种目的是追求可以客观化的目标任务，比如，道德教育实施者更多地把道德教育作为一种常态化的工作来进行，对其来说进行道德教育活动是既定化、常规化的工作任务，他们要计量化地完成相应的道德教育"组织设计"活动方能获得认可，以组织设计主题的分类、组织设计实施的次数等来衡量质量。同时，道德教育接受者则把学习过程当作证明自我的阶梯，通过自己努力学习来获取各种成功的资本利益，他们参与、落实、完成实施者提出的各种要求，尽可能地使自己成为完成指标的胜出者，从而利用自己在道德教育中获得的"资本"去市场中转化价值。当前学校教育重视的是"利"，而不是"仁""义"；重视的是外在的形式化教学，以应试教育的态度培养学生面对各种各样的考试，而不是培养学生的内在道德修养。对学生而言，学校是一个投资的场所，通过学习换得优异的考试成绩，给自己未来的人生进行长期投资，换取未来的利益回报[1]。换言之，实践中道德教育过程往往是实体化的，双方是把道德教育客观化、对象化为有报酬的"工作事务"，因而双方都以必须或不得不"努力"的姿态去完成。

其三，道德教育内容的"文本化"，即现实中道德教育往往偏向于理论

[1] 马月.中国传统道德文化视野下青少年道德教育的危机与路径[J].现代教育科学（普教研究），2015（1）：67.

文本的知识灌输。"学校德育在未改革之前，常常是教师在固定的德育课上把德育内容灌输给学生，甚至把德育课'让'给其他课程；改革之后，学校德育却往往流于形式，虽然每周班会课一次不落，形式丰富多彩，但教师始终都是学校德育的主导人。"[1]当前实践中的道德教育内容更多指向的是道德理论知识、观点的学习，实施者围绕文本的讲解、宣传来让接受者了解和认同理论知识、观点，并在"感情"上加以认同，对双方的要求是能够进行理智上的认知理解，能够说出道德理论知识、观点的具体内容并加以评价；但道德教育是指向主体生命身心变化的，而非独立于主体之外的理论知识。可是，当前道德教育将实施者与接受者分立，二者之间的教育交往内容被理论知识、观点的讲解所掩盖，而本应有的双方生命的敞开交往却被阻隔，这是当前道德教育实践存在的很大弊病——没有将道德教育指向主体生命素质和能力的觉醒。

总之，道德教育的本质是为了增进社会成员的生命能力，唯有社会主体拥有良好的综合素质和行动能力，其处理各种社会矛盾关系时才能够理性地进行判断，并能够在意志支配下适宜地展开行动，如此道德教育才是有效的。因此，实践中的道德教育要对主体生命进行关怀，将道德教育的意义定位于改变一个人，使其能够自觉地行使自己的自由意志，通过行动来表达或印证道德教育在其身上的内化，将道德规范转化为主体的内在品质。具体而言，当前道德教育实践须以人为中心，在过程形式上注重主体生命交往启蒙，积极促成生命主体之间的相互启迪，搭建起二者之间生命经验交流的桥梁。当然，以生命主体交往互动启蒙为形式的道德教育实践并非排斥理论知识的"智慧引导"，但其必须得与主体生命经验发生交流碰撞，形成对这些理论知识的经验认同，并在互动交流中对自我原有经验进行改造整合，从而不断汲取他人优点，并通过持续性的学习来反省自我、发展自我。所以，从道德教育实践主体来看，虽然在称谓上有所谓的实施者与接受者之别，但无疑双方都是

[1]　邓婕，杨淑萍.中小学生公民意识培养的道德教育反思[J].江苏教育研究，2016（Z1）：19.

道德教育过程中的"主体"，双方只有全身心坦诚地进行沟通，将对方作为丰富自我生命经验和促进自我成长的学习对象，且在生命经验沟通的基础上结合道德教育理论知识、观点进行反思，从而将外在的道德生命教育理论和他者经验智慧内化到自我生命经验能力之中，真正从道德教育中获取有益于主体生命发展的积极力量。

二、道德教育规范的逐级递进统一

道德教育是人格品质的养成过程，它通过主体之间的交往实践来逐渐引发自我生命素质能力的增进提升。然而，一个人生命素质能力的提升并非是一次性结束，乃是伴随着生命终身发展而展开的不断学习提升过程。"道德教育作为人类的一种精神活动，是在具体的时空和社会条件中进行的，是人的一种自我完善过程，即人对未来的一种设定和自我完善活动，既有现实性，也有超越性的本质要求。"[1]因此，道德教育是长期的过程，它伴随生命终身而进行主体人性的锤炼和积淀，经由自我生命经验内容的扩展丰富而内化为智慧能力，这也就意味着道德教育不适宜，也不可能把教育对象培养成"完人"，正常情况下，受教育者是在不断学习中积累经验来改进，并将经验内化入价值意识和思维心理，以现有的"我"去不断创造未来的"我"，通过战胜"自我"不断发展生命。既然此道德教育实践过程中的价值、行为规范、原则等应有"弹性力"，那么从道德教育目的、目标等角度出发，就需要有导向性的道德教育规范，以确保道德教育实践在性质上能够体现"真善美"，在操作上能够有序落实。毕竟随着人的发展，包括年龄的增加、知识经验的增加、文化背景的更换、时空环境的转移、生产力的变化等，道德教育规范的制定在标准上难以统一，同时，作为道德教育主体人的发展并非是随着年龄的增加而正比线性提升，即人的发展包括道德品质的发展是不可预测的，它并非总是积极向上，在自我身上也不乏存在与"真善美"价值相悖的"假丑恶"

---

[1] 杨亚凡.青少年道德教育的现实与超越［J］.中学政治教学参考，2016（1）：36.

品质，毕竟人性是理性与感性交织、动物性与精神性交融的生命存在，因而其发展充满着未知，而这也恰恰是道德教育的复杂和难点所在。另外，道德教育过程的时间属性并非是"一往直前"的，社会主体不可能完整标准地达到目标要求，一次"道德教育"就能实现一项或一定"数量"的道德品质培养，这显然是不可能的。可现实中的道德教育基本上就是如此展开的，它以学习、培训、参观、实践等形式进行教育，并辅以相应的考核内容，比如写心得体会、总结交流，往往是以任务完成的方式来结束道德教育，如此道德教育之成效可能并不能改善道德品质。

因此，当前道德教育要发挥其化育人性、增进道德品质提升的作用，其规范导向需要从以往静态化、客观化的"一次性达标"向人本化的"逐级递进"转变，道德教育实践要直面主体人性的多面性，不能以人性"真善美"的提升为目的，而忽略了以人性"假丑恶"为问题入手进行"改造诊治"。"符合人的本性的道德教育，就是要顺应、引导、利用人的本性。人的先天本性是生物现象。因此，道德教育符合人的本性也就是符合自然规律。而违背、压抑、禁锢、加工、改造人的先天本性，是违背自然规律的，是唯心主义思想。"[1]因此，道德教育实践从对象、过程、内容都并非是"无问题的"，它直接面对人的发展"问题"展开教育，从这个角度而言道德教育是与人性"恶"进行的一场"赛跑"，它面临着两个矛盾困境。

其一，是既然人性中有"恶"的成分，道德教育实践面对的是一个"不完美"的生命主体，那么其教育过程必然要因人们认知、情感、意志的"片面、脆弱、自私"等，在面对诸如利益争取时出现"不良道德"心理和行为，于此，道德教育的展开只能晓之以理、动之以情地进行化性起伪，不能拒绝、压制或回避这些真实的问题，否则道德教育难免会"不接地气"。这种弊端还不仅在于道德教育理论与实践脱节的问题，还在于道德教育思维的"反向化"，即道德教育是以人为中心，是在面对人的认知、情感、意志、行为的"矛盾表现"时加以引导，通过对其表现的"倾听、对话、启发"而让主体能够认

[1]　张正江.试论符合人的本性的道德教育［J］.教育理论与实践，2016（4）：44.

识自我，逐渐形成反思、积极向他人学习的意识，而这个过程是无止境的，不可能被外在的"规范"准确概括来对其质量效果进行评价。

其二，是道德教育是终身的，具有导向性的道德规范在生命的不同阶段、不同时空和文化背景下的主体身上其指向和意义是不同的，不可能要求所有的道德教育对象都以统一的"标准"来衡量，这就意味着道德教育不能因"规范"存在而掩盖、扼杀不同社会成员的个性，这也是当前道德教育实施的一大困境，即对象道德品质的共性与个性如何统一。共性，也就是所有社会成员都必须达成的基本规范，以法律为例，道德教育要求社会主体都应具有遵纪守法的底线，不从事法律不允许的活动。而个性则是社会成员在不违背法治底线的基础上，尽可能地去追求"真善美"，且在层次、水平或境界上都有差异，因而，道德教育的规范无法代替道德教育"化育"人的价值意义和功能作用。总之，道德教育是有方向性，同时又是实践性的，其是要培养能够不断超越自我、使自我生命不断朝"真善美"靠拢的社会成员，因而道德教育是"活"的，其规范要有利于社会主体集聚生命能力，不断将自我的认知、情感、意志、行为自觉地融合于身，将自我潜力最大限度地积极发挥，实现身心统一。

三、道德教育意义的生命实践回归

道德教育的对象是人，其宗旨在于促进人的发展，它与教育的本质是相一致的。那么，二者之间是一种什么关系呢？

教育是培养人的实践活动。一方面，教育要能够培养适应既定社会发展要求的生命主体，使其掌握各种生产生活所需的知识、技能及其他文化经验；另一方面，则要将人类历史发展过程中积淀的文明传递下去，包括物质文明和精神文明，尤其是积淀为社会成员思维心理和价值意识的优秀传统文化精神，它是人类生命能力的重要组成部分和生命能力"弹性"的重要表征。在这个基础上，教育要不断激活、呵护、存养个体身上的人性潜力并进行积极引导，使之朝着真善美的方向发展，进而逐渐发展内聚成良好的社会道德风气。因此，教育从本质上而言是追求道德意义的，虽然教育中有很多中立、客观的知识内容和文化经验，但其核心或根本还是要立德树人。道德是人之为人的根本，是促进作为意识性、能动性和理性之精神生命的人朝着远离动物性的方向进行提升。所以，道德是教育的重要价值维度，教育在一定程度上是道德教育，因为社会成员无论是出于被动适应还是主动调节与外在环境之间的关系，都离不开认知、情感、意志和行为的统一，且以自觉理性的行为为最终依据，不断促进人类社会向文明和谐发展。

那么，又如何来区分知识教育与道德教育呢？人类在生存发展过程中，离不开物质经济的支撑，物质经济的发达离不开相应的自然科学知识及其技术的积累、创新，而这些就需要教育来进行系统的传授，学习者通过学习在掌握以往知识技术的基础上，进一步发现新的自然规律，并将其进行科学的理论抽象与技术转化，用于生产生活实践，而这一自然科学之进步，离不开情感、意志、行为与认知的相互协调，否则，自然科学之发展会受制于人的惰性、畏难、贪逸，这本身也是"道德"在科学上的一种作用表现。此外，人类社会生活离不开人与人之间的相互交往，而交往必然不是完全按照自己的"想法或利益"进行，故社会成员之间要协商达成"共识规范"，以维护各自的利益，因而交往中就需要个体对自我需求做出取舍，并逐渐变为一种身心自觉。还有，人在社会生活中难免会遭遇一些意想不到的事故，这也离不开他人的帮扶，这就需要人们常说的"爱心、同理心"，而这些无疑是社会成员的重要道德品质。

因此，道德教育实践的展开，在形式上是围绕人的生命发展而展开的培养活动，它不仅是知识、技术的传授学习，还是整个生命身心的周全和谐的保障，这就要求道德教育形式不仅是理论的讲解认知，也不单是"加减法"式的分割培训，而应以人的完整生命为载体，以其身处的各种时空环境为教育平台或资源，以生命主体与外在环境之间的平衡矛盾关系为问题导向，通过主体与主体对各种矛盾问题"身心敞开"地对话交流，形成生命主体之间的灵魂互动。当然，这个过程已经把知识、技术及其他文化经验整合在一起，通过主体之间的交往来探讨、思索人类社会发展遭遇的各种困境，分享了人类社会生活中的诚信、宽容、理解、坚忍、苦难、幸福等各种主题，从而在倾听、感受、共鸣中滋养身心和提升能力素质，促使自我形成适应和推动社会发展的认同自觉，真正地将"真善美"作为一种原则贯彻到生产生活中去。"道德教育人文关怀的积极意义就在于充分肯定人，特别是作为个体的人，使个体的人在'成为什么样的人'这一领域中享有充分的自决权，充分体现人的心灵自由和精神解放的人文主义思想。"[1] 所以，道德教育在形式上要以社会成员的生命实践为中心，使得道德教育真正回归生命生活，而不是停留于单纯的知识理论学习或独立于生命生活之外，虽然这些学习资源对于社会成员道德认知有着十分重要的作用，但如果这些教育刺激没有结合道德教育主体自身生命经验进行融合，而是纯粹的一种任务执行，则不会引发生命主体身心的波动和行为意志的自觉。总之，道德教育要以生命实践为中心，结合主体之间的生命实践经验交流，在共鸣的基础上吸收总结，从而提升生命发展的境界。

---

[1] 尹伟.竞争性道德教育及其超越［J］.高等教育研究，2015（6）：18.

第八章　认识自我与超越自我：
论道德教育实践的有效性

　　道德教育的目的在于培养具有健全人格的社会主体，促使人在道德立身的基础上协调好与自然、他者、自我的关系，实现社会的和谐美好发展。然而，问题的关键在于如何达成这一目的、采取什么样的教育实践方能化道德为人们心中的自觉法则，促使其在生产生活中求真、向善、逐美，增益人类社会福祉。

一、道德教育与"认识自我"

　　道德教育实施之前提，是先得弄清和明确道德到底是什么。唯有人们所认同和倡导的道德是有"所指"的，方能依循"所指"去培育，将其内化为人们的信念、外化为人们的行动，促成"外益于人，内得于己"的积极社会效果。那么，何谓道德？

　　常见的也相对较为全面的界说乃是把道德作为人类社会生活中特有的社会现象，它由社会经济关系所决定，以善恶为标准，依靠社会舆论、传统习惯和内心信念所维系，调整人与人之间以及人与自然之间关系的规范、心理意识和行为活动的综合。这个道德概念界定凸显了以人为中心、以时空为背景、以社会关系为内容、以真善美为导向、以知情意行统一为特征的人类实践交往过程。以这个概念为基础，可以引发一些关于道德理解或认识上的反思，诸如"道德与人性""道德与法治""道德与伦理"的关系等。首先，从时空的绵续无限性角度而言，道德"有常"，如《道德经》所言，"道可道，非常道；名可名，非常名"，作为宇宙自然之运动和人文社会之发展都讲求秩序或规律，至于此"秩序或规律"是什么，则无"常名"，权且称之为"真善美"，它离不开人类实践的探索、追逐；其次，从时空的分殊具体性角度而言，如《周易》所曰："观乎天文，以察时变。观乎人文，以化成天下。"作为特定时代的人类社会，身处其中的人们必然要获取已有的知识经验来适应，通过传承"天文、人文"方面的知识经验来"化民成俗"，于是制度、伦理生焉。因此，言及道德，往往要兼顾"动与静""继承与发展"的辩证统一关系，作为道德主体之社会成员须得"认识自我"，理性地运用人类主体所具有的思维意识能力，方能在"变与不变"中引领人类社会走向和谐美好。因此，道德教育的困难在于主体能否拥有"认识自己"的能力。所谓的"认识自己"也必然意味着能协调好与周遭环境之间的矛盾关系，实现二者之间的相互平衡，实现人类社会的可持续健康发展，无疑这是作为人类社会成员需要不断面对和调适应对的基本生存和发展境遇。众所周知，人与动植物皆有生命，可人之生命与之不同之处在于能够将自身作为反思的对象，能动地、创造性地进行有目的的实践活动，而动植物则是按本能、先天既定的方式生存生长。但也恰恰是人之特性，而有可能使得自身的本能无限放大，以致退回到动物层面，也是道德超越时空成为不同时代人们所要追诉的价值。因为每一个时代或不同社会的人们都可能由于无尽的欲望而引发违背道德的行为出现，并对他人或社会造成危害，而这些行为又恰恰是在所谓的理性指引下出现的。

因此，道德教育很重要的一方面是要让社会成员"认识自己"，清楚和了解自己需要做什么、能做什么、应该做什么，使其行为实践能够在自利的基础上不危及他人或社会利益，通过自我勤奋努力完成工作任务，从而为他人和社会作出贡献。那么，这要如何才能做到呢？其中最为重要的是社会成员要学会自省反思，把"认识自己的无知"作为与外在环境进行交往的基本原则，从"别人和我"存在共性的层面审视自我，心怀向他者的学习态度来交往，而非完全站在自我为中心的立场来要求；另外，可从"别人和我"有不一样的个性层面审视自我，心怀宽容理解之态度来进行沟通合作，而非以自负的姿态来与他者争锋；再者，要有敬畏之心，把自然万物与"我"休戚相关化为生存、生活的自觉。总之，道德教育实践要让主体能够理性地处理好道德概念中"静"与"动"的关系，通过不断学习反思和行动实践来让现有的社会生活变得美好和谐，也让自我在处理各种矛盾关系中形成良好的综合素质和健全的人格品质。

二、道德教育与"超越自我"

道德教育是有向度的，其目的是要让社会主体不断朝着"真善美"的价值方向去构建美好的人类社会生活。也就是说，道德教育是鼓励或倡导社会主体发挥聪明才智的，只要个体理性地运用智慧去创造于人类社会生活有意义的事情。何以见得？

这得从道德起源说起，人类社会生活是交往性的，而人类本性有着自利性，如果自利性不受控制，则必然引发"弱肉强食"的混乱，致使社会动荡，最终阻碍人类的绵延发展。于是人类逐渐在交往实践中发现，唯有制定相应的规范，大家共同遵守方能保护大家的共同利益，而当规范内化为生产生活中人们的自觉行为时，则形成了人们常说的道德风气。当然，基于文化差异的原因，道德在不同时间、地域环境下可能有表现上的差异，但从人类文明发展历程来看，道德有着共同的价值趋向性，诸如自由、公正、法治、诚信等日益成为人类社会发展的普遍共识。那么，这些价值诉求如何化为当下人们行动的基本原则，积极有效地促进人们解决各种矛盾问题呢？显然，道德教育只有付诸实践活动方可有所成效。这就意味着道德教育是一种激发人性潜力的实践活动，而非墨守成规的教条指令。从起源来看，道德是人类共同体为了更好地绵延发展而确立起来的处理各种交往关系的规范，其特点在于有利于共同体内每一个社会成员利益的保护，并随着人们的自觉遵守而逐渐内化为一种风气或心理，但毕竟人类社会发展是动态的，各种新的复杂问题的出现会打乱既有的规范，需要进一步修正、调节，方能促使社会成员生产生活实践有序化。

既然道德发展是动态的，道德教育理应将道德发展中凝聚为社会成员内心信念的体现善的"价值意识、思维心理"作为重要的内容加以关注，而不是舍本逐末地去追求对道德规范的坚守。当然，这并不意味着要违背或放弃既有的道德观念，而是在此基础上，凸显作为主体性的人类的创新能力，即一种不断追求自由或超越自我的能力，这是道德教育的重要组成部分。为何这样说呢？日常生活中，人们经常言及"道德成人"的话语，其中的内涵在于道德乃是人类遵循"善"或"文明"的方向，依其为据展开行动并将之内化为自我的素质能力，使其能够适宜地处理好与周遭环境之间的关系。基于此，道德教育的重心才是充分激发社会成员人性中的能力潜质，让其在不断学习吸收、反思改进的基础上"超越自我"，在拥有良好身心品质的基础上，敢于尝试或接纳新的"刺激"，如此方能继续前行，实现新的发展或突破，也才能真正将"人"树立起来。这一点是十分重要的，因为人类人性中存在着"定势"或"惰性"，常常想保持原有的习惯而不愿接受新鲜的事物，这在道德发展上也有明显体现。要知道，人类社会发展是动态的，道德发展也是动态的，这就需要道德教育注重社会主体"自由、勇敢、好学、自律、反思"等品质的培养，让他们能够不断提升自我，避免停滞不前，甚至倒退，而这种品质能力渗透于社会主体的各种交往实践关系中，体现为社会成员自觉主动地对自我行为实践进行内省，并按照道德的"善"或"文明"属性来调节自我行动，如此人类社会才能形成良好的风尚。

综上所述，道德教育以人为中心，其价值意义在于增进人的生命能力，把人性中的潜在能力化为现实，并将之导向于求真、向善、逐美的路上，成为好学善思、诚信友善、敬业乐群的社会主体，最终促使人们积极进取、成就事业，过上身心协调的幸福人生。

第九章　从"物本"转向"能本"：
中小学社会主义核心价值观教育

　　中小学校贯彻落实社会主义核心价值观是为了更好地培养学生素质的全面发展，使之成为身心和谐统一的社会主义公民，适应和推动社会主义现代化建设。然而，当前中小学社会主义核心价值观教育是"物本"取向的，即往往把社会主义核心价值观当作学习知识和学校任务，并未以学生生命发展的完整性为中心和以综合素质提升为目标，而"能本"是切实将社会主义核心价值观内化成学生的能力品质。因此，为实现中小学社会主义核心价值观教育路向从"物本"转向"能本"，有必要采取相应的策略措施加以保障，让社会主义核心价值观化为学校教育教学的一种原则、风气，滋养、激励和引领中小学生学习、生活积极向上，让他们"扣好人生的第一粒扣子，德智体美全面发展，努力成为中国特色社会主义事业合格建设者和可靠接班人"[1]。

一、中小学社会主义核心价值观教育"物本"取向表现

　　中小学社会主义核心价值观教育是一个系统工程，其内容、过程、形式等都要统筹权衡，与中小学生全面发展的教育宗旨对接起来，真正使社会主义核心价值观精神落实于学校教育教学之中，从而潜移默化地全方位影响中小学生的身心发展。

---

[1]　柴葳. 深入推进中小学社会主义核心价值观教育：全国中小学社会主义核心价值观教育经验交流暨德育工作会议召开（N）. 中国教育报，2015-10-12（1）.

（一）中小学社会主义核心价值观教育内容结构的实体化

中小学社会主义核心价值观教育之根本目的在于要促成中小学生知识、情感、能力等方面的均衡发展，不宜再重蹈长期以来的以掌握知识、获取分数为中心的应试升学之路，其所导致的学生畸形发展日益凸显并逐渐被人们意识到。因而，当前中小学开展社会主义核心价值观教育，恰恰是对以往教育实践偏废的一种矫正和补充，它注重中小学生生命发展的统一性，比如社会主义核心价值观三个层面的要求，理应是中小学生对待自身学习、与人交往、参与公共生活等方面时须遵循的基本原则、规范、取向，只有其在知识能力、情感态度上和谐发展，方能较好地参与和应对各种社会关系。可是，当前中小学社会主义核心价值观教育在内容结构上是实体化的，在教育教学中往往将之简化为纯粹的理论知识，运用传统的课堂讲授来让学生理解、记忆客观化的社会主义核心价值观内容，甚至将其置入诸如中小学思想政治、社会品德课程的考试之中，以考验学生的掌握情况。"我们见到的中小学甚至一些幼儿园的共同做法是：把 12 个价值范畴写出来贴在学校的围墙上；利用升国旗、开班会等时间，让学生背诵；有的还通过童谣、快板等形式，来加强宣传。在上级部门来督导检查时，师生大多能准确地背诵。应当说，在中小学生社会主义核心价值观的'应知应会'上，目前已经取得阶段性成果。可是，这样一来也给一些师生造成一个假象：认为只要师生能够记住社会主义核心价值观教育的 12 个范畴并能够准确无误地加以复述，就算完成了社会主义核心价值观教育的任务"[1]。显然，从其效果而言这种做法是有问题的，它虽能起到让学生知道社会主义核心价值观的内容，却难以将之深入内心获得认同并在行动中加以践行。

（二）社会主义核心价值观教育过程形式的突击化

中小学社会主义核心价值观教育要取得成效并非朝夕之功，它须内化为

---

[1] 石中英.关于中小学开展社会主义核心价值观教育的几点思考［J］.中国教师，2015（1）：5-10.

学生的一种学习生活习惯，自然流露于其日常言行之中。而要达成此结果离不开将社会主义核心价值观作为教育教学过程的一种基本导向，自始至终贯穿于其学习生活方方面面，而不应只搞集中式、突击式的"宣传"教育，虽然初期阶段它对强化中小学生的社会主义核心价值观认知能起到重要作用，但不宜作为主要的、唯一的形式来运用。"引导广大青少年学生将社会主义核心价值观内化于心、外化于行，不是一蹴而就的事情，必须做好长期努力的思想准备"，不能像有些"地方和中小学校，在开展社会主义核心价值观教育方面，时有时无，时重时轻"[1]。可是，当前中小学社会主义价值观教育却是"宣传"有余而"教育"不足，尤其是起始阶段或接受上级检查时，"宣传"开展得轰轰烈烈，学校通过标语、广播、讲座等多种形式来进行宣讲，使得中小学生熟悉了社会主义核心价值观的话语表达，但在学习生活实践中其行动则未见得"知行合一"，这种局面很大程度上与社会主义核心价值观并未在学生生命中"入脑入心"有关，他们更多的是在"宣传"中利用感官获取了相关知识信息，却难以将其与自我生活生命经验建立起实质性的联系，甚至更多时候只是为了完成学校提出的一项任务而已，由此必然导致社会主义核心价值观学习结果的无效性。

（三）社会主义核心价值观教育方法路径的单一化

中小学社会主义核心价值观教育的时空环境主要存在于学校之中，但这并不意味其路径方法是单一封闭的，也并不一定局限于传统的课堂教学、主题班会等形式上。传统的课堂教学上，学生对社会主义核心价值观的学习往往是一种听、看为主的方式，这个过程中虽然有着教师的讲授讲解，甚至可以实现所有学生整齐划一的学习表现，比如他们可以通过记忆复述来完成学校或老师的考核，可这种不假思索或机械重复地靠"训练"获得的知识会迅速被忘却，这就如同轻而易举得到的东西，人们不会真正去珍惜的道理一样。社会主义核心价值观只有融入学生生命生活之中，引发其思想情感的共鸣，

---

[1] 石中英.社会主义核心价值观教育不能是一阵风[J].人民教育，2015（23）：1.

方能得到他们的认同，"社会主义核心价值观教育，必须像盐溶于水那样渗透到学校的教育、教学、管理、服务和学校文化建设的方方面面"[1]。因此，当前中小学社会主义核心价值观教育要突破封闭化的方法路径，在本着培育综合素质全面发展和人格健全之生命主体原则下，采取多元丰富的教学方法路径，激活社会主义核心价值观，让中小学生在课堂教学中用探究、启发式的学习方法获取知识，充分调动学生的学习主动性；在课外的学习生活交往则鼓励学生合作互促，培育学生诚信互助。总之，中小学社会主义核心价值观教育要兼顾"有形"与"无形"，所谓"有形"，是学校有必要将社会主义核心价值观纳入教育教学计划之中，有意识地对学生进行价值意识和行动能力培养，所谓"无形"，是社会主义核心价值观要融入教育教学全过程，逐渐融化为学校的一种文化或风气，潜移默化地促进学生的身心发展。

二、中小学社会主义核心价值观教育"物本"取向成因

当前，中小学社会主义核心价值观教育的"物本"取向表现在学校将其作为一项任务来执行，而非为出于促进学生健全发展的目的；而学生将其当成一项多余的活动，以一种应付的心态来完成，使得社会主义核心价值观得不到有效的贯彻落实。何以至此？究其根源，与当前中小学教育教学目的偏狭有误、教育教学行政管理背离教育性、教育教学理论视野僵化单一不无关系。

（一）目的观念偏狭有误，固守智育为中心

中小学社会主义核心价值观教育的目的为何？是要让学生成为"高分低能"的考试机器？还是要让学生成为追名逐利、丧失道德良知的"成功名人"？又或是要让学生成为只为自己谋利而不顾他人死活的"自立者"？答案显然是否定的，中小学社会主义核心价值观教育的实质就是要让学生成为

---

[1] 石中英.社会主义核心价值观教育不能是一阵风[J].人民教育，2015（23）：1.

综合素质全面、人格健全和谐的生命主体，他们热爱学习是出于对宇宙自然和社会文化的好奇，他们立志拼搏是出于对实现自我和营造美好社会生活的信仰，即社会主义核心价值观教育是教育活动本质的一种价值表达，它是站在传统、现代、未来三者统一的历史视角对中小学生成为社会主义公民的身心素质能力提出的方向要求。然而，当前中小学教育教学并未按照培养人的完整发展和提升人的综合能力素质来展开，学校依然将工作重心放在学生升学考试和学校排名等方面，有碍于此，实现目的的各种活动或是夭折，或是将就进行，中小学社会主义核心价值观教育也往往落入此种际遇中。因此，中小学校要落实好社会主义核心价值观教育，一个重要的方面就是学校教育要从应试升学的偏狭观念中摆脱出来，不能再固守纯粹智育的办学思路，真正将社会主义核心价值观作为学生身心不可或缺的重要品质来对待，为了学生的健全发展而践行社会主义核心价值观教育。

（二）行政管理背离教育性，立足计量为凭据

中小学社会主义核心价值观教育的重要性是不言而喻的，它事关中小学生身心的和谐发展。从长远来看，也影响着整个中华民族发展的兴衰成败。所以，当前中小学社会主义核心价值观教育理应受到学校的高度重视，作为统筹安排设计中小学教育教学运行的行政管理要积极发挥其引导服务功能，除了进行社会主义核心价值观的宣传之外，还要切实将社会主义核心价值观融入教育教学过程之中，这就势必要求从目的、内容、方法、评价等教育教学环节进行系统科学组织，真正形成有利于学生全面发展的教育教学体系和风气。但是，当前中小学社会主义核心价值观教育在实践过程中，学校管理的重心和注意力集中于提高学生应试成绩而往往把社会主义核心价值观置之不理，另则，学校管理长期以来以分数、升学率等可计量的数据为凭据来评价学生、学校的质量，使得诸如"为了一切学生、一切为了学生、为了学生一切"的理念在分数成绩面前被击得粉碎，难以量化的社会主义核心价值观自然也难逃厄运。概言之，当前中小学社会主义核心价值观教育过程中，学校的行政管理背离了"发展人"之教育属性，没有切实为社会主义核心价值

观生长营造良好的育人环境。

（三）理论视野僵化单一，墨守学科课程取向

中小学社会主义核心价值观的落脚点或归宿是学生的发展，即社会主义核心价值观教育是以人为中心的，其目的是要促成学生生命发展的健全和谐，让其在处理个人与社会（他人）、个人与自我、个人与自然等各种矛盾关系中讲法治守诚信、严于律己、宽以待人等，真正通过具有健全人格的主体来创建幸福美满的社会。那么，如何才能实现这样的结果呢？社会主义核心价值观教育怎样才能培养出综合素质全面发展的学生主体呢？显然，当前中小学社会主义核心价值观教育要解放思想，其教育教学理念要突破学科课程中心思维，不能将学生的发展培养定格于纯粹的学科知识获取上，不能再将社会主义核心价值观变为客观化的文字来学习，使其丧失激发学生生命能力和身心和谐的意义，而应从学生人性真善美的提升、学生适应和推动社会发展的综合素质方面来规划、设计教育教学结构体系，积极吸收跨学科理论发展成果。

三、中小学生社会主义核心价值观教育"能本"转向的实践路径

当前中小学生社会主义核心价值观教育实践呈现的是一种"物本"取向，往往是因为教育形式是"文本讲授"，将教育实践当为"宣传任务"，并未真正发挥其对中小学生身心素质的增益作用。因此，为切实提升中小学社会主义核心价值观教育的有效性，有必要确立并践行"能本"取向的理念和实践路径，即以中小学生综合素质培育为导向，把社会主义核心价值观精神内化为学生知、情、意、行相统一的能力品质。而不是在学习和生活实践上背离诸如勤奋、诚信、友善、自由、平等、公正、法治等价值原则和规范，没有将它自觉落实为自我一以贯之的学风和作风。所以，当前中小学社会主义核心价值观教育要从"物本"转向"能本"，积极促进中小学生身心素质能力和谐发展与个性潜能激发，成为未来建设社会主义富强、民主、文明的时代公

民，这需要在教育实践中树立以人（生）为本的办学理念，把培养具有知行合一、判断力、是非正义之心的"能者"作为目的，通过从教学过程、学习资源、校园文化等方面的目标改革优化来贯彻落实，使得社会主义核心价值观变为一种风气。

（一）确立开放式交往教学观，形成增进理性交往能力的主体关系

中小学社会主义核心价值观教育是一种价值意识引导和行为实践规范，它是理论与实践、内容与形式、普遍与特殊的统一。也就是说，中小学社会主义核心价值观教育是一体化的，不能停留于特定时段展开社会主义核心价值观内容的集中学习，更为重要的在于要把社会主义核心价值观精神化为教育教学的基本原则，成为师生展开教与学互动过程中的一种自觉思维心理，学生方能最终将之内化于自我行动中。因此，当前中小学社会主义核心价值观教育要常态化，最为基础有效的是确立开放式交往的教学观，形成有利于学生培养理性交往能力的师生关系，因为教学是学校的核心工作，也是培育人发展的主要形式，所以教学要体现出让学生"变好"的教育性原则。那么，如何实现教学的教育性？无疑，教学过程中作为主体的师生双方要建立起平等关系，这种平等不仅体现在人格上，还包括师生之间围绕着知识学习、问题研习而展开的互动交流，通过各自生命经验诠释知识，进行沟通，形成质疑反思、理解宽容的科学人文精神，并逐渐将之养成自我学习和生活的习惯，如此，其在处理各种问题时才不会丧失基本的理性判断，才能够自觉遵循社会的道德法治来行动，并能在他人遭遇困难时施以援手，以包容仁爱之心面对世界。"核心价值观的培育贵在知行统一，知是前提、是基础，内心认同才能自觉践行。课堂教学是学校的中心工作……通过有效的课程设计和教学组织，把知识的传授、技能的培养以及情感的熏陶统一于课堂教学之中，使中小学生在接受基础知识的同时，也形成积极的情感体验和价值认知，推动社会主义核心价值观进教材、进课堂、进头脑"[1]。总之，中小学社会主义核心

---

[1] 张志刚. 培育和践行社会主义核心价值观有效路径探析：以中小学为例 [J]. 集美大学学报（教育科学版），2014，15（2）：79-82.

价值观教育要落实在教学过程中，通过民主开放、求真务实的长期教学过程熏陶，求真向善逐美的人性品质会在中小学生身上得以滋养。

（二）创设多元学习资源，构建激发个性潜能的校园文化

中小学社会主义核心价值观教育是为了培养身心和谐的学生生命个体，他们除了在知识能力上获得提升之外，也应在个性上保持独立，成为具有丰富想象力和创造力的个体，而不是装载知识的容器，更不是缺乏理性思考、不会自主选择、判断、没有行动能力的机器，真若如此，他们也无法承担或肩负起中华民族伟大复兴的重任。因此，当前中小学社会主义核心价值观教育要为学生创设丰富多元的学习资源，创设有益于激发学生个性潜能的良好校园文化，"要坚持以社会主义核心价值观为魂，必须构建完善学生课外文化活动、社会实践活动、网络新媒介平台于一体的校园文化生态体系"[1]，以便让每一个学生都能在学校教育教学中自由成长，并尽可能地发挥其优点，让他们真正实现人尽其才，这样才能为社会主义现代化建设培养具有创新性的人才队伍。具体而言，为了最大限度地激发每一个学生发展的全面性和个性的统一性，学校应在教学内容上提供多元的跨学科知识和课程资源，在教学形式方法上兼顾讲授和探究结合，在教学评价上以学生应用知识、解决问题为主，在教学管理上注重自由、民主的风气，确保每一个学生都能获得兴趣满足、发挥个性特长，实现学校教育教学培养人的有质量性，并最终通过一个个具体学生的"成人成己"来促进社会文明进步。

（三）建立内外共联共生环境，孕育正气文明的教育之风

中小学社会主义核心价值观教育是一个长期艰巨的任务，其要得以有效落实，使得学生在学校教育教学中学有所成，成为有能力、有爱心、有责任担当的推进社会良性发展的社会主体，离不开整个教育生态系统的和谐优化，即社会主义核心价值观教育离不开家庭教育、学校教育、社会教育的合力互

---

[1] 邓晖.站稳讲台，用社会主义核心价值观涵养学生心灵：专家学者谈培育和践行社会主义核心价值观[N].光明日报，2015-02-08（3）.

补，这样才能有效促使中小学生把社会主义核心价值观内化，在认识、情感、行动上对其认同。为何要这样说？众所周知，中小学生在学校获取知识的过程很大程度上是通过教师对书本知识的讲解而进行的"学"，这样一来，虽然他们对所学内容的观点事理、逻辑关系是明了的，但更多停留在了所谓的理论层面，这就如同社会主义核心价值观理论经反复宣讲、观看之后，学生记住了其内容，但这并不等同于他们在学习生活中能够自觉践行，原因在于中小学生缺乏从"学"到"习"的经验转化过程，以致不能够做出因时而动的正确行为。因而，如果学生在学校接受了正确的价值观念和知识道理之后，应该还要确保其生命经验与之能够实现相互映衬、相互促进。正如《教育部关于培育和践行社会主义核心价值观进一步加强中小学德育工作的意见》中指出的："大力推动家庭教育，普及中小学家长委员会和家长学校，改进家访制度，鼓励家长参与学校管理，树立科学观念，运用良好家风，促进子女成长成才。要积极争取当地党委政府支持，整合社会资源，净化社会环境，形成育人合力，共同发挥正能量"[1]。所以，当前中小学社会主义核心价值观教育要建立起家庭、学校、社会共联共生的育人环境，创建有利于学生身心意志受到连续的积极影响，使社会主义核心价值观精神化为其生活习惯和思维心理。

---

[1]　教育部关于培育和践行社会主义核心价值观进一步加强中小学德育工作的意见：教基一
　　〔2014〕4号〔J〕.中国德育，2014（9）：6-8.

第十章　农村中小学生传统文化教育困境的"因"与"应"

　　农村的中小学生是未来农村城镇化建设的主体，他们在成长过程中理应接受优秀文化传统的教育熏陶，让传统文化精神和社会主义核心价值观在其心灵生根落地，进而成长为社会主义新农村建设和城乡一体化发展的时代引领者。然而，城镇化进程中，农村中小学生传统文化教育呈现出颓废之态，表现出意识上的非自觉和结构上的短视特征。[1]为农村社会健康可持续性发展埋下隐患，对此，有必要给予高度重视并采取有效策略来应对。

一、城镇化进程中农村中小学生传统文化教育困境的表现

　　农村中小学生是正在成长中的人，教育有必要将其培养成一个拥有文化自觉的生命主体，使其既能够通过学校教学中各学科知识的学习和主流文化价值的熏陶成为具有现代化素质基础的公民，也能在包括家庭教育、学校教育、社会教育在内的系统教育中孕育生长农村传统文化精神。但不可否认的是，当下城镇化进程中培育农村中小学生优秀传统文化精神的教育环境不断"颓废"，对中小学生传统文化的教育也陷入了一种困境。

（一）农村学校传统文化教学的"零碎"

　　众所周知，农村学校长期以来都推行着"传统文化进校园"的活动，但收效甚微，类似的传统文化教育教学活动也往往变得"零碎"或"失效"。首

---

[1]　张诗亚.华夏民族认同的教育思考［J］.北京大学教育评论，2003（2）：103.

先，进校园的传统文化内容常常是能够"技术化、程式化"的"大拼盘"，最为突出的就是手工制作、歌舞排练、双语教学或各类民族文化知识文本阅读等。虽不能说这些活动毫无意义，但将学校传统文化教育仅定位于此无疑是不周全或不到位的。如此的教育教学只有传统文化之"形"而没有其"神"，因为传统文化之"神"必须得在"活"的文化环境中融入学生的大脑，化为其思维方式或行动方式，也就是人们常说的"濡化"过程。其次，与"拼盘式"的教育内容对应的是农村学校传统文化教学的"任务化或应景性"，农村学校的传统文化教育教学大多情况下是为了执行教育行政部门的要求开设的，并非是农村学校的自觉意识和实践选择，其结果是农村学校、教师或学生都用应付的态度来完成传统文化教育教学活动，将其当成一种"娱乐或消遣"活动，缺乏精心组织设计或连续的贯彻实施。总之，城镇化进程中农村学校培养中小学生传统文化素质的教育教学活动是"碎片化"的，没有"目的性、计划性、针对性"。

（二）农村传统文化心理场的"消逝"

毋庸讳言，城镇化进程中农村经济水平有了明显提高，人们物质生活水平改善显著，但农村社会发展质量并不一定随之"水涨船高"，相反，农村社会还存在着众多社会矛盾问题。其中之一就是农村传统"文化心理场"被破坏，如农村的节日礼俗、语言习惯、建筑样式、服装样式、音乐歌舞形式等不断受到"主流文化"的冲击而消逝。越来越多体现农村传统文化的活动或风俗不断"缩减、异化"甚至消失，而这种趋势一方面会使农村成员以"文化旅游增收"为口号对农村传统习俗或传统建筑大刀阔斧地改造，令其"面目全非"；另一方面则逐渐出现一种"敌视"的态度，将传统文化当作阻碍农村经济增长的"绊脚石"而"踢开"，视现代化的生活为唯一圭臬。[1]换言之，城镇化进程中农村中小学生通过直接参与传统文化活动来感受传统文化的兴

[1] 田夏彪.农村教育与经济发展负效应的成因及消解策略[J].昆明理工大学学报（社会科学版），2013（6）：100.

趣日益降低，他们或者对传统文化活动乐此不疲却并不了解传统文化，或者被充满物欲的现代化生活所裹挟而忘记传承传统文化。因此，农村传统文化心理场的"消逝"意味着一种"活"的潜移默化影响农村中小学生思维方式或价值观的教育形式不复存在。

（三）农村家庭村落生活结构的"割裂化"

如果说农村传统文化心理场是影响农村中小学生思维方式或价值观的"染缸"，那么农村家庭和村落的生活则是"染料"的制作者或设计者，以农村家庭和村落中的成人为主体成员形成的传统文化生活为农村中小学生提供观察、参与、体验传统文化的时空环境，而这种影响作用离不开成人的教导和指引。然而，城镇化进程中农村家庭和村落生活结构处于"割裂化"状态，其表现为两个方面。一方面，为了提高家庭的经济收入，越来越多的农村青壮年开始外出打工挣钱，使得农村的留守儿童日益增多。父母与孩子双方经受着"骨肉分离"的煎熬，又因为家庭文化生活的组织者或核心成员青壮年的缺位，许多有留守儿童的家庭生产生活被"简化"，承担着传承农村传统文化精神的基础单位——家庭的文化生活也随之分裂。另一方面，体现农村传统文化的家庭生活逐渐脱离村落，被当下人人为了盖房、购车疲于奔命的生活所"遮蔽或分割"。往昔村落成员互动、互助、互爱的温情集体生活不复存在，农村社会生活不断走向了"家庭原子化"，变得封闭保守，失去开放性或交往性。换言之，城镇化进程中农村家庭村落社会人员、生产结构的变化冲击了传统文化生活的发展，且没有得到相应的社会保障，农村中小学生不断疏远于宁静、亲和的传统文化生活而被现代生活中的"攀比、名利"捆绑。

二、城镇化进程中农村中小学生传统文化教育困境的成因

城镇化进程中农村中小学生传统文化教育陷入困境，表现为孕育其传统文化价值或精神生长的教育时空环境失序。那么，是什么原因造成这些困境的存在及延续呢？

（一）农村学校价值取向的"物质性"

长期以来，人们对农村学校教育持着"复制城市教育"的评价，即认为农村学校教育走的是一条"应试升学"的道路，而这无疑与重视学历的社会不无关系。学生们都秉持着"只有考上好大学才能找到一份好工作"的信念，于是农村学校所有的活动都是为了让学生获得一个升学的高分数，其主旨不是为了提升完整人的生命质量，而是一个高分数。当然，农村学校价值取向的"物质性"还表现在学习内容和学习方法上，学习内容主要集中于与升学考试相关的学科知识上，为了让学生获得"更高的分数"，学校往往运用题海战术强化训练和封闭式管理，而与提高考试分数无关的身体健康、情感交流、社会体验等内容都被学校"拒之门外"。农村社会成员对"优质教育"需求不断增强，并坚定只有进"好学校"才能找到好工作的价值信念。而其观念中所谓的"优质教育"就是重点学校的教育，于是农村中小学为了满足社会成员的"需求"，更加强化学生的分数，可以说，城镇化进程中农村学校教育价值观的"物质性"日益被强化。总之，城镇化进程中农村学校教育教学陷入"目中无人"的状态，脱离了以人为本。因此，虽然农村学校常常举办"传统文化进校园"的活动，但往往被当作课程表里的"装饰"，即使学校开展，也是出于完成任务的心理。

（二）农村传统文化传承主体的"无力性"

如果说农村传统文化心理场的消逝意味着农村传统文化事项及活动的缩减，那么，农村传统文化传承的"后继无人"将终致农村传统文化"覆灭"。因为文化的灵魂深藏于人的价值观念中，人们不再对传统生活感兴趣，而是依赖贪恋现代化生活，农村传统生活将不断被挤压而淡出农村社会时空环境。当然，这不是说当下农村传统文化已"奄奄一息"，而是作为农村传统文化主体的老年人虽然忧心于农村传统文化的命运，但其社会角色随着城镇化进程的加快而变为留守儿童的"保姆"，以及其对农村社会和家庭经济增长"贡献率"的降低而导致他们身份地位衰退。他们不再是村落和家庭事务处理的权威者，也就无力去组织并号召后辈重视农村传统文化。又因老一辈人的离世使得熟悉或继承农村传统文化及精神的社会成员越来越少，危及整个农村传统文化生境的存续，包括以人为中心的农村自然生态系统的改变，影响重大而深远。

（三）农村社会核心价值的"失序性"

农村社会成员生活中延续的"精神"或"信仰"是农村传统文化的核心，如人与自然关系中的"崇敬自然"、人与社会（人）关系中的"亲仁善邻和以和为贵"、人与自我关系中的"平和坚毅"等，这些恰恰与当下中国倡导的社会主义核心价值观是相通的，如"诚信、友善、和谐"等。换言之，社会主义核心价值观是农村传统文化发展的方向，农村社会成员只有建立起人人认可的价值信仰，在处理人与人之间关系时表现出"诚信、敬业、友善"，并自觉践行"自由、平等、公正、法治"的价值追求，他们的生活才有意义。可是，城镇化在不断将农村社会成员推向"现代化浪潮"的同时也"遮蔽"了人们的"心灵"，农村社会成员被"物欲"所役使而成为"追名逐利"的工具人，把自己变成了实现某一"实体目标"的手段。[1]毋庸置疑，城镇化进程中农村社会核心价值是"失序"的，发展上表现出"人与物"的倒错现象，造成农村村落及家庭生活导向"分裂"。许多农村社会成员为了摆脱长久以来的贫穷、实现财富梦想而争相离家出走，一旦他们踏出家门，就三年五载回不来，在外"累积或创造"财富，而这种举动一致被农村村落成员视为有"决心意志"的表现而大加赞扬或模仿。当然不可否认，农村社会成员有如此选择是一种现实趋势，但如果这一现象变成一种连锁反应导致农村社会的空巢老人、留守儿童数量不断扩张，那么农村社会家庭虽增加了经济收入，却因失去文化滋养而"迷失方向"或变得"外强中干"。

---

[1] 刘雨.重建乡村文化：培育乡村教育的精神之根[J].教育科学论坛，2011（7）：6.

三、城镇化进程中农村中小学生传统文化教育困境的应对策略

影响农村中小学生传统文化教育发展的因素是多维的，且不独以农村学校教育为主，还包括了校外社会教育环境的参与作用。所以，城镇化进程中农村中小学生传统文化教育困境的消解，不能采取"头痛医头、脚痛医脚"治标不治本的方式，须采用系统性思维，通过"制度和人心"的同步建设进行标本兼治。

（一）改革教育管理制度，实施以人为本的农村学校教育实践观

农村学校是"村落中的国家"，让农村中小学生获得与城市学生相同的知识内容和主流价值乃其理所当然的使命，但它不能以牺牲农村传统文化为代价，否则农村学校教育就成为"文化一元化"的助推力量和"文化多元化"的扼杀摇篮。而要改变这一状况，让农村学校教育遵循"教育之道"，就应将培养和谐健全的农村中小学生的工作视为使命，为其后续的人生发展奠定良好的身心品质，而非把农村学校变为个别学生"学而优则仕"的桥梁而"淹没"大部分学生。那么，如何完成这一使命呢？最为根本的是要改革现行的教育管理制度，注重教育于人发展的内在促进作用，从招生、考核、评价等方面凸显农村学校教育的"人本化"，确保农村中小学生在学校的学习生活能遵从自己的"内心选择"。让自己的兴趣、爱好、激情在学校中得以积极地培养和保护，并使其从小熏陶的"文化性格"得以生长。

因此，以人为本的农村学校教育是一种自由教育，它关注农村中小学生文化认同自觉的培养，让他们在积极学习主流文化知识和价值的同时，也能坚守自我传统文化。所以，现行的教育管理制度如高考、社会就业、评价学生等应从"应试教育"和"学历社会"中摆脱出来，让学校教育变为培养人自主独立、身心和谐的场域，让社会教育变为让学生施展个性或才能的一个充满正气、公正、宽容的环境。

（二）凸显农村文化个性，建构农村学校和文化心理场互补机制

传统文化是什么？它是农村社会成员在与周遭环境互相适应、调节基础上形成的稳定反应系统，包括外显的服饰、建筑、生产工具、生活组织形式、歌舞音乐、节日习俗等，以及人们在这些活动中濡化而成的内隐的价值思维和心理活动。可以说，农村传统文化在历史形成过程中因地域及自然地理环境的殊异而逐渐建立起了不同的社会生活模式，即农村文化是独特的，这是其自然和历史属性的体现。因此，农村传统文化发展过程中不宜"一刀切地现代化"，需要在城镇化程中保留住其"文化个性或精神"，这需要依靠两方面的统一协调。[1] 首先，农村学校教育必须要树立起弘扬农村传统文化的自觉意识，通过系统化的思想教育引导校本教材的编写、文化生活实践的参与等培养农村中小学生的乡土情怀，让其成为一个有文化血脉的生命个体。其次，学校之外的农村传统文化心理场是重要的"活"的教育资源，它以一种潜移默化的方式让中小学生在开放性、活动性、生活性的传统文化事项活动中形成价值观和心理思维方式。因此，为了促进农村中小学生文化个性的生成，农村学校、家庭、社会要在自觉重视对传统文化的积极保护，形成有目的、有计划、有针对的农村学校教育和校外文化心理场互补机制，发挥它们对农村中小学生传统文化精神孕育生长的统一作用。

（三）加强社会成员启蒙，形成多元和谐的农村终身教育系统

农村中小学生虽然有"学生"的称谓和角色，但他们同时也是一个社会人，影响他成长的社会主体绝非仅为学校的教师，然而不少农村父母或其他社会成员理所当然地认为学校、老师是学生最为理想的学习场所和学习对象，而忽略了学生成长中所需要的是一种交往式的社会实践经验的积累内化。如果生活里中小学生不断地受到社会主体不良榜样的错误诱导，那么他们的价值意识、思维心理则会良莠不齐。所以，未来城镇化进程中，要积极进行农村中小学生传统文化教育，有必要对农村社会成员进行"启蒙"，如同《学记》

---

[1] 漆永祥.中小学加强传统文化教育的几点建议 [J].语文建设，2014（1）：14.

所言"建国君民，教学为先"。只有所有的农村社会成员坚信和自觉落实社会主义核心价值观，将爱国、诚信、友善作为自我行动的指南，在村落生活中贯彻自由、民主、法治的生产生活关系，农村中小学生才能通过与具有"正能量"的社会成员交往而获得发扬农村传统文化的积极引导力量。要达成这一目的，农村城镇化进程中有必要建立起多元和谐的农村终身教育体系，让不同年龄阶段和不同职业的农村社会成员都能获得相应的教育支持，从包括幼儿教育、学前教育、基础教育、职业教育、成人教育、老年教育在内的教育结构体系中受到"启蒙"。[1]这样才能把教育当成生命的组成内容和存在方式，积极承担起保护传统文化和教育农村中小学生健康发展的使命。

---

[1] 周晔.城镇化背景下农村教育新探［J］.河北师范大学学报：教育科学版，2013（7）：20.

第三编

教学是开启师生生命交往的场域

引　言

马克斯·范梅南有言："教育学就是迷恋他人成长的学问。""任何教育学意向都应尊重儿童本人的实际情况和发展。……尽最大可能地加强儿童的任何积极意向和品质。"[1]学校育人实践的基本形式是教学。教学具有时间性或育人性，其过程不能只是物理时间的展开，还是情感性的，唯有情感能将物理的时间"软化"为有温度、有意味的生活。其实，这里并未有何新奇之处，因为教学乃是师生之间以课程为中介的育人活动，既然是育人活动，就不可能离开师生整体生命状态的融入，不能把教学定义为单纯的"知识流动"，否则，师生双方就变成了"知识流动"的载体或工具，如此则让知识或理论占据了教学的中心，成了"主体"，而作为主体的人则只能运用所谓的理性来把握知识法则或逻辑，这样的教学只能称之为"知识的教学"。当然，在现实的学校教学中，知识的教学是十分重要和必要的，因为知识是过往人类应对周遭环境的符号表征，其中内涵着人类的认识能力等。教学关注知识的传授和习得是育人

---

[1]　马克斯·范梅南著，李树英译.教学机智—教育智慧的意蕴［M］.北京：教育科学出版社，2014：13-19.

不可缺少的部分，但知识的教学意义不仅在于知识本身，还有"知识"背后的人性能力培养。因此，知识虽然是教学的重要内容，但教学不是为了知识而教学，而是以知识为媒介的育人的教学，这才是教学的根本。

那么，如何才能实现教学的育人根本呢？一个很重要的方式就是在教学中进行情境创设，摆脱抽象的知识授受，知识在情景中激发人类的智力、情感、意志，并融入当下师生切身的生活经验，与事实之外的更多对象建立起联系，从而使得教学过程变得充盈，而不是脱离人的逻辑理性认知。逻辑的理性认识将既定的标准或事实法则奉为圭臬，教学背离此标准则意味着"溢出"了知识之外，而问题恰恰就在于"溢出"知识之外的教学不能不包含在教学之内，且正因为这部分的存在，才使得教学留有"余韵"，在此余韵中，学生才能自由发挥想象力、大胆质疑教学内容，投入与知识的对话当中，与老师和同学就自我对知识的理解展开交往。可以说，教学交往并不意味着无差别的趋同，而是不同个体在共同面对知识经验及人性世界时，不同的个体在已经形成的真理基础上，切实去引出世界之更为丰富的意义来。

第一章　高校教师教学能力发展的误区与消解

大学的生命和活力要靠教育质量来彰显，而教育质量最终要落实于教学实践之中，唯有教师不断提升教学水平，大学生的思维能力和知识水平才能持续提高，为其走向社会打下坚实的身心素质基础。"教师的教学能力是影响教学效果的各种因素中最直接、最明显、最具效力的因素。推进高校的'质量工程'，必须深入地探究高校教师教学能力的发展和研究状况"[1]。为此，几乎所有的大学都在为培育教师教学能力做各种努力，虽出台了一些举措，但效果不尽如人意。何以如此？很重要的原因之一是高校教师教学能力的发展在实践中存在误区。虽然各种常规性、激励性、惩戒性的教学管理办法时常出台，但无形之中又使教师陷入了追逐名利或按部就班的困局中，其教学背离了师生共同探索真理、激发彼此思维的宗旨，导致教师教学能力发展普遍受到限制。

一、高校教师教学能力发展的主要问题

当前，众多大学为了提升办学质量而纷纷进行改革，尤其是学校的教学管理部门，想尽办法为教师教学能力的提升出谋划策，但很大程度上他们往往是以一种"客位"的思维来面对教学发展的，忽略了作为教学主体的教师和学生所遭遇的现实困境，以致教师教学能力发展陷入多重矛盾的误区中。

（一）教学任务与教学研究的分立

教学是一门实践性的学问，其中充满着非程式化的"活"问题。这些问

---

[1]　孙钰华. 高校教师教学能力研究的回顾与反思［J］. 中国大学教学，2009（8）：58-60.

题是在师生围绕课程知识而展开思想碰撞的过程中产生的，是师生之间关于生命经验的对话。教学追求的目标是让学生对知识不仅"知其然"，还要"知其所以然"，所以，教学目标不是通过单一的讲授知识或逻辑分析就能达到的。缺少了相应的背景知识和生活经验，教学就会变为静态的文本分析，也就难以实现学生的知识内化和能力转化，这也恰恰是大学生时常认为"学无所用"的根本原因。换句话说，当教学没有发挥出激发兴趣、活跃思维、训练方法、提升能力的教育作用时，就会引发教与学分离而非教与学相长的消极关系。那么，如何避免这种状况发生呢？一个很重要的方法是教师要结合教学中存在的"活"问题进行科学研究，这可以有效提升教师教学能力和教育质量水平。

教学是以知识为纽带而展开的师生身心互动过程，在探求知识时，必然存在着质疑或分歧，这就需要教师将之归纳、提炼，形成问题，展开研究，并结合知识结构系统进行成因分析，从而采取相应的策略进行教学的组织与设计。"科研能力和教学能力二者并不矛盾，高校教师各项能力的提高都根植于课堂教学实践。高校教师的管理要由传统的人事管理向现代人力资源管理转变，要建立教学与科研并重的激励机制，满足教师积极性、创造性和潜能开发的需要，要培养教师自主学习的能力，完善自身知识结构，促进教师实施研究型教学，强化教学学术观"[1]。基于此，学校的教学管理应注重教学与科研的统一，即鼓励教师以教学中的实践问题为研究的源头活水，积极开展教学研究，改变学校惯常的以争相申报教改课题立项的方式提高教师教学能力的办法，让每位教师本着对教育的喜爱、责任和反思之心来开展教学研究，从而实现以教促研、以研促教的积极效果。

（二）教学数量与教学质量的失衡

教学也是一门个性化的艺术，是师生在互动中形成的一种主要风格，需要师生双方的默契配合，并以积极主动的态度融入其中。而此种主体风格的

---

[1] 刘晓颖.高校教师教学能力的培养和提升 [J].中国成人教育，2014（1）：95-97.

形成离不开长期的积累，绝非一朝一夕之功。"高校教师教学能力的提升是一种个性化成长过程，是一项长期的系统工程，其中教师的自主发展至关重要。在教师自主发展过程中，教师需要用心用情地履行职责。"[1]因此，对于教师而言，要形成个人的教学特色且获得良好的教学效果，就要在所擅长的课程领域用心用力，做到精心准备教学设计、认真总结反思教学效果等。要使教师充分发挥"教其所长"的特色，不能使教师在应付诸多的课程教学任务中疲于奔命，成为所谓的"一肩多挑或全科型"教师。否则，教师很难在教学能力和教学效果上日益精进，反而会在繁重的教学负担下失去教学兴趣，把教学当成一项任务而交差了事，无心也无力钻研教学质量。而此种状况在大学教学管理中不仅成为一种普遍现象，而且被默认甚至是被鼓励或被倡导的。原因有两方面：一方面，一个教室负责的课程数量越多意味着教师所得的课时津贴回报越高，教师之间也往往以此作为相互攀比的一个重要指标；另一方面，负责的课程数目越多可能意味着教学部门对承担这些课程任务的教师越器重。当然，此种现象的存在也许还与师资力量薄弱等原因有关。尽管这些理由不乏客观性、真实性，但从最终产生的教学效果而言，都是值得斟酌的。毕竟大学教师只有专心于专业领域，长期从事与专业相关且相对稳定的少量课程教学研究，通过持续的积累（教学资料的收集和整理、教学方法的改进和调整），才能对其所从事的课程教学有丰富而独特的经验心得，才能不断提升个人的教学水平。

（三）教学卓越与教学优秀的混淆

教学是一项创造性的活动。有效的教学是在教师讲授分析与学生接受理解客观知识的基础上，激活彼此思维、开展思想交流并能促发主体智慧的生成。这其中既有教学主体对知识理解的新视点、新方法，也有教学主体对情绪、情感的有效调节，除了使教师也在这个过程中形成独特的教学风格之外，也使师生都能以愉悦的身心投入教学之中，共同获得智力、情感、意志上的

---

[1]　朱新武.高校教师教学能力提升存在的问题与对策[J].教育探索，2013（6）：124-126.

提升。可以说，从教育性角度而言，教学蕴含着创造卓越的品质，能促进教学对象的身心协调发展，使教学充分体现出真善美相统一的品性。显然，这不是所有或大部分教师能轻易达到的教学水平。要想成为卓越的教师，那么得拥有自然、社会和人文等学科宽广而深厚的知识储备和丰富的人生阅历，同时还要有把教学当作毕生事业的精神态度，并不断反思、学习和研究。虽然这对很多教师而言，有一定的难度，但教师不能因此而放弃这种追求，更不能以此作为自己平庸的借口，而应当尽自己最大努力成为出色的教师。所以，教学管理不仅要注重教师教学能力的培育，还要对教师的教学卓越与教学优秀进行区分。不能像当前这样，只笼统地提出模糊要求，诸如教学中教师有无备齐教学大纲、有无教学进度计划、有无授课教材、有无清点学生名册等，以客观性材料的有无来认定教学事故的与否，或者结合个人在教学比赛、科研课题、论文数量等方面的情况来进行优秀、合格、不合格的考评。这种做法对教师教学能力的提升是有害无益的，因为只有当教师在教学中感受到与学生之间思想的火花，产生喜悦、激动的情绪体验后，才能真正用心投入到教学中，并不断超越自我成为一名教书育人的好教师。

（四）教学奖励与教学惩罚的极端化

教学是一个复杂的系统过程，对人发展的影响具有缓慢性和周期性。教学是师生长期互动融合而成的身心体验，并通过学生的价值观、思维方法、情感态度等显现出来，其效果往往要通过学生融入社会之后的人生发展状况来反映。可以说，"教学能力的提升是一个没有终点的课题，即使是经验丰富的老教师，也需要不断更新专业知识和教育理念，这样方能适应社会的发展和教育工作的需要"[1]。因此，教育质量和教学水平的提高是在点滴的积累中进步，而非一蹴而就的。可事实上，当前教学管理中的一个普遍现象是，对教师教学质量效果的评价往往采用计数式的方式进行，最明显的做法就是学

[1]　何静.高校教师教学能力提升的制约因素与解决对策——基于ＷＳＲ方法论的解读［J］.高等农业教育，2015（6）：46-49.

生评教后得分最高者为教学优秀的教师。目前，这种计数式的教学管理评价方式又有走向两极化的倾向，出现心理学中的"罗森塔尔效应"，即对于获得一次教学优秀评价的教师，其"优秀"就与之终身相伴，甚至学校各类评奖活动都会优先考虑；而相应获得一次诸如因迟到而被认定为教学事故的教师，则常常被贴上教学行为有问题的标签，并影响其职称晋升、津贴补助等，形成教师间教学发展上的"阶层固化"。当然，对教学管理中存在奖励与惩罚两极化现象的批评，并不意味着可以容忍教师违背教学基本要求，而是从刺激和提升教师教学积极性和教学能力的角度所进行的一种反思。不能把奖励与惩罚当作目的，也不能把它当作拉开教师之间"名利"差距的策略手段。相反，它应是一种激励性的方法和技术，最终是为了实现增强教师教学能力，而不是要在塑造教学"英雄"的过程中形成教师之间、教师与管理部门之间的对抗式关系的。

二、高校教师教学能力发展问题的成因

高校教师的教学能力培育是一个复杂的系统性工程，既受教育生态环境的影响，也与教师个体的志向、努力程度有关，还与校内外办学资源和条件脱不了干系。因此，为了更好地促使教师教学能力的提升，教学管理者要避免"客位式""监督式""数量式"的行政化思维，而应将教师教学能力发展置于教育生态结构中来权衡考量，这也恰恰是解决现实中教师教学能力培育有关注、有投入却无实质性问题的根本办法。分析高校教师教学能力发展问题的成因，主要有三点表现。

（一）教学能力生长的教育生态环境恶劣

教学是由"教"与"学"构成的统一过程。教学质量是通过"教"与"学"主体之间积极互动而产生的效果。那么，这种积极互促的关系又是怎样形成的呢？有没有一个便捷而固定化的教学方式呢？答案是否定的。显而易见，不可能所有的学校、教师在办学环境、办学模式上有同等的条件和表

现，但可以肯定的是，每一所大学都会对教学质量有所追求。只有正视了这一情况，才能从根本上解决大学教育中提升教师教学能力这一普遍问题。为此，我们分析的视角要进行一个转变，即从教学的内容、方法、形式等方面转向教学的主体。当然，这并不是说教学内容、方法、形式不重要，而是从事实层面上看，围绕着它们所展开的教学改革效果不甚明显，所以有必要将分析视角投向教学主体。要使教学能力发展转向主体自身，就要使教师树立崇高的教学理想，唤起他们强烈的社会责任感，全身心地投入教学中去，认真钻研教学业务，优化课堂设计，在实践中不断总结教学经验，进而提高教学能力[1]。从教学是由"教"与"学"两方面统一的层面而言，教学要得以有效提升，最为重要的基础在于"教"者要"爱教"，"学"者要"爱学"，这比所谓的方法技术更能持续性影响教学效果。然而，在现实中，"爱教"与"爱学"并未成为当前教学的重点，师生双方把教与学更多是当作一项任务，为了完成任务而各行其是，以致实践中教与学相分离的现状十分严重。所以，当前教学管理要促进教师教学质量的提升，有必要从教学能力生长的教育生态环境方面着手，先解决包括师生在内的社会主体的教育观念。从师生层面而言，要让他们"悦教悦学"，不能将教学当作一件苦差事，而应是乐在其中；从学校、家长、社会层面而言，要给师生解除"成名成家"的功利化束缚，注重学生身心素质的协调发展，让师生在探求新知和追求真理的教学中凸显互动性、创造性等。

（二）教学能力评价的教育价值物本倾向

言及教学，不得不谈学校。学校作为人们接受教育的主要机构或场所，使教学已成为学校教育的代名词，这在高校教育中又表现得特别鲜明。当前高校教育中师生之间的交往主要集中于课堂上，课堂之余的学习探究、对话、交流较少，在这种情况下，课堂教学的教育性更显重要。因此，如何通过课

---

[1] 赵静.地方高校青年教师发展体系的构建[J].教育评论，2014（11）：14.
[2] 毛洪涛.高校教师教学能力提升的机制探索[J].中国高等教育，2011（23）：35-37.

堂教学来培育学生综合素质能力成为摆在高校教师面前的一项迫切任务。"无论是做好学问，还是从学生出发教好课，教师都要花时间和精力的。可是目前教师对教学投入的时间和精力都不足。他们花在科研项目、争取经费、写论文专著、参与和接受评审、填写各种报表材料、处理行政事务和公关接待的时间实在太多，而因袭传统、按老办法教书，照本宣科、'满堂灌'是最容易、省时间、省精力的办法"。的确，当前高校教学管理并未将教学的教育性作为重点考评教师教学水平的标准，更多是从技术性的外显教学行为给予评价，诸如各种教学材料是否齐备、有无按时上下课、教学时间分配是否合理、教学内容重难点是否突出、普通话是否标准等。这些的确可以通过训练、"包装"等方式来体现教学的整齐化、标准化，但却与教学的情景化、个性化、创造性、交互性等特点相去甚远。所以，这种评价方式无法让教师真正地引导学生探求知识真理、关注社会生活、思考价值信仰，而这些又是师生在日常的教学中按照教育本质开展教学活动时应该要产生的，甚至这当中会存在师生在互动中出现的"矛盾冲突或抵制"等非连续性的教学片段。要形成一致认可的教学形式或风格，不是通过几次"故事性、笑话性"的"娱乐教学"就能完成的，而是要教师围绕着课程知识和教学材料对学生进行严格的思维训练，并在此基础上，师生双方不断进行生命经验的交流与对话形成学科知识结构和专业精神态度，进而以专业学科为视角来认识宇宙自然和社会人生，这样才能形成主体个性化的教学风格。然而，当下教学管理的取向更多定位于物本化，对教师教学能力的评价往往带有极大的功利性，延续着中小学应试教育的思维，注重教学过程的程式化、效率化、可控性，教学沦为了一项为达到学校教学管理规范的任务，使得教学的育人功能很难在碎片化的教学过程中实现。

（三）教学能力发展的教育资源欠缺

教学是在时空中展开的流程。从时间角度而言，教学有着学制、学时等方面的要求，因此，要考虑在有限时间内实现教育质量最优化的问题，这对教学是一种挑战。一方面，教学不是一项单纯"追求速度"的活动，而是在教学主体之间通过倾听、对话、合作等一系列的"细工慢活"；另一方面，教学又受到具体时间的规定或限制。如何平衡这两方面的矛盾是教学管理不得不正视的问题。从空间角度而言，教学主要在教室中展开，师生、课桌椅、多媒体等构成了不同的组织形式，如讲授式、讨论式、分组式等，这些教学组织形式又会产生教学空间的表现差异。这是在教学管理中必须要给予重视的。不能将教学形式仅定位于"静坐、静默"或"一问一答"的格局之中，而应让教学空间里的要素围绕着激发师生教与学的积极性来组织。为实现这样的效果，在培育教师教学能力的过程中，有必要"集中校内优质教学资源，形成共享机制，为提高教师业务水平和教学能力实施全方位服务……通过建立资料室等形式，提供优质课的教学视频、高等教育教学研究文献，为教师提供教学能力自我提升的外部资源"[1]。因此，要发挥教学时空结构的有效性，教学管理就要为师生提供良好的教学资源和条件，而非对教学进行单一的监督管理。可事实上，大多数学校的教学管理并未对教师的"教"和学生的"学"进行"资源营养供给"。例如，在教师进行学科课程教学时，要对教学的内容、过程、方法等进行整体设计，这一过程需要一些相关的教学案例、资料等，那么，学校教学管理部门就应该建立起丰富的数据库供教师进行教学设计时使用，虽然这是一个积少成多的长期过程，但似乎不少高校的教学管理在这方面是阙如的，能查询到的数据库更多的是学生成绩、试卷等。另外，从教学中知识的传授及内化角度而言，教学最终要促进学生能力的发展，而这就要使教学具有解释自然宇宙、价值人生和社会环境等问题的功能，从而使学生能够活化知识，形成解决问题的思维方法、意志品质和情感态度。为此，教师教学能力的培养不仅需要教师学习理智分析传授知识的技能，还需要教师拥有所从事专业的社会实践经验和努力追求发展的动力。同时，也需要学校教学管理部门搭建教师教学实践经验交流平台，为教师开展理论学习与实践经验相结合提供可能，进而提升教师教学的有效性。

[1] 徐延宇.建立高校教师教学能力提升的有效机制[J].中国高等教育，2011（3）.48-50.

三、高校教师教学能力发展的对策和建议

当前，高校教师教学能力的发展重"物本"，教学管理关注更多的是教师外显行为的技术化、规范化。这种脱离实际的教学情景，以短期零碎的教学表演来对教师作出教学水平的评价并给予相应的奖励与惩罚的方式，使得本应以培育教师教学能力发展为要旨的教学管理变得商品化。这种做法，虽在一定程度上逼促了教师"守时敬业"，但对教师教学能力的提升并无实质的益处，只会助长教师"玩弄"教学的伎俩升级，却不会培育教师热爱教学的崇敬之心，而此才是提升教师教学能力最为重要的基础。

（一）凸显教学地位，注重教学能力提升的校园文化建设

大学的教育质量归根结底是要通过培养的对象来体现。大学生综合素质能力的提高离不开高水平的教学保障。然而，当前高校在办学过程中存在着一种不良现象，即"学校管理"重于"学校教学"。换句话说，就是学校发展的重心或导向是要确立各种"重大项目"，包括基建项目、科研项目（平台）、博士硕士点建设、重大实验（研究）基地建设等不一而足。这些项目往往是学校未来发展努力奋斗的目标，而作为学校日常化、基础性的教学却未给予相当的重视，这似乎成为当下高等教育的一种常态。由此，造成社会对高校毕业生认同程度不高、在校大学生对教学质量不满意的结果。在这种情况下，我们也自然明了：为何高校中不少教师热衷于"从政"，为何很多学生热衷争当各种类型的"学生干部"，为何学校在对外形象宣传上不遗余力。而所谓的"教学管理"更多是把一线的教学变成"监控"的对象，而非是为切实提高教育质量水平提供的周全服务。为此，高校教师教学能力的培育要从基础做起，凸显教学在学校工作中的地位，营造教学主体正确的教学价值观和态度，建立起"以学生学习为中心、以学习质量提升为出发点的文化组织，在高校内部营造出全校师生对教学研究、学术研究、教育理念等问题进行积极参与的氛围和环境，进而让教学质量进一步提高"[1]。总之，当前高校教师教学能

---

［1］　彭书明.构建高校教师教学能力发展体系研究［J］.继续教育研究，2015（8）：71-72.

力培育要有效进行，学校必须转变思路，高度重视教学的基础性地位，加大教学建设与发展的支持力度，从意识观念、价值导向、服务配套等方面发挥教学的基础性作用，积极构建以教学为中心的行政管理体系。唯其如此，高校教师教学能力培育才能在良好的校园文化环境中顺利开展。换句话说，只有当作为学校发展主体的广大教职工和学生的"心正了"，回归教书育人、管理育人的本质，教师教学能力在自我努力和良好的育人文化环境影响下，才能得以长足发展。

（二）转变教学观念，确立教学能力提升以人为本的旨归

教师教学能力的发展除了要有良好的校园文化环境外，还与教师所从事的教学实践密切相关。只有教学实践按照教育本质规律展开，才能达到教学育人的效果。而如何才能使教师的教学有"教育性"呢？为了说清楚这个问题，还得从教育本质谈起。教育是培养人发展的活动，而人的发展终其一生要面对人与自然、人与社会、人与自我之间的矛盾，教育就是要不断增进人们协调处理这些矛盾的生命能力。为达此目的，需要采取一定的教育形式和方法，而学校教学就是具体的表现之一。因此，教师教学能力培育的目的是提高教育质量和教学水平，而教育质量和教育水平的提升必然是遵循了教育本质、增进了学生生命能力所产生的积极效果的反映。所以，在当前对教师的教学能力培育过程中，学校的教学管理部门以及从事教学实践的教师要转变教学观念，即教学不仅是传授学科知识，还要培养学生在学习中把知识内化为分析、判断问题的能力，而这种能力是包括了认知、思维、情感、意志、行动等多方面因素的综合素质的体现，只有学生学会了利用知识分析判断，又能在实践中理性行动，其发展才能实现理论与实践、知与行及身与心的协调统一。教师教学要以人为本，在知识传授上要注重对原理或核心概念的阐释，但要注意"化繁为简""以点带面"，并在此基础上与社会生产生活中的问题相结合。所谓的"化繁为简"，是指学科课程知识的传授要注重学科的基本结构，突出基本原理和核心概念的基础性、线索性的纲领作用；所谓的"以点带面"是教学中对具体问题的探讨要讲求全面性、系统性，以跨学科的思

维给予深入剖析。可以说，唯有教学注重这二者的结合，方能保证教学的有效性，避免出现当前大学生"学完就忘"以及对专业学科缺乏基本的知识框架和思维方法的状况。当然，教师教学要想达到此效果，就离不开教学管理提供自由、开放的教学环境，使师生在以课程知识为载体的学习中，进行思想碰撞、情感表达、经验交流的互动，从而使教学尽可能体现教育的本质。

（三）加强教学反思，突出课堂经验升华对教学能力提升的作用

教师教学能力的培育不是一件速成的事，也不是生产一件标准化的"货件"，而是需要教师丰富的教学实践经验的积累和在不断学习反思基础上的改进。唯其如此，才能在逐步提升中"修成正果"，成为具有独特教学风格的优秀教师。因此，当前高校教师教学能力的培育，除了要注重对教师教学提出各种规范化要求，以及通过诸如教师教学技能大赛等活动来让教师进行教学经验的交流分享和学习观摩之外，还要注重促进教师个体在教学上的自我成长。这个自我成长是一个长期的过程，不是通过短期的培训、观摩等外力刺激就能直接推动的，而是要通过教师勤学苦练的长期内修，一点一点靠近教学的艺术殿堂。"高校教师更需要将自己的教学活动作为主要思考对象，并对自己的所作所为进行终身性的自省、自责、自励，以一种自我考察的途径来促进教学能力的提升。"[1]因此，在当前教师教学能力培育过程中，学校要积极促成教师教学反思的自觉习惯。一方面，教师要重视课堂教学的观察记录，对教学存在的消极和积极因素进行归纳总结；另一方面，教师要敢于正视自己在教学中存在的不足。教师要做到这两点，与学校自由宽松的教学管理不无关系，学校要容得下或允许教师在教学上缓慢"学步"或在"学步"中"跌倒"，而不应在偶尔的教学检查中给予教师教学终极性评价，扼杀教师教学的激情和信心，这个道理是显而易见的。优秀教师的发展都要经历一个积淀的过程，而积淀就是要求教师结合教学实践过程不断反思，逐渐形成个人对

---

[1]　徐微，闫亦农.终身教育视野下的高校教师教学能力培养［J］.教育与职业，2016（5）：53-55.

教学时空要素的有效组织。教师除了对教学的形式、结构等要素进行反思外，还要敢于正视自我，让"认识自我"成为一种反思习惯，从知识结构、情感态度、道德品质、价值信仰等方面作出检视，肯于承认自身存在阻滞教学发展的因素并努力改变，通过不断学习来提高自身教学综合素质能力。总之，教师教学能力培育的关键在于将课堂教学实践经验的总结与自我反思有效结合。这是一个不断积累教学经验并逐步将之升华的过程，学校教学管理部门应该尊重教师发展的这一特点，为其营造良好的学习和成长环境。

第二章　高校教师教学能力增进的实践选择

如何培养出高素质的师资人才队伍是高等教育发展和改革所必然面临的问题。而这一问题的有效探讨离不开时代和社会发展背景，唯有从国内外高校教师教学能力培养的现状入手，在综合与对比的基础上提出相应的对策。

一、国内高校教师教学能力培养的研究现状

有关高校教师教学能力的提升问题，国内学者们有着积极的主体意识，对培养和发展层面给予关注，而非停留于一种高校教师教学能力可以自发"变化"的认识上，正如有学者指出："高校教师的教学能力会自觉不自觉地有所形成，但这种过程不仅是一个缓慢的过程，而且是一个教学能力'良莠'齐生的过程。因此，必须有意识地提升高校教师的教学能力"[1]。在如何培养高校教师教学能力方面，学者们的研究主要集中在两大方面：其一，关于高校教师教学能力的内部因素，即教师在完成人才培养过程中所必需的各种专业知识和技能。这一方面的研究观点主要包括：完善知识结构，促进知识更新的能力；强化教学研究能力；充实和完善各项教学能力；加强教育理论和现代教育技术的学习；促进科研能力水平的提高[2][3]。其二，关于高校教师教学能力的外部因素，即保证教师自身教学能力充分施展和提升的管理、制度和环境因素。这一方面的研究观点包括：教师教学能力培养的理论研究滞后；

[1]　孙钰华.高校教师教学能力研究的回顾与反思［J］.中国大学教育，2009（8）：58-60.

[2]　余承海，姚本先.论高校教师的教学能力结构及其优化［J］.高等农业教育，2005（12）：53-56.

[3]　林永柏.浅谈高校教师教学能力的构成及其养成［J］.教育与职业，2008（9）：121-122.

教学能力助长机制的不完善（如选拔机制的缺陷、教学管理力度的"软化"、教学评价制度的偏向）；教师教学能力发展存在"高原期"；教师教学能力的"绩效化"开发[1][2][3]。从国内学者的研究来看，对高校教师教学能力的培养是一种"横向模式"，比较关注教师教学能力的"静态结构"，突出其中的各种"子能力"的增强和"拼凑组装"，注重的是高校教师在学历文凭、科研成果、多媒体运用等"技术化"的追求。而这种追求又往往受到上述所言的"教师教学能力外部因素"的强化，即各种物质奖励、职称晋升等刺激。可以说，这种模式是一种"客观主义"的培养模式，是功利性质的，其弊端是往往忽略了"教学能力培养服务于教学、服务于教学对象——人的发展的宗旨"。当然，这一模式的优点也是显而易见的，即在提升教师教学能力的外在"程序或技术"上表现出较高的效率，能系统、逻辑地向学生传授各种学科知识；同时又在客观上增加了教师的知识数量、类型，且改善了教师的生存空间（各种奖励性回报）。

二、国外高校教师教学能力培养的研究现状

与国内学者从高校教师教学能力自身角度进行探讨不同，国外的教师教学能力培养更偏重于一种实践化的方式，突出教师教学能力发展过程中的参与，而不是以一种"外围"的方式来提升自我的教学能力。也就是说，国外教师教学能力的培养是在"教学"中完成的，而不是单纯地借助于教学之外的文凭、成果来实现。具体来看，国外的高校教师教学能力提升包括职前培训和在职培训两大层面，每一个层面又有着许多具体的表现形式。其一，职前培训。目前来看，国外高校教师职前培训拥有政府的积极重视，政府出台

［1］李茂科.高校教师教学能力阻滞因素探析［J］.企业家天地，2006（3）：161.

［2］李亚文.高校教师教学能力"高原期"现象新思考［J］.辽宁师专学报：社会科学版，2001（6）：59-61.

［3］陈利.基于绩效技术的大学教师教学能力开发研究［D］.南京：南京航空航天大学，2006：55-61.

了各种法律法规，加强大学和培训机构之间的合作。如美国高校青年教师的职前培养主要通过未来师资培养计划、研究生教学机会项目等展开。该计划通过与本学校外出攻读博士学位的高校教师所就读的单位建立合作小组，让外出攻读博士学位的高校教师参加学校的教育教学工作，在求学期间履行教师的职责，这些学校包括综合大学、四年制大学、文理学院和社区学院等不同类型与层次的高等教育机构。另外，这些学校还设置了"导师制"，根据学科和专业性质，导师就教学、科研和职业责任等方面在其学习过程中给予指导[1]。2002 年，澳大利亚政府颁布了《一种值得关注的道德——对新教师的有效计划》，其中用"职业经历"代替了"实习"，把"职前经历"纳入整个职前培养计划中，并在不同的学校和学生群体中进行"职业经历"训练。这一计划将高校教师与中小学校一线教师就高校所传授的知识、能力与中小学实际所需的知识、能力建立了联系，实现中小学校指导者和高校教育者之间的合作伙伴关系。这种形式的好处在于：一方面，帮助中小学校指导者具体指导学生的专业实践；另一方面，高校教育者在某一阶段的"职业经历"结束后，通过研讨会等形式让学生反思自己实践中的问题，反思的结果是继续专业学习的前提[2][3]。其二，在职培训。当下，终身教育是一个人不断发展所必需的，高校教师通过各种渠道进行继续教育提高教学能力是一种必然趋势。进入 21 世纪后，为了提高高校教师的素质，印度高等教育在经费、机构、课程等方面作出了改革和努力，如印度每一个邦在大学内部设立学术人员学院，为大学和附属学院教师提供进修课程，当然，前提是在印度大学拨款委员会有 100% 的财政资助。再如，目前美国的很多高校通过设立教师培训中心为教师提供广泛帮助。以得克萨斯州为例，该州的大学普遍设有教学技能培训中心，指导和培训新教师掌握教育技术。并且，在固定时间内安排活动，提

[1]　刘凤英，韩玉启，糜海燕.美国高校教师培训与管理的借鉴意义[J].江苏高教，2007（5）：142-144.

[2]　刘肖芹.国外高校青年教师教学能力培养模式管窥：以美、英、澳、印为例[J].广州番禺职业技术学院学报，2011，10（1）：59-63.

[3]　刘益春.澳大利亚大学教师管理、培训的特点与启示[J].外国教育研究，2006（1）：73-75.

供各种机会帮助新教师适应学校的工作、生活环境。此外，"导师制"是美国提高教师教学能力的一种重要方式。"导师制"既可以充分发挥中、老年教师的优势，又能帮助缺少经验的青年教师解决教学过程中遇到的实际问题，更有利于和谐教师集体的形成。又如德国慕尼黑大学、英国剑桥大学等高校，都有着一套相应的教师素质提升策略。德国慕尼黑大学通过开设和举办青年教师演讲基础培训、教育教学方法讲座等，形成了老教师与青年教师座谈、讨论、交流等方式，帮助青年教师不断提高教学技能和教学水平[1][2]。

从上述介绍中，我们可以看到国外高校教师教学能力培养是以一种"纵向性 + 体验性"的立体方式来进行的。"纵向性"指的是教师教学能力培养在时间上的连续性，重视教师的不断发展；"体验性"指的是教师教学能力培养注重实践性，在参与的过程中反思、总结，从而促进自身的发展。

三、提升我国高校教师教学能力的策略

高校教师的教学能力关乎人才培养的质量，国内外学者、高校教育管理部门及人员都对高校教师教学能力提升展开了许多理论探讨和实践改革，并形成了一些相应的发展模式和对策。本文关于提升高校教师教学能力的策略，就是在综合国内外相关研究观点的基础上提出的，既对已有研究观点的积极成分加以吸收整合，又对我国高校教师教学能力培养进一步反思。

（一）确立"发展性"的教师教学能力培养取向

教学能力能否得以提升，一方面取决于高校教师群体自身，另一方面取决于高校的教师教育价值取向。就高校教师群体自身而言，需要将教学能力与育人目标结合起来，而不仅认为教学是完成一项各门具体学科知识传授的任务，还要将自身教学能力提升与培养积极健康的高素质人才联系起来。高校教师只有本着"为了学生的更好发展"的原则，才能将自身教学能力的完

［1］ 安双宏.印度高等教育：问题与动态［M］.哈尔滨：黑龙江教育出版社，2001：16-58.

［2］ 项亚光.美国学区新教师的入门培训及启示［J］.外国教育研究，2003，30（6）：51-53.

善变成一种自觉的行动。同样，作为高校及其管理人员，对教师的教学能力培养需要将其与教师自身的发展联系起来，而不应将教学能力培养变成一种技术性的要求，不能仅以普通话、职称、计算机、外语等外在的"客观性"尺度来规范，应确立教师教学能力是其教育教学生命的组成部分，促使教师群体对"教学能力提高"形成自我认同感。总之，教师教学能力培养离不开教师发展性目标取向的确立和实行，积极促成教学能力发展的是教师的教育自觉，有了良好的教学态度、教学热情，辅之以专业理论学习和实践反思，教师才能不断地提高自己的教学水平。

（二）构建"实践性"的教师教学能力培养支持

系统教学能力的培养是一个长期而复杂的过程，教师除了在自我负责的课程教学中不断提升能力之外，还必须借助其他渠道和力量。但需要注意的是，教学能力的培养不能变成单纯地知识或理论学习，而应必须突出培养的实践性，教师要把自己所掌握的专业理论知识和思想运用在实践情境中。正如有的学者指出的，"岗前培训拿证和学历学位进修效果立竿见影，中青年教师考虑较多的是外出进修读研，提升学历学位，名利双收。而实践教学能力的提高既辛苦又收效慢，往往被忽视。结果是教师的理论水平、研究能力有了较大提高，而教学实践能力几乎没有多大长进，这不利于实践教学水平的提高"[1]因此，教师教学能力的培养和提升需要走出单一的"工具化"局限，形成由政府、社会、学校和个人共同参与、相互协调的培养模式，具体可通过校本培训、网络培训、校外社区（企业）合作培训等方式来进行。如英国设有全英国范围的"大学教师发展培训联合会"，各地区也设有相应的"培训联合会"，高校设有"培训委员会"，美国社区学院鼓励教师利用假期接受培训，参加研修会或课程进修并到企业实习实践，形成了完整系统的教师培训网络[2]德国的高校则注重教师实践能力的培养，制定了继续教育法规，要求

[1] 刘肖芹.国外高校青年教师教学能力培养模式管窥：以美、英、澳、印为例［J］.广州番禺职业技术学院学报，2011，10（1）：59-63.

[2] 董文.国外职教师资队伍建设及借鉴［J］.淮南职业技术学院学报，2002，2（2）：94-97.

在职教师在工作中不断学习、进修[1]。这些做法，给我们启示：教师教学能力的提升不能拘囿于年复一年的课程教学上，而需要走出校园、走进社会生活，从校外吸取营养。英国比较教育学家萨德勒指出："校外的事情比校内的事情更为重要，并且它支配和说明校内的事情"[2]。因而，高校教师教学能力的提升，需要将提升的空间与学校之外的社会发展联系起来，构筑一个多元的实践性培养支持系统。

（三）建立和完善教师教学能力考评机制

提升高校教师的教学能力，首要的前提是要将教师教学能力培养看成是学校发展的一个重要内容，作为衡量一个教师教育成绩的重要指标，如此才既能引起教师本人的重视，又能促使学校管理部门建立和提供各种培训制度。当然，这样的考评机制的形成和完善需要多方面力量的支持。首先，教育行政部门、高校管理层要树立"以教学为本、以学生发展为本"的价值取向，将以促使学生成人、成才为目的的教师教学能力培养及提高作为学校发展的一个重要任务。如澳大利亚政府为确保高等教育的教学质量，策划成立了民间全国性大学质量监督局（AUQA），每5年对澳大利亚的大学进行一次评价，逐步形成了澳大利亚大学的质量监督和保障系统[3]。换言之，高等教育的一个重要任务是培养高素质的人才，而要实现这个目的，学校必然要将工作重心放在培养学生成人、成才的教学活动上，高校教师理应将教学、学术研究的取向回归到教育对象的发展上。如此，才能使得高校、教师的价值取向或观念转向教学质量效果、教学能力提高上。其次，高校管理部门要建立多元、公正的考评制度，积极将教师教学能力变成一个重要的考评项目，与科研成果、学历、职称等具有同等的考评重要性，方能强化教师对教学能力的

［1］ 陈幼德.德国职业教育教师资格及其培养模式的启迪［J］.教育发展研究，2000（2）：80-83.

［2］ HingginsonJH. Nottingham The Centenary of an English Pioneerin Comparative Education［J］. *International Review of Education*，1961，7（3）：290.

［3］ 刘肖芹.国外高校青年教师教学能力培养模式管窥：以美、英、澳、印为例［J］.广州番禺职业技术学院学报，2011，10（1）：59-63.

关注。"目前高校教师的理论教学和学术科研考核体系比较健全,但是教师实践教学能力考评体系却严重缺失或简单粗糙。教育主管部门也未颁布相关的教师实践能力考评指标体系,与教师息息相关的职称评审仍然偏重学术要求,而对实践教学水平考核则没有明确要求,这种导向显然不利于应用型师资队伍建设。因此,必须尽快把教师实践教学能力考评纳入教师业务的整体考核中,这样才能在制度层面上建立有效机制,保障教师实践教学水平的快速提高。只有这样,才能真正提高教师的实践教学水平,才能把提高应用型人才培养才质量真正落到实处"[1]。再次,形成客观、全面且富有弹性的考评办法。当下,许多高校对教师的教学考评往往采取学生评价的方式,发放测评表让学生给予分数评定,并做出优、中、差或合格、不合格的等级划分。这种对教师教学成效的评定有着许多的弊端,如太过统一或一刀切,将不同学科的不同教师放置在了客观的标准面前,难以考虑到不同学科和教师的实际情况;并且,这种往往是一种"结论式"的评价,难以获取教师教学过程的具体情况。为此,高校教师教学能力的考核需要本着促进教学能力提升的目的,这就得借助一个多元评价主体参与的复合型评价系统,主体包括学生、二级教学单位、学校考评组织及校外组织(学术团体及学者、企事业用人单位等),多元评价主体的参与能保证教师教学能力评价的客观性,因为不同主体能对教师教学给予多维度的分析,也有利于教师从不同视角反思自己的教学实践,从而不断提升自我的教学能力和水平。

综上所述,高校教师教学能力的提升是高等教育办学质量的保障,因为只有高水平的教学才能培养出高素质的人才。而要实现高素质人才培养的目的,高校教师教学能力的提升应打破"工具化"的局限,遵循"教学育人""以评促教"的原则推进教师教学能力培养的改革和建设。

---

[1] 董文.国外职教师资队伍建设及借鉴[J].淮南职业技术学院学报,2002,2(2):94-97.

第三章　大学积极型师生关系的内涵、结构及实现

大学的生命质量何以衡量，又如何促进？这是大学办学和发展所必须要思考的问题。显然，影响大学生命质量的因素是多元的，提升一所大学的办学和发展水平乃是系统复杂的综合工程，而在众多影响大学质量的因素结构中，师生关系无疑是相对隐蔽但又十分重要的内容，唯有大学存在积极型师生关系，师生双方将探求学问真理和促进社会正义和谐作为共同志业，大学方能朝着"明明德、亲民、止于至善"之道发展。基于此，当前大学办学和发展中要注重积极型师生关系的培育建构，切实发挥好大学引领社会文明进步的重要力量。

一、大学积极型师生关系的内涵

师生关系是教师与学生之间围绕学问探究而形成的一种互动关系，这一互动关系要走向积极健康的发展状态，需要双方在各种实践活动中遵循教育的宗旨和本质，且抱着"求学问道""尊重生命"的敬业、虔诚之心来面对"教"和"学"，从而确保大学的科学人文精神能在师生互促互启、共激共励的过程中得以孕育，最终培养出德智兼备、身心和谐，而且有责任、敢担当的高素质大学生队伍。

（一）师生情感态度的"乐教爱学"

师生关系是一种教育关系，要使二者之间的互动收到应有的育人效果，重要的前提便是教师和学生在情感态度上能够"乐教爱学"。如果少了这一点，教育教学将会缺乏生命律动，沦为机械的程序任务，而此恰恰也是当前大学

教育教学中普遍存在的问题。师生往往把教育教学过程当成不得不执行的工作，或是视之为实现"稻粱谋"的手段，于是师生关系被定格为"商品交换"或"售购"。"从根本上说，高校是以学生和教师为支柱的，其他所有的一切都围绕着师生而建立和运转，如绿叶之于大树，绿水之于青山。若要有人问大学是什么模样？无非就看'师'与'生'这两极支撑的情况和结果"[1]。作为教育者的教师，不以学生为本，而是以学校对其的教育教学规范为标准，尽可能按照行政管理的要求展开工作，虽然对此不能说是错误的，但至少反映出教师教育教学并没有建立在学生之上，把知识当成了客观实体，认为向学生传授完就了事。长此以往，教师便形成了枯燥无味的"厌教"心理。当然，教师"厌教"心理形成的原因还有很多方面，比如与学校教学管理评价机械化、学生学习缺乏主动性、社会风气的功利化等不无关系，然而"厌教"情绪和心理的产生与存在，对大学教育教学质量的影响是巨大的，它使得教师的教育教学处于一种疲于应付的状态中。与此同时，作为学习者的学生，其学习往往陷入所谓的"迷茫"之状，他们难以安心地进行学问探究，不时为找工作、考取各种证书等忙忙碌碌，学业似乎反而成为"副业"，诸如课堂教学、论文写作、实验报告等在其眼里是"苦差事"，往往抱以"厌倦"之态而逃避。因此，当前大学的教育教学质量若要得到保障，教师和学生首先要树立"乐教爱学"的态度，教师要对教书育人的职业充满激情，不断通过自我的学习反思来提升教育教学及管理的能力、技巧，并在促进学生身心发展的基础上获得和体验教育的"神圣性"，从而逐渐培养"乐教"的情感。而学生在教师的引导下，从入学之始就养成良好的专业学习态度，形成好学之风。在此情境下，师生双方才能专心于学问探究而心无旁骛，因知识真理的获取、思想智慧的发掘而激动惊喜，从而形成积极向上的"乐教爱学"的师生关系，为提高大学教育教学质量打下坚实的基础。

---

[1]　罗时进.高校师生关系为何失范 [J].社会观察，2014（12）：26.

（二）师生价值追求的"真善美谐"

大学教育旨在培育具有扎实专业知识能力和良好综合素质的社会主体，如何才能将这一目标落到实处呢？是否纯粹靠知识授受就能实现？答案是否定的。虽然以知识为载体的师生之间的教与学是大学教育的重要组成部分，但比客观的传授知识更为重要的是师生应拥有"求真向善逐美"的价值自觉，唯其如此，大学教育才能走向正道。因为只有心怀"真善美"的信仰，才能使得教与学有方向，不为各种世俗的名利所困扰。然而，当下的大学师生关系却为"名利"所侵蚀，一个十分明显的表现在于，师生将教育教学当成一种手段任务，其教学的动机目的是各自的"身份前程"。对于教师来说，他们十分辛劳地在职称晋升上"打拼"，很多时候"教书育人"的职责被迫让位于科研成果，教师在教学与科研之间两头"忙碌"，二者兼得的人则往往能成为学校里的"优秀教师"，问题在于大部分教师做不到兼顾，所谓的"课上得不错，科研也搞得好"的情况，即使有，也不多见的。此外，可以肯定的是，无论科研在学校发展中占多么重要的地位，作为育人摇篮的大学也离不开高质量的教育教学，否则培养高素质人才的目标就不可能实现。另外，当前不少教师一旦在教学、科研及职称上取得一定的成绩，只要有机会就都忙着去竞聘行政官职，而且这种行为在学校中被视为一种有能力的象征。对于学生来说，他们把精力全部投入资格证书、获奖证书的获取以及公务员、事业单位考试上，因为他们相信这些在找工作时能够用得上，于是早早做好了职业规划。可以说，当下的教师和学生都在为了各自心中的目标而勤奋工作和努力学习，师生甚至在一定程度上达成了价值上的认同，即各自做好自己所确定的目标就可以了，至于是否把科学和人文精神灌注在教育教学中，那不是其自觉去关注的。所以，在这种价值意识导向下，师生双方在教育教学及管理上按部就班地进行，虽然他们在课程教学、学校活动中能给予积极配合，但其实质上却在为自我设定的名利上的"成功目标"而默默奋斗。由此，大学教育教学要能够真正发挥引领社会文明进步的重要作用，需要师生将"真善美"的价值观作为其教育教学行动的基本规范和原则，只有这样，他们方能将心思用于探究学问、关注社会民生和培养独立精神上，在胸怀天下、心系国家社稷和追求正义真理的崇高价值情感驱动之下，师生会勤奋学习和刻苦钻研，使得大学精神的培育有了保障。

（三）师生交往过程的"心诚友爱"

师生关系具有教育性，而这种教育性是综合的，是知、情、意、行等方面能力的统一，其形成除了通过知识授受，还要受到课堂外、学校外教师和学生之间互动的影响。因此，很多时候人们言及师生关系时，常常指的是个体学生和教师之间所构建的综合性的教育交往关系，而非直接的课堂教学过程。因受当前教育教学功利化倾向的影响，教学过程往往是机械僵化、流于形式的，良好的师生关系更多是在学生遭遇学习或生活问题请求教师帮助时，教师能够给予真诚、细心、耐心的指导，学生在心理情感上的尊敬和认同是在与教师的长期互动过程中形成的。"和谐的师生集体就是一个和谐共生、相互依存、充满生机的生态群体，教师和学生在人格上是平等的，在交互活动中是民主的，在相处的氛围上是融洽的。师生关系的核心是师生心理的相容相通，心灵的互悦互纳，进而形成了师生间互信和互爱的情感关系"[1]。可是，当下师生之间并未建立起平等、理解、尊重、宽容的互动关系；相反，互讽敌视、漠然不理、草草应付等却是师生在对待教学和各种学校实践活动的一种常态，比如，学生对所谓枯燥的课堂教学，评价说是教师的教学水平太差，或在课堂上以逃课、玩手机、睡觉、写其他作业等"生活在他处"的方式来应对，教师则视而不见、自顾演说，或以愤怒之情加以呵斥，更为常见的是，在课堂上冷嘲热讽地戏谑、课后以抱怨言辞予以评论。可以说，当前师生之间的交往存在"非同心同德"的状态，不利于教育教学的有效运行，甚至使得师生各自在"自高自大、自命不凡"中增长"戾气"。所以，当前大学师生关系的构建要十分注重师生交往时的"心诚友爱"，亦即相互之间要报以真诚的态度，视对方为审视自我的一面镜子，尤其是教师要俯下身来倾听学生

---

[1]　贺香玉.构建高校和谐师生关系的策略[J].教育探索，2008（9）：19.

的心声，走进学生的学习生活，通过细微的关怀爱护激发学生的同理心，从而让学生主动敞开心扉，将遇到的各种学习生活问题向教师真诚倾诉。总之，积极师生关系的形成离不开教师与学生之间的真诚互动，而建立在爱心、关心基础上的教育教学活动，必然会充分激活生命主体的求知进取意识、道德责任意识，从而促进学生良好意志品质的形成。

二、大学积极型师生关系的结构

积极型师生关系的构建是大学教育教学质量得以提升的重要保障，师生双方只有一心向学，通过双方在学问上的相互鼓励、在心灵情感上的相互尊重理解、在价值意识上的求真向善逐美，才能孕育出真正的大学之道。当然，这种积极型师生关系的形成，是一个漫长的建构过程，其从应然到实然的转变，离不开具体的结构载体，需要在教育教学实践中打造。

（一）以课堂教学为主体，形成探究式教学相长关系

课堂教学是大学师生交往关系形成的主要时空场所，是师生进行知识探究的重要平台。可以说，课堂教学是影响大学教育教学水平的关键因素。如果师生能够在课堂教学中形成一种"用脑用心"的教学关系，课堂教学将会充满生机和活力，师生会充分调动自我的生命经验来对知识进行诠释和掌握，整个教学过程形成积极相长的局面。"高校师生课堂互动的过程，既是师生以教学符号为媒介的主体间交往过程，又是师生对教学情境意义进行双向建构的生成过程，还是师生重建自我与整合冲突的协商过程"[1]。然而，当前大学课堂教学中的师生关系总体上是割裂式的，教和学之间没有形成"呼应统一"的关系。具体来看，当前大学课堂教学中依然延续"教师中心、教材中心"的格局，而且由于缺少像中小学应试升学压力那样的困扰，师生似乎都抱着应付的心态来完成教学任务。从教师层面而言，其教学内容是零碎的、

[1] 张俭民，董泽芳.从冲突到和谐：高校师生课堂互动关系的重构——基于米德符号互动论的视角[J].现代大学教育，2014（1）：7.

缺少系统性的，这除了与学校所设置的课程学时较少有关，还与教师的教学内容筛选、组织设计随意性是分不开的，教师往往只关注自己容易操作、讲解或有趣的内容，导致一门系统的课程本应有的基本结构被打散了，学习态度、方法也都没有得到训练，学生所掌握的是没有深入思考和尚未内化为经验的机械性记忆知识，常常出现学完或考完就忘的结果；从学生层面而言，其学习过程是静默的，他们或者无动于衷地静听教师的讲解，或者安心地进行与教学无关的"学习活动"，诸如背英语单词、完成其他课程作业、复习各类职业考试资料，更有甚者则安心地补充睡眠。在这种情况下，课堂教学中的师生只是"打照面"而已，双方"无心"参与知识意义的构建，教学变为一种非自觉的任务执行过程，而师生关系则是"对立式"而非"走心式"的，如此课堂教学的反复上演则会滋生出不良风气，难以真正生成"传道、授业、解惑"的大学之道貌风骨。当前，大学积极型师生关系要得以构建，必须转变课堂中师生教学的无"心""智"状态。所谓的"心"，指的是师生双方皆要对教学投以真情；所谓的"智"，是指师生双方有对教学投以探究的认知。唯其如此，才能实现教学相长之效，并在体验思想碰撞和知识探明的喜悦中形成良好的师生互动关系。

（二）以班级管理为平台，形成敞开式生命对话关系

师生关系的建立除了依托于课堂教学之外，班级管理也是形成良好师生关系的重要载体。如果说课堂教学是师生围绕知识而展开的交往过程，那么班级管理则是师生之间围绕包括学习在内的生命交往互动的过程，这是班级管理所具有的独特教育"优势"，因为较之课堂教学知识传授的"严肃性、标准化"而言，班级管理中师生可以相对自由地对学校发展的各个方面进行交流，而且师生在一定程度上能够做到有针对性的发言和帮扶。然而，当前的大学班级管理并未达到促进良好师生关系形成的效果，班级管理中的师生关系，尤其是代表学校一方的教师，力求的是"安全无事"，他们把班级管理的重心放在落实执行来自学校和学院层面的行政管理要求上，往往将行政管理当成班级管理的全部，在这种行政化的班级管理模式之下，师生关系沦为一

种"宣传"与"被宣传"的关系，或是被严格执行诸如安全等行政管理制度规范所"捆绑"。为了维护学校、学院和班集体的形象、声誉，师生的言行常常被"令行禁止"。当然，班级管理中也存在行政层面的多种要求，这是学校遵从党和国家、社会综合发展要求所采取的相应管理举措，是在学校发展过程中必须认真落实和执行的。问题在于，班级管理的活力是通过微观层面来体现的，即在班集体内，学生之间通过心声倾吐、学习问题探讨、生活困难帮扶等结成互爱、互信、互尊的良好关系。在此基础上，师生之间展开的各种教育教学实践才有"向心力"，学生才能够听从教师的指导，在"听其言、信其道"的基础上展开学习，而教师也会对学生的真诚、勤奋给予赞赏，并为其提供指导帮助，从而形成问道求学的良好教学风气。"真正的交往，需要倾听、对话、交流和沟通，甚至是质疑和论辩，这既需要充裕的时间和从容的心态，又需要有强烈的心力所向的交往意愿"[1]。事实上，当前的班级管理并未充分发挥出育人的效果，在很大程度上走的是"事物化"之路，把学生当成需要"管教"的对象，通过各种可计量化的数据对学生进行"信息"掌控，比如，通过考试成绩排名、上课出勤率、英语四六级过级情况以及各种活动参与或缺席次数等对学生做出"好坏"评价，并给予相应的"关照"等，学校、学院各种评奖都是按照"品学兼优"的标准来展开，如此班级管理表面上看起来井然有序，虽然能激发学生的"竞争"意识，但并不见得有利于促进大部分学生的健康发展，因为他们可能在被漠视中逐渐变得"平庸"而疏远了与班集体、班主任之间的关系，较少与教师沟通对话，这显然不利于他们的学习和成长。因此，当前大学积极型师生关系的构建，应依托班级管理这一平台，确立每个学生都是班集体骄傲的班级管理理念，让教师和学生建立起敞开式生命对话的交往关系，在心灵与心灵的感应中开启积极向上的教育状态。

[1] 陈中文.高校师生关系与制度文化探讨[J].学校党建与思想教育，2012（5）：84.

（三）以社团组织为资源，形成反思式实践互启关系

大学教育教学的内容和形式是多元化的，除了以知识为主的课堂教学和能够提供个体化帮扶指导的班级管理之外，还包括校内外的各种学习实践活动，其也是影响学生身心发展的重要因素，是大学生综合素质提升中不可或缺的积极力量。大学生只有参与解决复杂性的问题之后，方能逐渐形成对理论知识、生命生活和社会发展较为理性的认识，并不断提高自我解决问题的行动能力，真正做到理论知识与实践行动的统一。因此，当前大学积极型师生关系的构建要充分利用诸如学校社团等资源，让学生全身心融入社团组织活动中，使之在人际关系的形成、活动任务的完成和组织目标的实现中获得发展。当然，社团组织活动要想发挥积极的教育作用，离不开教师的良性组织与引导，尤其是在社团组织运行过程中必须保持其"真善美"的气质个性，而不能将之变为名利的追逐场，失去育人的意义。具体来看，当前多数大学生社团组织的运行发生了变质异化现象，很多学生从一入学就把社团当成证明自己能力的平台，如果说这是出于自己的兴趣和爱好，积极加入以锻炼提升自我能力，那这是值得提倡和鼓励的，而且也是学校设立社团的宗旨所在。但事实上，不少大学生参加社团组织的目的是使其成为"炫耀资本"，他们是为了向其他学生证明自我能力，更有甚者则利用职务之便用经费去"享受"，去"吃喝玩乐"。为何形成了这种状况呢？很重要的原因在于教师在社团组织活动中没有发挥"以身作则"的榜样作用，他们在具体活动任务开展的初始虽然能够按照学校精神要求进行"宣讲"，在实践过程中，其言行却与活动精神不一致，他们往往以社会中流行的各种"成功学"或"潜规则"来对学生进行思想教育。在与教师一次一次地开展社团组织活动中，学生明白了"人情世故"的各种"伎俩"，这也是导致在校大学生会时常拿"官职"来评价教师能力的重要原因。大学生虽然不断地接受着各种理论知识和道德规范的教育，却无法真正将之付诸实践，出现了知与行脱节的现象。因此，在大学积极型师生关系的构建过程中，需要充分认识开展社团组织活动在培养学生实践能力、道德价值方面的重要意义，在行动实践中以民主法治和道德良知为

原则，尤其是要在言传身教中影响学生，把大学之道熔铸为师生的价值意识，体现在师生的实践行动中。

三、大学积极型师生关系的构建策略

大学积极型师生关系的构建是一个长期的过程，其表现为师生在情感态度上要"乐学爱教"，在价值追求上要以真善美为原则，在交往互动过程中做到"心诚友爱"。而其从应然到实然的转变离不开具体的结构载体，主要依托于课堂教学、班级管理和社会组织等时空环境。由此，要采取怎样的策略，才能使大学积极型师生关系的内涵和结构有效实现和运行？这是大学师生关系转变所需要做出的行动选择，从而确保教师和学生朝着学问探究和促进社会文明进步展开各种交往实践。

（一）转变学校管理导向，建立师生为本的教育服务体系

学校教育离不开管理服务，学校管理存在的目的和意义在于促进学校教育目标的实现。从这个角度而言，学校管理也是一种教育，是相对隐蔽的重要的教育组成部分。为了更好地说明这个问题，首先须从何谓教育说起，而回答何谓教育的关键是要弄清教育之本质。上文我们已经说过，教育的本质在于使得受教育对象能够更好地应对各种环境的挑战，包括来自自然、社会、自我方面矛盾的挑战，使得人类的生命能力在教育之下能够不断提升。可以说，增进人类生命能力的教育本质在当下越来越突显出其在教育实践中的重要性，因为当前的教育更多是精细的、专业分科式的，加上受应试教育的负面影响，教育所培养的"人才"不断增多，但教育所要培养的"成人"却越来越缺乏，虽然人们接受教育的机会越来越多，层次日益提高，可并不代表其所获得的应对外界各种环境矛盾的能力是综合多元的，实际上其所接受的更多是单一的学科知识，是封闭的"不接地气"的教育理论，这让受教育对象应对复杂多元问题的综合能力相对薄弱。因此，为了培育受教育对象生命能力发展的完整性，学校必须转变管理导向，建立以师生为本的教育服务体

系，让教师和学生能够遵循教育本质，展开教育教学实践活动，为师生提供一个满足兴趣需求、宽松自由的教育环境，让其能安心、静心、全身心投入教与学之中，能够一门心思地去开展学习实践，在师生积极追求真善美的教育交往实践中，提升自我的生命能力。

（二）调整学校课程结构，营造师生问学的教育环境

学校的教育教学离不开课程这一载体，若离开课程的支撑，教育教学就没有了形式依托，因而作为有目的、有针对性的学校教育，都会有系统的课程结构，以确保实现教育目的。然而，正如前所述，教育的目的在于培养能适应和调节复杂问题的生命主体，而这样的生命主体的学习生活绝非为了纯粹的"知识装载"，而是能够在形式上"活学"和效果上"学活"。正如《论语》中所言"学而时习之，不亦说乎"，即学习要因"时"而展开，"时"就是环境、时空、问题、人物等，根据引发自我困惑、反思的矛盾而进行学习研究和探索，并经学习研究而真正解决问题，从而收到"不亦说乎"的学习效果。那么，如何才能使课程结构的形式有利于师生教学的有效运行，以让他们用心去探索自然人文社会之理，在不断获得新知、确立价值信仰的过程中进行教学研究。于此，可以从两个方面着手：一是，要切实提高教学质量，激发学生的求知欲，通过与教师共同探讨获取知识，并将其内化为自我的生命经验。而要实现此效果，作为教师必须熟悉自己所教授的专业课程知识，并对其有一定的研究基础，即应拥有相对较长的执教经验、理论学术研究经验和相关知识的社会实践经验，唯其如此，教师的课堂教学才能有的放矢，教师才能借助于丰富的教学资源来激活问题，而这也是诸多大学教师所缺乏的综合素质。为此，从教师层面而言，当前大学课程结构改革要将教师从繁重的"教学任务"中解脱出来，减少其承担的不熟悉或难以胜任的课程教学任务，使其能专注于1~2门课程的钻研中，如此方能真正确保教师课堂教学的质量。二是，学生的知识学习要兼顾系统性和深入性，以确保其能够将知识转化为一种素质或能力，而不是停留于记忆阶段，这就要求当前大学生的课程学习要坚持通识性和专业性并重，通识性是指大学生要打牢自然人

文、社会科学的知识基础，注重培养跨学科意识，在这一基础上确立专业方向，以确保专业学习的有效性，防止陷入从理论到理论或就事论事的思维僵局中。当前，大学生所学习的课程是庞杂而无序的，数量众多，所谓通识课程和专业课程每一学期都有，因而在大学期间，学生虽然学了很多课程，却又陷入碎片化之中，使他们难以承担起应对复杂的社会发展重任。因此，为了建构积极型师生关系，让教师和学生能心无旁骛地专注于学习研究，学校有必要对课程结构体系进行调整，营造一个有利于师生求学问道的教育环境，让他们能够"自由"发展。

（三）注重学校评价改革，建立有利于师生个性发展的教育激发机制

如何评价一所大学的教育质量？是否应完全按当前所谓的可计量化的数据指标来衡量？如果是这样，从综合性角度而言，所谓最好的大学只有一所，而从单项或部分指标来看，各所大学都可将其作为自己大学的标准。的确，当前我国大学排名以此为据，大家都争先恐后地去争创各种指标上的佳绩，作为体现一所大学的自我个性的东西却并未成为其发展的重心；相反，大学往往朝着"大而全"的路向发展，当然，其弊端已被教育行政部门不断进行的管理改革逐渐消解。此外，一所大学办学质量的优劣，不能仅按照应试升学和成才成名的学生数量加以衡量，这和上述学校排名是同一逻辑，也是计量化的，并且从人才培养的角度而言，这种只讲求"成才"而不追求"成人"的教育是一种"片面化"的价值逻辑。原因在于教育对象是面向全体学生的，而不是几个"成才者"，教育的最大成功是让每一个学生都最终"成人"，成为他们自己，亦即"认识自己"，使得每一个学生和自己比较，把自我同他人身上具有的类特征得以较好培育，并朝着真善美的方向引领。在这一基础上，根据自我的兴趣形成自我个性，如此才能真正实现教育之育人的本质。

不可否认的是，当前大学办学存在一种工具化倾向，人们评价一所大学的办学质量往往是看就业率、名人率或成功率。为了达到这一目的，学校的教育教学及管理也是急功近利的，常常为了使学生获得所谓的成功而开展各种"培训"式教育：一是让学生对学校充满信心，通过各种漂亮的数据成绩

来提升学校的形象，此举往往表现在入学教育中；二是进行各种类型的职业就业指导，为学生在市场竞争中赢得成功做好服务。这些本是无可厚非的，但如果学校不将重心放在培育学生综合素质和良善的德行上，将无法真正落实教育的目的。因此，当前要使大学积极型师生关系常态化，让各种交往实践回归教育本质，教师要对教育教学本身充满热爱之情，以促进学生生命健全发展为志向，而学生则要乐于向学，在获得知识和真理的过程中不断提升能力。由此，学校办学评价要转向以师生为本位，不断孕育有利于师生个性发展的教育激励机制，从而在师生传道、授业、解惑的过程中实现"明明德、亲民、止于至善"的大学之道。综上所述，积极型师生关系的构建关乎大学教育教学发展的质量和水平，其实质在于应建立一种自由、民主、平等、和谐的"求学问道"关系，以促使双方在教育教学交往实践中确保各自知识、情感和能力得到提升，让二者能够真正成为实现"教学相长"的教育共同体，从而为培养"思想自由、人格独立、能力全面"的学生主体打下良好的基础。

第四章　当前大学生文化认同误区及应对

大学生是未来社会发展的重要力量，其有无自觉的文化认同会影响社会主义现代化建设的和谐进程，也与美好的"中国梦"能否实现息息相关。文化认同自觉是大学生综合素质水平的集中反映，是他们思维心理或价值精神的重要显现。

一、当前大学生文化认同误区的表现

文化认同的实质是认清自我[1]，在学习、生活和人际交往中能够有清晰的自我定位，积极获取其他文化元素并对其过滤、吸收、整合，以实现滋养和提升自我的目的。当前大学生文化认同却走向了反面，表现在内容、形式、方法上是"同质化""单一化"和"封闭化"，进而导致其学习生活实践的异化。

（一）文化认同内容的"同质化"

大学生学习应是多元的，以专业知识为主干，以通俗知识为基础，以综合素质和能力为导向，形成德才兼备、身心健全的社会主体。在大学学习生活实践中，可以形成积极的文化认同自觉，可是，当前大学生文化认同内容是僵化同质的，所有学生都局限于专业知识的学习中，即使有所谓的"通识选修课"，也只是专业课程之外获取学分的一种"变形"，由于缺乏面向不同专业学生的长时段通识基础课，现有的"点缀式"通识选修课并没有培养出

---

[1] 河清. 文化个性与文化认同 [J]. 读书, 1999, (9): 100.

学生良好的综合素养。可以说，时下大部分高校有"通识选修课"而缺少"通识基础课"，二者的区别在于"通识选修课"分散在四年不同的学期中，按照"学分要求"进行任意课程选修，修满学分即可，而"通识基础课"是所有学生在进行专业学习之前都应接受的学习课程，目的在于为其专业知识学习奠定多元视野、宽厚基本的科学、人文精神。当下大学生"泾渭分明"的专业学习除了累积了一定专业学科知识和技能之外，在学习方法、人际交往、价值理念等方面并无实质性帮助，许多人都以"服从学校要求、遵从社会潜规则"的心态学习专业知识，没有形成自我的独立个性。

（二）文化认同形式的"单一化"

文化认同是动态化的，并非"认同或不认同"的结论式判断，其形成需要在实践中完成，而且只有在"互动、交往、异质"的环境下，文化认同才可能变为一种动因促进文化发展。也就是说，良性的文化认同是一种解放力量，具有积极推动事物或文化发展变革的动力。然而，当前大学生文化认同形式是单一的，他们在接受内容同质的专业教育过程中，往往以理论灌输为主，无论是其所接受的处理人与自然、社会、自我关系的各种知识，还是与国家意识形态保持一致的思想政治教育，都主要采取的是一种讲授式、记忆式的理解学习，缺乏对其检验或评价过程，常常造成多学科知识信息累积无法形成系统体系的情况。可以说，当前大学生文化认同处于被"代替"的状态，他们通过书本理论知识、学校的宣传教育固型了标准的"知识观、人生观"，借助于考试、综合测评、思想政治教育及各种培训而型态化，这些活动成为一种唯一区分学生成绩、能力、品德好坏的依据。总之，当前大学生文化认同形式缺乏实践的锤炼，没有经过问题、冲突或挫折的磨炼，而一旦文化认同脱离了活的时空环境，就变得不接地气或沦为空谈。此外，大学生文化认同形式的单一不只反映在知识塑造思想的过程中，还存在于诸如学校社团活动的参与中，对此，初入大学的新生都有很大的热情，去参加各种"社团"面试，可社团究竟是如何运行、其功能又是什么等，大学生都是茫然的。

（三）文化认同方法的"封闭化"

文化认同是个性化的，如果说辩证统一是文化认同的范式，那么如何走向这一范式的途径或方法则是丰富多元的，每个受教育对象都有自我独特的学习方法或实践经验去构建良性的文化认同。文化认同方法是开放多元的，没有唯一的标准或模式，但当前大学生文化认同方法却是"封闭化"的，其文化认同孕育的时空被不断压缩。从学习时间而言，大学生相较中小学有较大的自主性和自由性，然而这只是理论上，实际中由于每学期都有不少的考试，使大学生无法专心或专注于问题研究，无法进行建立在跨学科及理论和实践相结合基础上的"学问式学习"，相反，他们只能花费很多的时间去应付"英语过级""考试过关"等事情，这必然无益于其形成良好的文化认同，因为文化认同只有经受"磨难"之后的"破茧"才能"形塑"，是自我的一种启蒙觉悟，以建立起积极的融入学问的精神状态和对待社会、人生的激情，绝非停留于"填鸭或灌输"的知识挤压训练。从学习空间而言，当前大学生学习空间的广度和深度是极其有限的，校园、教室、宿舍成了大部分学生的学习生活场所，就连图书馆很多时候都变成了学生"应付考试"的自习室，图书馆中可以提升自我人性中真善美品性的宝贵的图书资源并没有发挥其作用。当然，大学生文化认同方法空间的"封闭性"不只表现在教学场所，更重要的是大学生对校外社会生活的"逃避"，尤其是对社会现实中政治、经济的漠视，在整个大学生涯学习中他们远离了社会和生活，使其文化认同没有了真实的现实来源，只能停留于一种"跟着感觉走"的状态，他们往往在入学时"好奇"、过程中"享受"、毕业时"惊恐"。

二、当前大学生文化认同误区成因

文化认同是衡量大学生综合素质的重要尺度，有无良好的文化认同对大学生毕业后能否积极融入社会起着十分重要的作用，因为专业虽然是大学生身份的标识之一，但对社会或民众而言，"大学生"才是他们的"共同身份"，所以大学生具有较高的综合素质是优先于"专业"定位的，他们只有建立起良好的文化认同,以理论思想和实践结合参与社会建设才能赢得社会的尊重。当前,大学生文化认同陷入误区的主要原因有以下几个方面。

(一)大学教育管理的"事物化"

大学教育是什么?对于这一问题已有众多的著作和论文给予了阐释,而且因当下我国大学教育实践积习的弊端,使得学术界对该问题的讨论热度不减,但其阐释比较统一的是大学教育乃培养精神独立、思想自由,且能担当社会责任和使命感,引领时代发展的高素质生命主体。然而,这样的大学教育价值似乎成了遥远的梦想,当下我国高等教育在不断产业化、规模化的经济下走上了机械化的办学之路,其发展远离了教育的本质。首先,教育方针、教育目的都凸显了培养高级专门人才的理念,其重心在于让教育对象具有推进社会主义现代化建设的能力与本领,然而忽略了培养能够反思社会问题、省察自我的自觉生命个体,这就使得大学教育实践在价值目的上"狭窄化"。其次,为了实现人才培养的目的,大学教育追求高效率,最为便捷的方式就是通过"精细的科层制"来实现,通过专业的分门别类、学期学年制、考试成绩量化、作息时间钟点化、评优评奖层级化等将学生分为大多数的"合格"和少数人的"优秀",至于所谓的"合格"和"优秀"都是在忽略了人的精神气质、意志自由、创新品质孕育的情况下的"设计",而恰恰是这些素质的缺失使得教育服务于社会主义现代化建设的功能迟滞。

总之,当前大学教育管理走向"事物化",将教育对象从"人"降格为"物",学生的价值观念或文化认同并未因接受了"高等教育"而自觉起来,相反,因求学过程中的"轻松、封闭、恶性竞争"以及毕业时的"就业压力"和"理想落差"而变得"避世、抱怨",成为诸如"精致的利己主义者""无所事事的啃老族""游离于乡村和城市的徘徊者"等,迷失了自我。

(二)社会教育思想的"官本位"

教育分为两大层面,其一,作为社会事业的各级各类学校教育,其价值代表了国家或社会的主流意识,也包括了作为补充学校教育的各种辅助性社会培训机构；其二，教育作为一种生活或存在方式，潜藏、流通于社会民众生产生活或民族文化中，表现为一种风气或态度，其价值代表了社会个体、家庭的利益诉求。可以说，这两大层面相互影响，但衡量一个社会教育发展水平，往往取决于后者，因为前者的质量水平在当下主要是依据"升学率、就业率、重点率"等来评定，而后者作为社会民众的一种"习惯"或"思维心理"更能显示出"教育自觉"。因此，当前大学教育存在各种问题的根源是在学校之外，其中影响深重的是长久以来存在于社会民众思维中的"官本位思想"，无论知识精英、达官贵人还是普罗大众，在其自身或子女教育问题上都不自觉地走"学而优则仕"的路径，即使当下高等教育大众化、大学生就业严峻的背景下，人们也依然寄希望于教育的"仕途"或"金钱"功能。在顽固的"官本位"思想影响下，"权力"和"金钱"始终是教育发展挥之不去的"魔咒"，教育者、受教育者共同围绕"功成名就"的目的进行着各种"军备竞赛"，且这一趋势愈演愈烈，近十几年来全国各地的公务员考试、事业单位考试等以"合法公平"的名义日益扼杀着大学教育的生命，学生们清楚自己"再怎么优秀"，如果通不过"考试"则一切为零的"游戏规则"，极其严重地影响了他们求学的态度和价值观，加之中小学教育一直灌输给学生的"终极理念"，即决定十年寒窗命运的是"三天高考"，考上大学就"万事大吉"，这种"低端教育"导致大学生学习的"放纵自由"。

（三）大学生价值观的"娱乐化"

当下，作为引领社会主义现代化和谐发展的青年大学生的价值观，呈现出"娱乐化"倾向，他们过着"逍遥自在"的快乐日子，被来自各方力量的"溺爱"包裹，接受着一种可以说是"低龄化"的教育。主要表现在两个方面，其一，大学生学习缺乏自主性，虽然大学校园里有不少成绩拔尖的学生，可他们往往是按部就班地照着学校教学计划里的课程进行学习，根据授课教师讲课笔记及期末总复习勤苦地"苦记突击"获取的高分，大部分同学则只为通过考试随心情好坏应付考试。也就是说，许多大学生在校学习没有一个明确的计划，似乎其学习早就被学校提前安排好，自己顺从即可，这样的学习质量可想而知。其二，大学生学习生活"世俗化"，大学本是一座知识殿堂，它能影响一个人的精神气质，培育其良好的综合素质和自觉的文化认同。然而，时下大学生学习生活有明显的"物质化"倾向，手机、电脑等成了其基本的"武器装备"，上网、打游戏、看电影成了基本的休闲娱乐，若过度沉迷，则会严重影响大学生的心理和学习生活，可恰恰当下大学生的学习时空往往被它们所占据，虽然"赏心悦目"，却也掏空了大学生的精神世界，让其心灵苍白孤寂[1]。

三、消除当前大学生文化认同误区的策略

文化认同是大学教育中的重要内容，只有让大学生确立起辩证统一的文化认同理念和实践行动，才能确保其成为适应、调节和引领社会主义现代建设的生力军，不断推动社会大众美好"中国梦"的实现。因此，当前大学生文化认同误区有必要进行消解，以确保大学生文化认同发展的良性化。

（一）加强大学精神教育，使大学生树立刻苦攻读的求学态度

大学四年十分短暂，如果大学生没有在入学之时就清楚大学应该怎么度过，而是如同中小学一样进行专业或课程的应试学习，那么大学生至多成为拥有知识或技能却无文化或德性的教育对象，甚至抱着不良的学习态度耗散时间，他们在"嘻嘻哈哈"中过完大学的头两年，等有点感触或醒悟之后却面临毕业，以致四年都没有真正有过"学问的生活"，毕业论文写作也因时间仓促而以匆忙答辩收场。可以说，当前大学生的学习是散漫和自由的，在某种程度上大学把自由留给了学生，大学生则把自由荒废给了时光。所以，为了改变这种颓势，重塑大学生形象，让其真正成为推动社会进步的主体，须加强大学精神教育，用科学和人文精神来滋润专业学习，让他们拥有专业的能力和宽厚的德性涵养。当然，大学精神要在大学生身上孕育，进而形成文

---

[1]　田夏彪.大学生审美教育缺失的审视［J］.黑龙江高教研究，2014，（8）：7.

化认同自觉，须大学生具有刻苦攻读的求学态度，通过不断地付出努力而渐入学问之境，学会将书本知识转化为自我的知识体系，形成独特的思想个性，在生活中则善于合作分享，不盲信、敢质疑、有宽容、勇创新。在接受教育过程中要注重大学精神培育，拿出刻苦攻读的求学态度，努力做学问，并不断在做学问中确立起稳定的思维价值，脚踏实地为社会的发展做贡献[1]。

（二）关注社会民生问题，使大学生践行社会主义核心价值观

文化认同并非是对客观"实体"的确认，而是受具体内容和情景的影响，在动态的交往实践中发生的一种价值趋向。就大学生的文化认同而言，他们不应该只"认同"于各种"证书"的获取，大学专业五花八门，但受教育主体有一个共同的名字——大学生，四年学业结束他们带走的不仅是一张"毕业证书"，更是一种"文化或精神"，一种承担和推动社会文明进步的胸怀气魄、提升社会民众福祉的自我使命、忧国忧民的时代责任感。因此，当下大学生学习生活要得"接地气"，改变长期以来只注重理论知识和应试考核的模式，将社会民生问题作为研究或探讨的素材引入教育教学过程中，用"活"的教育问题带动学生的知识转换和思想启迪，不断在反思、解决问题中让教育、学习"活"起来。此外，特别要强调的是，社会主义核心价值观作为吸收了中华优秀传统文化又结合了人类文明和时代精神的理论成果，从国家、社会、个人层面集中凝练了"中国梦"的方向，它既指出国家富强、民主、文明、和谐的价值取向，又强调社会的自由、平等、法治、公正的目标，也注重个人的爱国、敬业、诚信、友善。可以说，社会主义核心价值观为大学生文化认同指明了方向。大学生在学习生活实践中要"德才双修"，通过问题式或学问式学习培育社会主义核心价值观，并在解决问题的过程中不断加以贯彻[2]。总之，大学生文化认同不是为了"时尚"或跟随"主流"，而是着眼于社会民生问题，通过扎实的专业知识和宽厚的人文素养培育，积极践行有

[1] 王艳华，孙黎.文化认同对大学生思想内隐形成的影响及教育对策[J].思想政治教育研究，2013，(2)：34.

[2] 姚亮亮，李艳.大学生的文化自觉问题及教育方略[J].现代教育科学，2013，(2)：24.

利于文明进步的社会主义核心价值观。

（三）夯实综合能力素质，促进大学生学习生活实践审美化

文化认同不在于言辞上的"赞同或认可"，而在于实实在在地以行动来践行价值理念，在发现和解决问题的行动中展示文化认同之功能。因此，大学生文化认同除了在知识理论上有自觉的认知外，更重要的还应该在情感和行为上有自觉认知，而这离不开大学生主体投入实践的综合能力素质，否则，大学生文化认同只会囿于"高大上"的理论"空虚"中。此外，大学生文化认同在注重综合能力素质培养的同时，也要注重德性培养，避免社会实践走向功利化，防止在步入社会时表现出两个极端。其一是醉心于"金钱、名利、地位、权力"等的追逐中，被五光十色的"物欲生活"所吞噬，失去自我的精神坚守；其二是被现实生活中的"竞争、差距、不公或非正义"等所"击败"而表现出"自暴自弃""愤世嫉俗"。因此，为了使大学生文化认同自觉化，积极抵制社会的不良风气，须关注其学习生活实践的审美化，使其在获取知识的过程中能够不断对知识本身进行构建，通过对书本知识和课堂教学资源的学习，作出自我整理和反思，形成主动探求事物真相的习惯；在参与社会生活的过程中逐渐培养公民素质，关心政治民主生活，热心参与公共事务，伸张正义，弘扬社会正气；而无论是知识的"求真"还是社会生活的"向善"，大学生都要尽可能以"美"来统一，以不断创新的品质和勇气表达出对学习和生活的激情。总之，大学生文化认同要融于生活，通过其综合能力素质的提升，在实践中创造富足、文明、和谐的社会。

第五章　大学生社会主义核心价值观教育的内涵及实践条件

社会主义核心价值观汲取了中华优秀传统文化和时代发展精神，作为引领和推动社会发展的大学生，理应将其作为自我素质提升的重要内容和价值导向，并在学习生活实践中不断践行，以便促进自我身心素质能力的综合健全发展。

一、大学生社会主义核心价值观教育不足的表现

社会主义核心价值观是当下我国社会发展的价值导向，也是实现"中国梦"进程中社会成员所应具有的价值思维和心理品质，但是社会主义核心价值观目前仅是一种"理念和观点"，只有其真正落实到人们的具体实践中才能化为一种力量。因此，当前大学生社会主义核心价值观教育或培养不在于让其明了"社会主义核心价值观的内容是什么"，而是让与社会主义核心价值观相"契合"的大学精神能在他们身上"生根发芽"，让其在处理专业知识与综合素质、理论学习与实践能力，以及面对自然、社会、自我时有开放多元的眼界、自觉独立的个性和反思批判的精神，并将推动知识创新、社会文明进步、人类生活幸福作为自己的使命。

（一）大学生学习目的"务实化"

社会主义核心价值观是一种价值诉求，它只有落实在人们的行为中才能发挥出对个人和社会发展的促进作用。因此，衡量大学生社会主义核心价值观的有无，很重要的标准在于他们怎样安排自我的学习生活，以及具有怎样

的学习目的和为之付出的意志努力有多少。毋庸置疑，当前大学生在学习目的上总体有"务实化"倾向，他们将学习的价值定位于"获得工作与物质利益"层面上，这虽"合理合情"，却容易导致学生学习的"浅薄或泛化"。具体表现在两大方面。其一，为了将来找到一个好工作，大学生努力考取各种证书，诸如秘书、心理咨询师、人力资源管理、计算机、会计等各种资格或等级证书成为学生们热衷获取的"资本"，毕业时不少同学可能以"证书等身"来迎接社会的择业竞争。其二，不少学生选择兼职挣钱让自己的物质娱乐消费"膨胀起来"，他们加入校外的家教、培训机构、商家、餐饮、酒吧等行业的打工活动来"补贴"学习生活开支，其实，其中不少学生是为了使自己的物质生活"高人一等"而去"挣钱"，并非因经济拮据。总之，在"务实化"的学习目的指引下，大学生花费了许多时间去从事与学业无关的活动，在缺乏良好学习态度和情感意志的情况下，其学业质量和思想价值自然有悖于社会主义核心价值观，毕竟大学生学习目的之"务实化"本身就与社会主义核心价值观的精神内涵相冲突。换言之，作为一名大学生应该确立起以学业为重的意识，通过全身心持之以恒的探究求索，凭着扎实的专业知识、技能和综合的科学人文素养走向社会，进而促进社会主义核心价值观在其身上的内化，实现"修己以安人、修己以安百姓"的社会效益。

（二）大学生学习动力"外在化"

既然大学生学习目的存在"务实化"倾向，那么他们的学习动力往往也是"外在化"的，这与社会主义核心价值观实乃背道而驰，因为社会主义核心价值观的培育需要内化，内化成功的明显特征是大学生对其笃信、笃行，体现在了自我学习生活实践中的自觉行为。然而，当前大学生的学习热情或兴趣不在于对"知识渴求或人类文明进步的忧思"，而是看所学知识能否对自我学习生活具有即时的"功效"。比如，与上述提及的"考证热"对应的是大学生将金钱、时间投入各种考试培训中去，期望以速成的方式取得各种"证书"。又如，教学过程中，大学生常常以枯燥、无用为由逃课、看小说。可以说，当前大学生学习动力是"外在化""功利化"的，只有对他们换取各种

"权力、物资资本"有用的课堂教学"技术"，他们才表现出积极的认同，并能用"坚韧的意志"来背诵这些知识，至于与此无关的各种人文科学知识，则"轻视之、应付之"，更遑论以一种探求新知的精神去潜心切磋琢磨。无须赘言，大学生学习动力的"外在化"是与社会主义核心价值观不吻合的，大学生作为未来社会的生力军理应有知识传承与创新的文化自觉和推动社会民主正义进步的责任意识，只有拥有夯实的专业知识和深厚的人文科学素质，方能积极参与人类社会的文明进步之中。

（三）大学生学习过程"原子化"

教育具有社会属性，大学生应该具有对社会发展前途和人类生活命运的价值关怀，将社会主义核心价值观转化为自我的一种思维心理和行为习惯，而非停留于认知层面。然而，当前大学生的学习过程是"原子化"的，从学习目的、内容、方法等各个方面将自我生命加以"简化浓缩"而变为"单向度"的"原子实体"，失去大学生作为社会主体需要承担的责任和使命，将学习变为"稻粱谋或找工作"的"私事"，为了毕业时能找到工作而尽可能地去"美化"自我的"谋职资本"，如上述的各种证书获取。换言之，在功利的学习目的和学习动机作用下，大学生学习过程所包括的内容、形式、方法呈现出简化、单一、快捷的特点，企图以最小的"代价"换取最大的"收益"，他们除了积极参与各种"拿证"的培训外，对自身的专业学习或整个的大学教学都采取了应付的心态，认为唯有备齐社会所需的证书方是正道。总之，大学生学习过程是"原子化"的，从学习目的和动机的"职业化"、学习知识内容的"证书化"、学习形式和方法的"应试化"等方面使得大学生的精神生命显得"空洞和虚弱"，他们本应在不断的探求和完善人与自然、社会和自我矛盾关系中去追寻"真善美""民主、自由、公正"等精神价值，如今却将自己的大学学习和生活演化为"物质交换关系"。

二、人文精神：大学生社会主义核心价值观教育的内涵

社会主义核心价值观是一种理论表述，它是人类普遍的价值诉求和我国社会民众立身处世的规范导向，包括国家层面的富强、民主、文明、和谐，社会层面的自由、平等、公正、法治和个人层面的爱国、敬业、诚信、友善。可以说，社会主义核心价值观三大层面的内容为大学生学习生活提供了基本的方向，为大学精神如何落实提供了具体的价值维度，因为它们基本上与人类面临的三大矛盾关系是对应的，即人与自然、人与社会、人与自我的关系，作为推动和引领未来社会发展的大学生，有必要承担起改善三大矛盾关系的责任和使命，从而使社会主义核心价值观融化在其具体的学习生命实践中。

（一）以专业为基础建构大学生的综合知识体系

社会主义核心价值观不是铁板一块，其培育需要社会主体不断学习进取以解放和提升自我，因为许多时候人们受习俗、偏见的影响会"作茧自缚"，将自我的生活和工作实践及思维价值定格于经验或习惯。这一点对于大学生而言尤须注意，因为许多大学生都以专业来定义"同学之别"，其所面对的学习任务似乎简略为"学习理解专业知识"，这显然不利于大学生社会主义核心价值观的培育，原因在于社会主义核心价值观是"多元一体"的，包含如何面对"家国天下之事"和"自然人文之理"等，只有社会主体具有多元跨学科的视野和知识结构才能应对复杂的"自然社会和人事"，并将之导向和谐秩序化。所以，大学生培育和践行社会主义核心价值观，其要旨不在于文字表述的"社会主义核心价值观进课堂、进教材和进大脑"，而在于大学生如何将其化为一种思维心理、方法手段，而前提则是大学生要具有多元综合的知识基础，具备自然、社会、人文科学方面的宽厚知识积累，从而在自我身上孕育科学和人文精神。

（二）以对话为方式培养大学生的独立自觉个性

社会主义核心价值观彰显的是一种对自由、民主、法治、道德的精神追

求，从国家、社会、个人层面提出了价值取向、原则和规范。那么，社会主义核心价值观之培育要如何进行或实施呢？能否依靠灌输式的教育教学方式达成？灌输式的教育教学是以教师、教材为中心，是以知识的记忆、理解和掌握为目标，其方法和过程以讲授和训练为主。如此的教育教学虽然短期内能让学生获得丰富的知识内容，但往往是外在于学生而存在的，很难内化为思想价值和思维方式，之所以如此，是因为整个教学过程以教材为中心而非手段，教师和学生被教材所"控制"而远离教育教学的本质，即所谓的"培养人"，而社会主义核心价值观内聚在一个人身上是综合的，没有所谓的国家、社会、个体层面的"三分法"，往往表现为人们精神的启蒙或自觉，以一种反思的习惯来应对人生。以师生为主体的教学须采取对话式，以教材为材料或引子来探讨复杂的社会问题，让学生在"复杂矛盾"中探明或找到反映人类"真善美"的价值来认同践行。所以，社会主义核心价值观能不能成为大学生的自觉信仰，关键不在于社会主义核心价值观如何表述，而在于教学过程中培育了其怎样的个性品质，有无形成自觉反省和批判的意识，以及改进问题或转换思路的工具方法，只有大学生们具有了良好的综合素质，社会主义核心价值观才能融化、统一于其身心之中。

（三）以民生问题为资源培养大学生的社会责任意识

社会主义核心价值观的来源是"活"的，它是对国家社会民生发展的价值关怀，只有不断地解决实践中人类社会生活遭遇的各种问题，通过有效改革促进社会民主、法治公正的实现，人们才能真正去追求、珍惜、守护幸福的生活。因此，大学生社会主义核心价值观教育要与社会民生问题联系起来，让学生在学习过程中将理论知识与实践问题进行统一，以便能够实现知识的转换与评价并将之内化为自我的思想价值，从而逐渐培养起关心和探究社会民生问题的勇气、责任和意识。当前大学生学习生活基本上与社会民生问题相隔离，他们纯粹以专业理论知识学习为主，无暇也无意去关注、了解和解决人类的发展命运，其所注重的是大学期间能否顺利获取学分、学位和等级证书，而这些资本的获得只要按部就班地记住考试内容即可，他们把接受大学教育完全当成一项"消遣娱乐"活动和"换取资金"的工具，常常抱怨或计较于各种评奖得失以及成绩排名等，至于大学教育对于人的"思想自由、精神独立"，社会的"针砭时弊、引领潮流"的价值功能已让位于世俗的逐利功能。在这种情况下，社会主义核心价值观教育虽然在学校里以"宣传教育"的方式进入学生的课堂、教学内容，但学生也只是将其当成一种任务来完成，在思想意识和行为实践上缺乏对它的自觉认同，这无疑与大学生长久以来在学习内容、方法、形式的"不接地气"有关，其所接受的教育过程绝缘于人类社会生产生活实践，这必然会影响到学生对复杂社会和人类生活真相的准确把握，自然也会削弱社会主义核心价值观在其心目中的位置或分量。

三、大学生社会主义核心价值观教育内涵的实践条件

大学生是接受高等教育的社会主体，理应成为推动和促进"中国梦"实现的重要力量，社会主义核心价值观为美好的"中国梦"指出了具体的努力方向，也为大学进行社会主义核心价值观教育指出了必要性。只有大学生视大学为提升自我、促进人类社会文明进步的地方，通过树立良好的学习态度、找到正确的学习方法，再经过自身努力奋斗，让大学精神浇铸在自己身上，从而才能保证社会主义核心价值观在其学习、工作和生活实践中"自然化"，并不断使之扩延和渗透到社会环境里，形成全社会遵从和认同社会主义核心价值观的风气。要实现如此目标，有必要对当前大学教育教学在目的、管理、过程及校内外衔接等方面进行改革，为大学生社会主义核心价值观教育营造良好的环境条件。

（一）改变教育观念，教育目的从培养"人才"转向"完人"塑造

社会主义核心价值观是一个统一的整体。社会主义核心价值观教育的重心是如何培养一个全面和谐发展的生命个体，来改进社会发展中存在的非"公平、正义、民主、自由、平等"的不足，将社会发展导向一个有利于人类生存生活的物质富足、精神充实的道路上去。因此，作为具有引领社会发展作

用的高等教育，其所培养的大学生理应是一个有良好综合素质的生命个体，他们通过参与工作、社会实践来让社会和人类生活更加美好。为此，高等教育有必要转变教育观念，应该从长期以来的所谓专业"人才"培养向"完人"塑造转变，让大学生具有宽厚的知识基础，拥有自然、社会和人文方面的综合知识结构和思想体系，而不是仅将自己定位于"专业人"之中，失去大学生本应有的"大学之道，在明明德，在新民，在止于至善"的追求。

总之，为了使社会主义核心价值观在大学生身上得以培育和践行，大学教育必须回归本质，把大学生培养成推动社会改革和引领社会文明进步的具有综合知识结构、负有责任道义担当、怀有激情勇气的生命主体。

（二）夯实教学质量，教育管理从计量"分数"转向"个性"认定

如果说教育理念和目的是一种对教育的价值寄望，那么教育教学管理和实施则是使得教育价值得以实现的程序方法，而这二者之间只有形成统一的关系方能对大学生发展起到积极的效果。换言之，社会主义核心价值观是大学教育对学生发展的素质要求，为了实现这一目的，自然需要采取与之相适应的教育教学方法。转眼当下，大学教育教学管理以"计量分数"的方式来培育学生，其所造成的明显后果是大学师生对教育教学质量认同度较低，大学生往往在迷茫、失落的过程中获取了毕业证书，在毕业时埋怨工作难求。为了改变这种状况，有必要将教育教学管理朝着"人本化和个性化"转化，切实提高教育教学质量以培养学生的创新精神和责任意识，让他们在大学中寻找到知识传承和创新的乐趣，以及为人类社会文明发展进步而有所为的态度和使命感，从而使社会主义核心价值观的"精神"在他们身上孕育绵延。

（三）增强校外力量，教育过程从传授"理论"转向解决"问题"

教育是培养人的活动，由于教育对象的复杂性及教育目的之真善美的追求，教育变得异常复杂，致使许多实践活动或形式有"教育之名"无"教育之实"。换言之，有些教育活动虽然有"崇高的目的"，可教育手段或过程却扼杀"人性"，如当前从中小学一直到大学的应试教育就类似如此，以未来不

可预测的"美好生活"为理由让学生参加无数课外辅导，只是为了"不输在起跑线上"。毋庸置疑，作为社会主义核心价值观教育，离不开系统教育的保障，包括学校教育之外的校外教育力量的参与，二者只有形成互补统一才能起到实质效果。比如，学校在传授理论知识的过程中可以把校外的民生或社会个案作为素材进行探讨，让学生在直面问题中思考和检验知识的效用，不断培养其热心参与公共事务且能用知识去分析和解决社会问题的能力，如此才能使社会主义核心价值观融化于其学习生活中。

第六章　走出课堂教学消极"纳什均衡"危机

"纳什均衡"是经济学中的概念，也称非合作博弈均衡，是指在策略组合中，当所有其他人都不改变策略时，没有人会改变自己的策略，从而形成一种均衡状态。可以说，当前高校课堂教学中一定程度上存在着消极"纳什均衡"现象，师生在教学活动中"各行其是"，且坚持自我的思维或价值观念而难以做出相互理解沟通，致使教学陷入一种只追求"效率"的惯性僵局中，背离了其激发思维、生成智慧之本质属性。于此现象，须当重视和深思究缘，以便让教学回归正道。

一、当前课堂教学消极"纳什均衡"危机的表现

教学包括教与学的互动统一，其主体由教师和学生共同构成，只有双方积极融入教学进程形成"教学相长"的关系，方能收到良好的教育效果。然而，不可否认的是，当下不少师生在课堂教学中存在非互动沟通和对话理解的排斥性行为，他们相互对抗而不会从对方角度考虑，往往使得教学变为一种没有"生气"和"深度"的程式。

（一）教学结果的不认同

所谓教学结果的不认同，是指师生在课堂教学结束后表达的不满言行，诸如教师时常提及的"这个课太难上了，学生们根本不感兴趣"或"现在的学生真没办法，他们根本就对知识不感兴趣"之类的失落话语；而与教师对教学的"不满"并存的是学生对教学的"冷漠或敌视"，不少学生在课后也有"这课太枯燥了，学这些有什么用？"的诉说，更有甚者对老师在教学中的

"教导"给予贬损性的评价，认为老师"自以为是"。总之，对于课堂教学，教师和学生都经常会有"不认同"的念头，其所带来的影响或危害是极其巨大的，它使得老师和学生相互"抱怨"，"轻视"彼此，可以从课堂教学中老师的"自顾演说"和学生的"无动于衷"得到验证。当然，这里的重心不是要强调师生对课堂教学结果的"不认同"，而是担忧教学中师生双方难以孕育出"激情、智慧"，缺少了师生共同参与知识或问题的探讨而建立起的"互促"关系，以致师生之间的"冷漠或被迫"教学心态和行为表达成为一种习惯。

（二）教学行为的暴戾性

师生对课堂教学结果有了不认同之感，从而在教学中自然会存在因"不认同"而产生的对抗之举。教学行为中充满着"暴戾"，这表现在教学的多个方面，其一是普遍存在的教学"语言暴戾"，当然这种"语言暴戾"不是指向于单一的学生或教师个体，而是教师在课堂教学中以"群体学生"为对象进行的评价分析，如"某某一代如何""某某学生丧失自我"等，往往给学生"泼冷水"，这也的确给学生们的情绪带来负面影响；其二是面对老师的"语言暴戾"，部分学生采取"抵抗"的行为应对，往往是"中途离开课堂"或进行与课堂教学无关的活动，如玩游戏、睡觉等，这些行为成为一种"软暴戾"打击着教师的教学热情和信心。总之，师生教学行为的"暴戾"现象是客观存在的，相对师生之间缺乏共同探究新知的"问道之辩"，双方存在的相互"抵触"更为严重，长此以往势必严重影响教学质量。

（三）教学过程的分离化

教学有着系统性，尤其反映在教和学的互动统一上，只有二者互促互进，方能保证教学的有效性。然而，当前教学中教和学呈现出"分离"状态，学生与教师、学习与教学虽然处在同一时空场景中，却存在"一分为二"的割裂状况。首先表现在，教师在课堂上传授的知识是"单向流通"的，而且往往以教学计划或大纲指定的教材为讲授内容，教学常常变为"教教材"而非"用教材教"，师生双方的思维免不了被教材的"语言、观点"框住，基于师生思考基础上的"辩驳、诘问"的火花无法点燃，学生只有按部就班地反复记诵或训练教材内容来获取好成绩；其次表现在，由于教学或学习内容的"被选择"，学生认为即使教师"照本宣科"也是"情有可原"，进而无声默默地配合，他们清楚，只要能够在考试中胜出，宁可舍弃自我全面发展或身心健康也在所不惜。概言之，师生课堂教学过程是"分离"的，教师和学生眼中只有"教材、考试内容"而缺乏主体间的交往互动，难以真正形成教学相长的课堂教学局面。

二、当前课堂教学消极"纳什均衡"危机的成因

课堂教学中存在着消极"纳什均衡"现象，师生双方都在竭力地维护和膜拜"分数之王"，这使得教学变成了一种获取分数的手段，远离了培育健全生命主体之本质。

（一）教师专业结构的单一性

课堂教学不仅是一个单一"书本知识"传授的过程，它更是一个育人的过程，当中少不了教师对知识的处理加工和组织，根据知识本身的逻辑、知识生成的背景及其社会解释力、学生的经验等来与学生对话，目的是促进学生形成对知识的转化与评价能力，将其内化为自我的思想价值。这就要求教师必须要具备"辨识"教材知识和联系实际的能力，唯有如此，其教学才能"活"起来，学生也才会感知到知识或教学本身的魅力，从而积极参与到教学中来。可是，当前众多教师主要接受的是分科式"专业教育"，其单一的专业结构往往让他们可以成为"专业"知识传授的匠师，却难以承载起"师之所存，道之所存"的价值使命。因此，课堂教学要想变为一个"育人成人"，集知识、思想、价值、社会经验于一体的培养人的过程，除了教师要具备学科本身的专业知识外，还须汲取"跨学科"知识养分，改变"从书本到书本、知识到知识"的复制教学形式，通过运用鲜活丰富的案例，从多元视角来激活、分析理论知识，让学生在明了知识的基础上学会运用知识来解决问题。

（二）教育教学管理的计量化

如何才能使管理更好地服务于课堂教学呢？是不是要让教学内容、教学方法、教学形式、教学评价的选择都有一个统一的标准或规范，从而实现所谓的高效率管理？答案显然是否定的。毕竟培养人的教学活动不似对客观之物属性或规律的把握，它需要将其影响深入人的内心、思维之中，而不简单是知识的传授。可当下实践中教学管理主要是计量化的，常常以考试成绩、升学率、科研课题和论文数据为依据对师生进行考核评价，致使师生不得不将重心放在让自己"受益"的事物上去，学生花费很多时间去参加各种培训以增加自己升学胜出的砝码，教师则花费心机去搞"考试信息研究"或学习类似"高考加工厂"之类的成功经验，在他们看来，教学只要能在分数上有"亮点"就可以了，学生通过了考试，老师完成了任务，则"功德圆满"，结果教学之"育人"价值被漠视或舍弃。显然，在计量化教育教学管理下，师生都将心思放在教学之外的"客观指标"争夺上，而本应受到高度重视的教与学则被师生所舍弃，使得课堂教学"形神"分裂，徒有"教学之貌"却无"教学之魂"。

（三）社会道德价值的功利风气

如果说量化式的教育教学管理是一种"技术"，那么在"技术"背后，影响课堂教学消极"纳什均衡"延续的就是整个社会道德的功利风气。当前社会，评价人们成功与否的标准往往是"物欲"是否得到满足，如此功利思想已经蔓延至各级各类学校，不少学生自身及父母都希望通过"读书"来换取一份好工作，而所谓"修身齐家治国平天下""明明德、亲民、止于至善"之精神气度已不再是学生们的求学导向。而师生的课堂教学活动受这一功利化风气侵袭，也明显呈现出工具化倾向，他们各自都打着"如意算盘"，考虑如何使自己的教学和学习产生最大的"效率化"，既能成为学校教育教学管理评价的"获益者"，又能为未来升学、职业或收入提供诸如"证书"或其他"资本"凭证，至于教学有无"传道授业解惑"也无关紧要，只要教学如期"表现"则可。

三、当前课堂教学消极"纳什均衡"危机的应对策略

课堂教学中存在消极"纳什均衡"现象是一个普遍的事实，要对其消解，应从转变主体价值思维着眼，通过师生之间沟通理解、交流互促关系的构建，让教学活动真正成为传承、创新知识和孕育激情、智慧的力量源泉。

（一）加强师德修养，树立以人为本的教育理念

教师和学生作为教学的主体，双方在人格上是平等的，可在具体教学实践中，学生不免处于弱势，如教学话语权、对学生的评价等都是以教师为主导的，倘若教师不从学生立场去考虑教育教学，确立起双方共同认可的教学目标、内容等，那么教学实践就难免受教师"主观意志或非理性"的左右，从而引发师生关系紧张、教学过程僵化、师生双方疲倦感等可能。因此，要使师生积极认同课堂教学，并使教学活动本身成为学生和教师成长发展的源泉。作为教育者的教师，有必要从己出发，加强自己的师德修养，在教学实践中树立以人为本的教育理念，热爱学生、相信学生，以一种积极的心态去面对学生所表现出来的各种"问题"，用教师的细心、耐心和关心去感化学生。与此同时，教师必须努力提升专业素养，不断地拓展知识结构、深化思想深度，通过阅读、学术研究等途径继续提升自我的综合素养，如此才能真正将"以学生为本"落到实处，以爱心去滋润学生的心灵，以思想去激发学生的思维，以行动去转化知识的价值。

（二）转变教育思路，健全教学方法的系统性

课堂教学在确立以人为本的理念之后，还须转变教育思路和方法，也就是要将以人为本的教育理念落实到具体的教学过程之中。为此，我们得先追问什么样的教育教学才是"以人为本"的？

从目的而言，过去人们常常认为教育教学要培养人才，他们要能为促进社会经济的增长做出贡献，而教育教学的确也应让学生具有生存和适应于社会的能力或谋生本领，但这只是目的之一，或为了满足物质生命所需而已，

教育教学还得教会人应对更广阔、复杂的矛盾关系，包括人与自然、人与社会、人与自我关系的恰切认知、理解、反思，只有如此，其生命才是健全的。换言之，教育教学应该把学生培养成一个学会反思、喜爱阅读、善于观察和了解自然社会人生之主体，其思路取向应从以往的培养"人才"向塑造"完人"转向，通过运用理论与实践、讲授与探讨、提点与自学、校内与校外等相结合的系统方法，将教学变为一种开放、启蒙、对话的过程，从而实现教和学的互促共谐。

（三）彰显社会正义，弘扬社会主义核心价值观

教育教学的对象是人，其本质是培养人的社会实践活动，且以孕育具有"真善美"品性之主体对象为宗旨。那么，如何保证教育教学的"伦理德性"呢？就学校与社会关系视角而言，学校教育教学无疑受时代和社会发展的影响，但其也要起着对时代和社会发展弊病进行反思批判并引领其文明进步的价值。所以，学校教育教学离不开校外具有"正能量"的社会环境支持，积极促成一个文明健康和谐的社会生态环境，不断引导人们将"知识、思想、智慧、品德"作为衡量一个人价值意义的重要尺度，如此人们才能真正发出对教育的"热爱关切"，从而使得师生可以在学校里边"安静踏实努力"地进行教与学，并通过教学中贯彻社会主义核心价值观精神，形成以人为本的教学取向和实践自觉，通过师生"如切如磋、如琢如磨"的研究探讨和自我锤炼，来孕育科学和人文精神，让其共同确立起科学的世界观、人生观、价值观，为促进中华民族伟大复兴和实现美好"中国梦"奠定坚实的"人力资源"。

第七章　消解工具化倾向：提升大学生学习质量的策略

大学拥有较好的教育资源，并不直接等同于其教育质量就是优异的。只有作为教育对象的大学生具备"精神独立"之个性，以人性的真善美来面对社会人生，并拥有积极主动推动社会变革发展的责任、勇气和适应时代多元创新要求的激情、才智，方可言大学教育是有质量的。

一、当前大学生学习工具化倾向的表现

毋庸置疑，时下对大部分中国家庭和学生而言已不存在能不能上大学的担忧，有的是上什么样的大学和值不值得上大学的疑虑，这背后潜藏着的是社会民众对大学教育质量的一种审视，折射出人民群众日益增长的教育需求和优质教育服务之间的矛盾。其中一个不断被人们所诟病的严重问题是，当前大学人才培养质量令人担忧，尤其是大学生身上普遍缺少人文精神，作为高等教育之魂的大学精神并未在其求学过程中得以孕育生长。相反，他们的学习目的和过程是"媚俗化"和"碎裂化"的，以致自我身心陷入撕裂而难以适应推动社会变革和创新发展的困境。

（一）大学生学习目的媚俗化

随着高等教育的普及和人们物质生活水平的提高，越来越多的中国家庭子女接受了大学教育，他们以"商品经济"的思维与大学教育进行交往，对大学学习抱着终极性的价值幻想，认为读了大学就获得了最终成功，以大学生身份自居来证明自己存在的价值。于是，实现了"梦想"的他们在大学的学习目的变得"媚俗化"，思想自由、精神独立的价值追求被多样绚丽的物质

所遏制，大学生的人性之善、人格魅力、独立个性在工具化学习中不断淡出。"青年的价值取向决定了未来整个社会的价值取向，而青年又处在价值观形成和确立的时期，抓好这一时期的价值观养成十分重要。这就像穿衣服扣扣子一样，如果第一粒扣子扣错了，剩余的扣子都会扣错。人生的扣子从一开始就要扣好"[1]。然而，令人惋惜的是，当下不少大学生学习生活价值的趋向是世俗功利的，缺少理想信念和昂扬的青春斗志。一方面，如前所述，他们将大学学习或接受教育当作是成功、成名的手段，如在毕业季，大学生为了让自己脱离"就业毕剩客"而绞尽脑汁、费心费力，疲于奔命于各种就业招考或招聘活动之中，由此多少能折射出他们企盼用大学文凭来换取一份工作。当然，这也少不了长期以来中国传统文化"学而优则仕"思想的影响，从过去到现在，无论是小学还是到大学，学生、家长甚至教师都理所当然地认为读书是为了"出人头地"，为了踏上"锦绣前程"。因而，众多学生"十年如一日地苦读"的动力就来自赢得"未来美好的明天"，并且这种思想以高考为终点，把考上大学直接等同于"十年苦读"的最终结果，于是就难免出现读大学就是实现梦想、上了大学却不知道理想在哪儿的现象。另一方面，在实现了大学梦之后，不少学生就开始了有关职业规划的学习设计，其学习的重心主要集中在"实用、实利"的课程知识、资格证书的"权衡算计"上。更有甚者，早早地就准备好死记硬背毕业后要进入事业单位和公务员的考试用书，至于怎样提高自己的素质能力、提升自己的思想境界、健全自己的身心等不予重视。因此，常使学校诸如通识教育课程徒有形式，他们无意于学习这些来夯实自我知识的基础、提高知识的综合性和思维视野的多元性、辩证性。总之，当前大学生学习生活目的是"媚俗化"的，他们身上明显存在"千里读书只为官"的价值思维，在其眼里，"有财、有名、有权"才是衡量一个人的价值所在，他们甚至把教师都是按照有无"职位"来划分其"学识高低"，可谓"中毒"深矣！

[1]　习近平.青年要自觉践行社会主义核心价值观——在北京大学师生座谈会上的讲话［EB/OL］. http//www. sinoss. net/2014/0505/50019. html.

（二）大学生学习过程碎裂化

研究学问是大学生学校生活的重心，要为之刻苦钻研、劳心劳力，方能有所成就，正如习近平总书记于五四青年节在北京大学演讲中所提到的那样，"大学是一个研究学问、探索真理的地方"，希望青年"要勤学，下得苦功夫，求得真学问"和"要笃实，扎扎实实干事，踏踏实实做人"[1]。可是，当前大学生学习过程是"碎裂化"的，突出表现在他们没有明确的学问导向或专业精神，只是按部就班地完成学校教学计划中的课程内容，虽然其所学的学科课程门类或知识信息在数量上是可观的，但更多时候这些知识独立于他们生命生活之外，是未经自我构建和转化的理论知识，即书本知识而非学生的知识。事实的确如此，许多学生常常止步于或满足于以一种获取考试高分或修完课程学分的心态来对之进行记忆理解，虽然他们记住并理解了课程知识的定义，但这些知识并没有嵌入和内化为经验智慧或能力，仅成为他们一时应付考试的"材料"，事后这些知识立刻跑没影了。换言之，当前大学生学习过程"碎裂化"为一个个学期里一门门课程所获取的分数，其刻苦努力或优秀与否也主要由分数决定，致使众多学生以"学好"而非"好学"的标准要求自己，只要认真记诵每门课程的知识要点，尽可能赢得一个最好的分数就行了。此外，也有不少学生应付性地完成课程学习任务，最终通过考试前的短暂突击复习来获得合格成绩。总之，当前大学生学习的过程缺乏研究学问、探索真理的精神，在一种完成任务的学习要求下丧失了主动性，学习缩减为"听教材、看Ppt、记笔记、做作业、考试"的僵化活动，学生在日复一日地机械学习中经历了学业无压力的"轻松惬意"、学习无方向感和成就感的"迷茫、抱怨"后，最终在毕业之际，因其在身心上未做好充分准备，出现手足无措后以"逃避、不满、暴戾、麻木、盲目"的心态来回应社会生活。不过，有一点可以肯定的是，大学生学习形式的"手段武装"却是"与时俱进"的，无论其衣着打扮、学习工具还是生活用语都充分体现出"现代化"的时代色

---

[1] 习近平.青年要自觉践行社会主义核心价值观——在北京大学师生座谈会上的讲话［EB/OL］.
　　http://www.sinoss.net/2014/0505/50019.html.

彩，他们在丰富多彩的联谊、参观、下乡等学校集体活动和聚餐、购物、游玩的自我娱乐活动中欢乐、轻松地消磨时光。可问题在于，大学生在"光鲜的外表、青春的面庞"背后少了年轻人追逐梦想的激情和勇气，以及作为未来社会栋梁应具有的时代使命感和奉献精神。

二、当前大学生学习工具化倾向的成因

众所周知，时下整个社会发展呈现出一种世俗化、娱乐化的价值导向，人们对生活的追求更多聚焦于物质享受层面，一旦一个家庭及其子女向高等教育投入了经济和时间资本，他们首先想到的都是投资收益的问题。而且不少高等教育机构办学也趋于这种势态，其教育教学在价值取向上呈现出"以物易人"的颠倒关系，并通过各种具体的教育教学实践活动来加以贯彻落实，致使大学生出现了学习工具化的倾向。

（一）大学教育主体自主意识缺失

按理来说，大学是研究学问的地方，这里没有权力的熏气和金钱的铜臭，大学的教育和学习是开启宇宙自然、社会人生奥秘的智慧力量，为了这种"理性之光"，需要学生付出意志努力，而非在一种没有挫折和失败的"礼赞"中度过。但是，不少教师对此没有一个清晰的定位，将大学教育等同于中小学的知识教育，而知识教育的明显特征是传授或讲解，教师的任务就是把一个相对客观的知识让学生明了。也就是说，在以"知道什么"为目的的教育观念指导下，大学教师的课堂教学更多的是对"义理"的阐释，教师像一个演讲者或演员，而学生则变成接受者或观众，双方之间被"知道什么"的教材内容所捆绑，教学过程中缺少了沟通、质疑、创造，教学变成了没有生气的程序运转。此外，大学学习变成了一件"苦差事"而非"寓学于乐"。学习的过程不是为了追逐"众多学科知识"以示博学，而是勇于探究自然物理之真、社会人生之善，并发现相互之间的和谐之美。为了这一目的，大学生应通过努力学习，养成自然、人文知识与精神于一体的综合素质。但是，作为教育

主体之一的大学生自身亦没有明确的学习目标，只是抱着获取毕业证以找工作的态度来进行学习。因此，教学变成了一场"有形无质"的"泥潭"，"今天的大学之道是'止于至真'，是求知识的真。现在中国的大学，包括北大清华，包括香港中文大学，基本上都是基于'至真'进行教学。尽管我们一向讲'大学之道，在止于至善'，可实际上有多少课程是寻求或建立'善'的？不能说没有，但几乎是无"[1]。总之，作为教育主体的教师和学生，对大学教育教学或大学之道缺乏自主意识，使大学教学和学生学习停留于只有"知识的真"而无育人的"善和美"的状态，而所谓的"真"则在"课程知识"的讲授记忆考试之中走向了异化。

（二）大学教育方式方法僵化

大学教育的魅力在于其"开放"和"解放"个性，英国哲学家怀特海曾言，大学是在老年人的智慧和青年人激情之间搭建的一座桥梁[2]，通过师生之间、生生之间心灵与心灵、智慧与智慧的交流、碰撞而激荡起"理性之光"。换言之，大学教育需要通过"苏格拉底式"的教育教学，让学生在"辩诘"中不断祛除各种"偏见、习俗、意见、看法"的束缚而接近事物的真相。然而，当下不少教师把课程教学当成一种"经济交换"，被动执行学校安排的教学任务，缺少一种主动承担教书育人的责任感，把完成教学任务看作是一种学校规定的工作量，只要按照既定的教学计划、教学大纲和教案材料展开即可，缺乏对教学"责任、价值、意义"的自我追问与反思，教学成了消磨课堂时间的"程式"。因此，在一种任务式的教学要求和认知之下，教师所运用的教学方法更多是一种教科书的"复制翻版法"，并且是经过了"零敲碎打"后的讲授，学生则静默地被动吸收，不与教师进行交流互动。可以说，这种灌输式的教学方法是当下大学教育中的普遍现象，因为这便于教师能按照教学计划正常完成教学任务，也便于学生较轻松地完成学科考试。然而，这种

---

[1] 金耀基.重思大学之道［J］.探索与争鸣，2013（9）：84.
[2] ［英］怀特海.教育的目的［M］.徐汝舟译.北京：生活·读书·新知三联书店，2002：135.

方法是便利了师生教与学的"表演"，却有害于教师的专业发展和综合素质的提升，更损于学生获取系统性的知识和内化。因为，一方面，教师对一门学科的基本结构没有准确的把握，对学科的核心概念、原理及态度和方法也缺乏清晰认识，使其对知识理论难以进行反思和创新；另一方面，学生在不思考的情况下获取的知识只是一种暂时的记忆而已，没有经过与教师的对话、沟通而完成知识"转化"，从而陷入"学完就忘、学而无用"的僵局中。

（三）大学教育教学管理滞后

大学教育管理应是服务于育人目的的，它在高效推动教育教学运转的同时，要确保大学教育管理的教育属性。而非将大学教育内容、方法的选择及评价统一化、标准化，以利于管理自身的方便性，从而造成教师教育教学丧失活力，失去启蒙性和创造性。事实的确如此，现实中的大学教育管理日益趋向于事物性而非人本化，且在技术层面不断升级换代，隔三岔五出台各种考核或改革"指令"，为其指明"教学达标规范"。当然，之所以如此，与整个高等教育办学中的行政化体制有关。从宏观层面而言，一所大学办学水平的评定往往是上级教育行政部门以学校课题和科研成果数量、教师学历职称层次、教学硬件设施等为依据，将大学贴上等级不一的标签，从而催生了学校发展管理的"标签化"要求，使与学校升格无直接关系的教学工作被置于次要或非中心地位，同时为了显示行政权力存在的意义，又可能制造一些干扰教学的举措；从微观层面而言，学校对教师个人工作的评价，一般并不把教学质量放在首位，教师获得的职称晋升、各种奖励更多依赖于他们发表论文的数量和质量，因而直接推动教师产生重科研而轻教学的实践行为。这种情况虽然造就了学校的部分"学术明星"，为学校增添了"光彩"，却忽视了作为教育主体的大部分教师专业素质和综合能力的发展，进而危及整个学校的教育质量。此外，为了所谓更好地提升教师的教学质量、督促年轻教师认真教学而设置的督学检查，是一道令人恐惧的"红线"，教师一次偶然的失误就会被永久记录在案。在这种威力下，教师不敢再越"雷池"而会选择按部就班，从而使教育失去了教学相长的可能性，因为"督学"的监控、评价，使得教学中沟通、协调、探讨并逐渐趋向"智慧与德性"的"艺术"沦为一种单一的知识或思想灌输的训练场。

三、大学生学习工具化倾向的消解策略

（一）回归美育本质，凸显大学"育人成己"办学理念

教育的对象是人，而人从出生到死亡都必须面对三大关系，即人与自然、人与社会（他人）、人与自我的关系。从人与自然的关系看，人类为了保存自我、延续种族以及不断提升物质生活水平，通过对自然现象背后规律的探寻来利用和控制自然，与此形成相应的自然科学知识体系，其特征和价值是求真；从人与社会（他人）的关系来看，人类为了对社会资源进行有效分配而进行分工、合作，逐渐形成相应的秩序、规范、法律等，目的是使社会更好地得以管理和运行，其旨向是社会的正义、公平、和谐，其特征和价值是向善；从人与自我的关系来看，人们以追求幸福生活为鹄的，但不同的人因信仰、价值的差异而对幸福有不同的理解，但不可忽略的是，任何人都有幸福的体验，而且这种体验并不是经济、物质方面，如人际互动中的互信、理解、宽容、仁爱，情感价值交流中的真诚、认同，工作实践中的自由、发现、创造等。可以说，教育作为培养人的活动，其目的在于人在面对三大关系的过程中求真、向善、达美，且因美是对真与善的个性化、创造性的统一，所以教育的本质属性必然包含美，美育既兼顾了教育对象的群体性和个体性，也整合了教育价值的普遍性与特殊性。因此，美是教育的本质属性，大学教育教学理应培养有怀疑、批判、反思、创新精神的高素质人才，而这恰恰契合了美育在求真、求善过程中的不拘常规、敢于标新立异、独辟蹊径的品性。因而大学教育教学需要从单纯的知识求真，甚至类似于中小学的分数角逐中摆脱出来，让所有大学生在形成诚信友善、独立思考等基本品质的基础上，不断挖掘他们独特的个性化潜能，进而朝着全面自由发展的理想迈进。这是大学教育教学改革必须正视的严峻问题，尤其是创新成为社会发展特征的当

下，大学生只有将教育当成一种个体的存在或生活方式，不断通过"学、问、思、行"的教育生活来提升自我素养和促进学习生活问题的解决，并形成一种打破常规、多向比较并果敢决断的行动能力。

（二）抓好大学通识教育"有效期"，强化学科专业态度

教育的本质属性虽然包含了美，但其重心应该有所区别，我们不排斥物质或名利给人带来的动力及心理、情感的满足，然而这不应成为人们审美或生活的全部，否则就颠倒了人发展过程中目的与手段的关系，使人的生命、生活被工具、手段或物质主宰而异化。所以，教育回归美的过程中，大学教育需要突出人文精神，防止大学生思想道德发展的庸俗化和学习生活的功利化，应将仁爱、自由等普世价值作为自我思想道德境界提升的价值维度，自觉弘扬人类社会发展所积淀的永恒价值，而不再沉溺于大众媒体所宣扬的娱乐文化及其价值标准。换言之，大学生接受大学教育后要有与大学生身份相符的精神气质，评价大学教育质量的高低，依据绝对不是某一专业学生的所谓就业率的高低，而应是整个大学生群体经过接受高等教育后是否受到了"启蒙与解放"，成为有自由思想和独立精神的社会个体。为此，大学教育有必要凸显和强化通识教育的重要性，让大学生入学伊始就明了大学精神，并清楚以怎样的状态投入学习，以避免当下大学生普遍存在的不知怎样制定自我学习计划的迷茫。加之学校考核管理松散，许多学生对这些课程的学习也采取一种应付态度，只在考试前突击复习获取学分了事。因此，大学教育开设的通识教育要体现出基础性和有效性。基础性是要让学生阅读、了解和掌握人文、自然、社会学科的相关常识，形成跨学科多元思维；有效性是让学生以必修的方式和相对较长的时间来进行集中学习，而不是散落于各个学期以自由选修的方式进行学习。总之，大学教育的核心任务在于让大学生明了大学精神是什么，这种精神需要他们通过怎样的努力和途径来达成，以及清楚自己专业的学科结构、专业态度、治学方法与自然、人类、社会发展之间的关系等，通过扎实的通识教育学习和专业学科研究训练，让大学生逐渐明确自己的学习规划，在明确的学习动机驱使下寻找学问的真谛，以免出现"迷茫、

随流、应付"的"走过场大学"现象的发生。

（三）注重学问式教学探究，化知识为力量

大学是一种机构化的学校教育，在充分展现其培养人才效率优势的同时，也存在着不接"地气"的弊端。因为当下大学教育很大程度上变为一种"围墙"之内、"书斋"之中的理论说教，它没有体现出如杜威所言的"民主政治生活的延续"[1]，大学教师和学生围绕着书本或教材而展开的教育教学局限于初级的"感觉认知"，而少了"实践转化"并内化为自我思想的高级阶段。因此，当前大学教育为了提高学生所学知识的有效性，必须从单一的教材内容中摆脱出来，适当介入一些"社会改造课程"，将来自生活中有关国计民生的主题作为检验教育教学理论的重要素材，在围绕这些主题探讨的过程中不断增强理论与实践之间的联系，从而在对现实生活问题的反思中完成理论知识的自我意识化和个性化建构。为何要如此？当下众多大学生学习过程中时常提出的一个问题是"我们学这些有什么用？"虽然这个提问很多时候被指责为功利性，但不可回避的是大学需要回答。因此，反观当下大学教育教学实践不难发现，因其拘囿于课堂、教材、讲授，学校和教师所传授的知识明显偏于理论，大学生很难感受到知识于反思生活和解决社会问题的力量。教师应将所学知识在通过真实社会问题的阐释分析或应用解决中活化学生的认知结构，并成为生命经验的组成部分。所以，为避免大学生学习内容过程的概念化、抽象化，必须增强大学教育的实践性，让其通过田野调查、文献查阅、理论假设验证的方式与课程知识结合起来探究知识，并在这个过程中逐渐搭起自己的知识框架，增强发现问题、解决问题的能力。综上所述，大学生是未来社会发展的主导力量，其学习过程需要科学和人文精神的导引，通过从外在的要求向内在的自觉主动转变，将知识学习和德性培养统一起来，成为有思想觉悟、责任担当、勇于创新的高素质人才，为推动中华民族伟大复兴贡献力量。

---

[1] ［美］约翰·杜威.民主主义与教育［M］.王承绪译.北京：人民教育出版社，2001：109-111.

第八章 大学生班级管理"三重断裂"困境与突围

大学生班级管理是高校重要的育人构成和方式，结合当前大学生班级管理在对象、内容、方式上出现的"三重断裂"现象及存在的问题，对其成因进行探寻并加以消解，为大学生学习生活的积极健康和综合素质的提升构建科学的班级管理文化。

一、大学生班级管理"三重断裂"的表现

大学生学习不应局限于理论知识的认知和掌握，其综合能力和素质的提升比起知识更为重要。但是，在实践中大学生班级管理并未很好地体现这一价值取向，因而造成"重物不重人"的异化现象，不利于大学生身心的健康和谐发展。

（一）大学生班级管理对象——"普适性"与"个体性"断裂

从学校层面而言，大学生班级管理以"班级"为单位，按照学校的统一要求，由二级学院去执行，而管理权则主要掌握在学校或二级学院行政部门手中。当然，大学生班级管理还有另一种方式，即一个班集体内部的管理，以班主任为管理的组织者，在班委和班主任之间建立信息联系渠道，在充分尊重每一个学生权利和意见的基础上来设计、安排班集体的学习生活内容。可以说，良好的班级管理应该将两种方式统一起来，保持适当的张力，既注重让所有学生符合学校的整体要求，使其在学业、品行上达到大学生的综合素质标准，也重视每个学生的个性，了解和关心他们的兴趣、爱好及学习生活中的困难等。然而，现实中大学生班级管理往往出现"虚无化"倾向，对

"班集体"的普遍要求代替了对每个学生具体的学习生活要求，造成班级管理的"普适性"与"个体性"断裂，形成"普适性"有余而"个性化"不足的现象。这样的班级管理常常难以兼顾不同学生对学习生活的思考和体验，起到释疑解难的作用。总之，大学生班级管理如果要起到"服务育人"的作用，就必须走进学生个体的生活世界，不能以"班集体"的管理代替对学生个体的引导，避免发生以"集体"代表"个体"的偏失。大学生班级管理对象是"活"的，是以一个个鲜活的生命为立足点的，不应忽略其"育人"之本质。

（二）大学生班级管理内容——"物本管理"与"人本管理"断裂

大学生班级管理是让学生去遵守和执行学校的各项管理规定，还是以学生的学习生活为重心展开培育引导，这是必须要权衡的，否则，大学生班级管理就会变为一种"形式"，被所谓的班会、测评、校规等必须要遵守执行的内容所充斥，而缺少人文关怀。师生应共同围绕学生在学习生活中遇到的具体"疑难问题"，一起探讨、沟通并寻找相应的班级管理办法，即班级管理内容是以学生学习生活所面临的矛盾、问题及解决办法为主，而非"用规章管人"。因此，大学生班级管理在内容上应兼顾"物本管理"与"人本管理"。所谓"物本管理"，是指学校在学生学业成绩达标、日常行为规范、学习生活作息时间等方面以文件、制度的形式对学生进行规定以及在社会时事、重大政治方针和政策方面对学生进行宣传教育等。而"人本管理"，是指以班集体所有学生为对象，根据他们的思想困惑、心理情感、学习态度、生活困难等提供教育服务。然而在实践中，大学生班级管理内容所体现的"物本管理"与"人本管理"是断裂的。这种断裂具体反映在两个层面：其一，学校进行班级管理的内容是"身心分离"的，往往通过类似"思想政治"课程对学生进行"心灵教育"，而同时又通过诸如"就业培训"之类的课程对学生展开"生存教育"，换言之，大学生班级管理变成了"心灵"的管理和"身体"的管理，而不是一个"完整的人"的管理或一个"身心和谐的主体"的管理；其二，班级内部的管理以学校"行政规划"为依据，要求学生遵守、配合、执行相关规定，在班主任、班委的配合下，依照各种学校既定的"思路"让全班学生去"配合表演"，如通过举手表决、提意见等看似民主的方式参与管理。但是，很明显这种做法是非"人本"的，原因在于"班会内容、规则"等都是既定的，学生是被通知以后才知道"有此事"，并被集中起来参加班级活动，这是必须要做的，因为它事关"本班的利益和荣誉"。在这个过程中，学生都是一次又一次地被迫参与班级管理，可是其中很多内容却与己无关。换言之，大学生班级管理不是以学生个体为对象，也不是以学生具体的学习生活为内容，而是以各种"物本管理"要求消解了学生参与班级管理的主动性、积极性。

（三）大学生班级管理方式——"行政化管理"与"人性化管理"断裂

大学生班级管理如果依"行政"而行，往往造成班级管理方式的"雷同化"，也就是根据学校已经规定好的"规章制度"及应急的"政治学习"而要求所有班级进行"相同的管理"，这无疑就消解了班级管理存在的必要性和意义，因为班级管理"去人化"了。所以，大学生班级管理还得依靠"人性化管理"来发挥其教育价值，针对班集体在日常学习生活中的具体问题进行教育引导，充分发挥学生的主动性、积极性，让学生真正在管理中"获益"。然而，在大学生班级管理的实际过程中，"行政化管理"与"人性化管理"之间是断裂的。"行政化管理"中有浓厚的"官僚"色彩，其特征表现为师生对管理要求的"不知情、无选择、必执行"。虽然我们不能否认学校对不同班级进行统一管理的必要性，但不能以统一的行政管理代替班集体自身的"人性化管理"，也不能否认"人性化管理"的重要价值，毕竟只有师生，尤其是学生参与管理，才能真正落实"以生为本"的教育宗旨。

"人性化管理"作为一种"自组织"存在，有自身的一些特点，如班集体中学生因性别、地域、文化、家庭背景、知识基础等方面的差异而存在着各种个性化的问题，这就需要实行有针对性的人性化班级管理措施，不能只注重学校行政统一管理而忽略对学生学习生活问题的关注。但是，实际上行政管理压制了人性化管理，这或许反映出高校管理的"行政化"对教育本质的

"戕害"，以行政的方式来办教育，而非借助于行政手段来服务教育。所以说，当前在大学生班级管理方式上，"行政化管理"与"人性化管理"之间是断裂的。

二、大学生班级管理"三重断裂"的成因

虽然大学生班级管理存在着"三重断裂"，但不可否认的是，良好的班级管理对大学生教育具有重要的辅助功能，或者说大学生班级管理具有重要的育人价值。因此，只有恰当地处理好班级管理的"三重关系"，才能让"行政"作为一种手段服务于师生，通过班级管理促进学生的发展，注重班集体内每一个学生的个性发展。为此，有必要探寻当前大学生班级管理"三重断裂"的原因，只有正本清源方能让班级管理回归"育人"之本质。

（一）大学教育"工具化"价值取向的影响

导致大学生班级管理"事务化""行政化"的原因之一是大学教育的"工具化"价值取向，具体表现在以下两个方面。

其一，从学校方面看，目前整个中国高等教育日渐远离了"独立之精神、自由之思想"的大学精神。作为办学机构的大学似乎关注更多的是学校的"地位"，通过所谓的学术论文、就业率、项目课题等外在的"数字"攀升去赢面子，却失去了大学育人之本质。学校重点关注的是教师怎样应付学校的各种"考核"、学校如何刺激教师出"成果"，而对于怎样培养德才兼备的学生则不太重视，常常以"可遇不可求"为由加以搪塞。在班级管理中，从学校、学院领导到班主任，大家都希望学生"平安度过"，当学生出现各种问题，特别是面对"疾病、交通事故甚至一些不可控的事件"时，大家都将之视作"霉运"。

其二，从学生方面看，大学生在学习生活中表现出"盲目性"，换言之，大学生学习生活存在学习目的不明确的问题。很多大学生来到大学学习呈现出两种不正常的状态：一是学习没有明确的目的，虽然他们勤奋刻苦，完全

按照学校教学计划来学习门数众多的课程，但是除此之外，对为何要进入大学似乎没有自我思考；二是纯功利化学习，学生的学习生活被争取获得各种证书、荣誉称号以及"各类学生干部职位"占据。总之，大学教育工具化价值取向的存在，使得包括大学班级管理在内的大学教育注重实现"强校"的梦想，可同时也出现了"校进学退"的局面，这也是目前整个大学教育需要反思的一个问题。

（二）师生关系的"事务化"捆绑

理想的大学是一座充满精神活力的象牙塔，师生能在其中用激情、智慧搭建起通向真理的"桥梁"，他们在共同关注人类社会生活与探究自然科学奥秘的过程中传承、创新知识，双方可以在知识的海洋里自由遨游。然而，现实中大学师生关系是"被捆绑"的，即所谓的"被建立"起来的，并不是师生主动在好奇心的驱动下相互启发、激励而形成"教学相长"的积极师生关系。师生双方的行为都是"被迫"的，无论其教学还是管理都有着"指示性或规定性"，都必须严格按照"教材、大纲、进度计划、文件规定"来实施，一旦"有所脱离"则被当成"教学或管理事故"来处理。而班集体内，老师和学生的"意见或不满"则不能"走出一间教室"，否则将导致作为当事人的班主任和学生受到处分。总之，目前大学师生本应围绕着"探求真理"而形成的纯洁关系被"捆绑化"，学校的规定、课程教材、科研、就业等"事务性"问题成为师生无法逾越的"防线"，让其难以到达"自由学问"的彼岸。由于"工具化"价值取向等因素的影响，和谐的师生关系在僵化的课堂教学、班级管理中丧失了。

（三）社会"功利化"风气的侵蚀

当前社会的生产力和人们物质生活水平都有了较大的提高，越来越多的人已经解决了温饱问题，并朝着小康生活迈进，可伴随经济增长而来的是精神危机。人们在物质消费面前停不下欲望的脚步，"一切向钱看"则成为部分社会成员生活的重心，因为只有金钱才能换取房子、车子，才能填充人们的欲望之壑。人们在满足了一个又一个欲望之后，却总也不能转过身来安顿自我，这成了当下社会的一个症结。各种不良的社会现象都与之不无关系，人们为了所谓的金钱梦想而不再坚守信仰、道德、良知。校外社会上的物欲泛滥也不断侵蚀着大学教育的肌体，人们只看"教育价格"而不顾"教育价值"。在这样的氛围中，大学生班级管理也沦落为确保学生"平安度过四年而不惹麻烦"的"监守者"，或简化为劝诫学生"遵守校纪校规、多拿证书"的"励志哥"。因此，学生费尽心机去努力获取各种证书，而大学班级管理本应该为学生提供的"成人之育"却化为虚无。学生也认为只有拿到手的证书才是"资本"，而"学习如何做人、做事、沟通合作"却被其轻视或当成无用之学。所以，包括高等教育在内的整个教育系统深受社会功利化风气的影响，导致大学生班级管理变成迎合社会风气的工具，失去了遵从"教育之道"的自觉。

三、大学生班级管理"三重断裂"的消解

既然大学生班级管理的"三重断裂"受到校内外多种因素的影响，其消解也应标本兼治，可从加强师德建设、坚持大学精神、培育社会主义核心价值观等方面来促使大学生班级管理回归育人本质，让学生从被管理者转而成为自由自主学习的生命个体，在充分发挥自我主动性和创造性的基础上以身处其中的大学为依托来追逐理想中的大学梦。

（一）教师加强师德修养，注重认识自己

习近平主席曾在北京师范大学发表了重要讲话——《做党和人民满意的好老师》，从"道德情操、理想信念、扎实知识、仁爱之心"四个方面对"什么是好老师"这一问题进行了阐释，并指出"传道"是好老师的第一标准[1]。如果说班级管理的核心或基础在于关注学生个体及其个性，那么作为班级管

---

[1] 习近平. 做党和人民满意的好老师——同北京师范大学师生代表座谈时的讲话［EB/OL］.（2014-09-09）［2016-03-13］. http://www. moe. gov. cn/publicefiles//business/htmlfiles/moe/moe_176/201409/174733. html.

理主体要素之一的教师就应该真正地走进学生的世界，不断反省自我管理之"偏颇"，甚至如潘光旦先生所言的那样进行"教育忏悔"[1]。教师只有通过"教育忏悔"来认识"自己的偏颇"，方能对教育怀有敬畏之心，真正将学生作为一个完整的生命个体对待，而不能以知识灌输、道德说教、物质技术来"武装学生"，不能让学生变成外表强大而内心脆弱的生命存在。不少老师在一种未反思的状态下传授着众多的"教材知识"，以"知识权威、经验权威"自居来管理学生，很少有学生产生。因此，在班级管理中出现了学生适应、服务于老师的管理"旧常态"，而非老师适应、服务于学生的管理"新常态"。因此，当前在进行师德建设过程中，教师应自觉地"认识自己"，以一种虔诚的心态来和学生一起成长，将自己的知识、思想、智慧和学生的激情、创新、勇气之间形成互促互补、共同进步的关系。

（二）大学回归育人本质，坚守人文精神

教育是培养人的活动，是为了能够"让人成为人"，使受教育者对自我生命不断进行激发、创新、超越，而不是成为知识的容器。试想，如果大学生学习只是为了认识、理解并记住所谓的课程知识，那么大学生还不如"一台电脑"，电脑中的"搜索引擎"可以"知道一切课程知识"。大学教育应引导学生学会学习、学会做人、学会做事、学会相处，提高学生的综合素质与能力。知识的学习是为了能够培育良好的人格，使学生成为有判断力、有行动能力、有学问、有德行、有价值信仰的社会公民。那么，大学教育依靠什么样的途径来培养大学生的综合素质与能力？是不是全部依靠课堂教学？答案显然是否定的，虽然我们不否认课堂教学是大学教育的主阵地，但课堂教学不能取代全部大学教育。班级管理作为大学教育的重要组成部分，是一种重要的教育形式，并且应服务于大学精神的激发与培育，应让大学生作为主体参与管理，形成制度化管理之外的"自律管理"，以大学精神作为班级管理的准则，充分调动每一个班集体成员的积极性，给他们"话语权"，让他们发

---

[1]　郝经春.教师必读的外国教育名著导读［M］.长春：吉林大学出版社，2010：215.

表意见，在帮助解决学生学习生活问题的基础上，着重培养大学生发现问题、独立思考及解决问题的能力。通过日常班级管理来营造一种自由、民主、开放的学习氛围，采取主题班会、学习沙龙等形式，让学生"身心"统一于活动之中，而非将其"身体"和"心灵"分割开来"分别施之以'身体'的和'心灵'的教育"[1]。总之，当前大学班级管理理应回归"育人本质"，在具体实践过程中坚守"人文精神"，将学生培养成身心和谐、能够适应社会发展的社会公民。

（三）大学与社会"分合位育"，培育社会主义核心价值观

社会是一个整体，由政治、经济、文化、教育等子系统构成，教育既是这个复杂社会系统发展的"自变量"，也是"因变量"。所谓自变量，是指教育有着自身的责任和担当，其责任在于要将教育对象培养"成人"，使其能够健康、和谐、全面发展，成为对国家、社会、他人有着促进作用的主体；而所谓因变量，是指教育受到政治、经济发展的影响。因此，教育真正要有所建树，实现育人的价值，其前提就是教育与社会"分而自治"，在这基础上进行互补与协作。如"大学生就业难"反映出社会问题，其要想有效解决就离不开社会为大学生提供公平、多元的就业机会。对大学生的培养应注重"授业和传道"，在知识传授的基础上培养学生的"学问、德行、虔诚"，让社会主义核心价值观深入学生心中，让师生围绕"探求新知、追求真理"的目标导向而"问学问道"。无论是学校层面的制度化班级管理，还是班集体内部的"自组织管理"都应以此为核心，真正将学生培养成有独立人格和自由思想的社会公民。大学应发挥引领社会发展的功能，担负"针砭时弊和坚守大学精神"的责任。同时，大学发展也应得到社会、经济、制度等方面的支持，所以，二者之间应该保持着适当的"分合位育"关系。著名人文学者潘光旦先生曾提出教育的"位育"观，指出事物是以整体的形式系统而有序地存在的，各种事物只有"安其所"，方能"遂其生"。"分合位育"中的"分"意味

---

[1] 潘乃谷，潘乃和.潘光旦教育文存［M］.北京：人民教育出版社，2002：48.

着大学应与社会保持适度的"远离"关系，应遵循教育自身的规律而不被"金钱或权力"裹挟；"合"则强调社会应形成尊师重教之风，坚持教育优先发展的价值导向，通过加大教育投入和改革力度，积极为社会发展培养具有综合素质的社会公民。无论"分"还是"合"都应以社会主义核心价值观为引导，让人文关怀和科学精神渗透在大学生的学习生活和社会实践中。

第九章 大学生审美教育缺失与解蔽

高等教育的宗旨乃培养精神独立、思想自由和拥有创造性思维的大学生，让其始终以热爱生活、尊重生命、探求真知的态度来面对自然、社会和自我，在学习、生活、社会实践中不断求真、向善、逐美，以引领未来社会的和谐发展。

一、大学生审美教育的缺失及其危机表现

20 世纪 90 年来以来，随着改革开放和市场经济发展的深入，加之全球化浪潮的席卷，我国社会思想和实践领域的发展日益呈现出后现代色彩，"个性、多元"取代了"统一、基础"成为人们价值和行动的准则，这一状况也突出反映在高校大学生审美教育的缺失与危机上。众所周知，美育是一种情感教育，其重心在于培养具有创造性和个性化的生命主体，它关注人们在从事各种实践活动时的激情、专注、自由、愉悦。然而，当下大学生的学习和生活明显缺乏美育取向，其价值判断和行为选择具有世俗化、工具化的特征，主要表现在以下两大方面。

（一）大学生思想道德的世俗化

时下，不少大学生关于生命与生活、人生与意义等方面的价值认识日益趋向世俗化，呈现出对社会流行、新异文化的追崇，在语言和社会交往等层面有着较为典型的反映。从语言层面来看，大学生嘴边时常挂有网络词汇、影视"台词"、坊间"戏语"，这些新的词汇被大学生运用于日常生活中，甚至出现于他们的作业书写里，这显示出语言"娱乐化"对大学生的吸引力和影响力巨大，还表明了"娱乐化"语言背后的世俗化思维价值已"入侵"他

们的"大脑"。不可否认，语言作为思想的外衣，是一个人认识事物的情感、思维、价值的载体，语言的运用能反映出主体的精神风度。因此，大学生的语言需要锤炼，要让语言说出来是流畅的、正确的，而非不经组织的，通过"诗意"语言的表达展示大学生对社会的深度思考，体现出对苦难与不幸的悲悯、社会正义与道德的反思和生命的热爱向往，即大学生语言不应被"戏谑、暴力、消沉"所充斥或主宰。从社会交往层面来看，大学生校内社会交往主要是在同学之间、师生之间围绕着学习而展开。在这个过程中明显缺乏"爱"的情感交流，虽然同学之间朝夕相处、嬉笑相伴，可一旦评奖、评优时，相互就经常表现出嫉妒、心胸狭隘，或一味躲避而漠不关心；至于师生关系也变成一种"法权"关系，无思想碰撞和情感共鸣。并且，大学生在校内社会交往中计较得失的功利思想也会蔓延至校外，如大学生社团、班干部向社会拉赞助搞各种"企宣活动"以显才能，而贫困生往往投入"打工挣钱"的社会实践中。虽然这些活动不能简单用正确或错误进行评判，但在此过程中，更多的是对名利的获取而少了怀抱理想、探求真理的诉求以及为之付出努力的意志行为。可以说，大学生作为引领社会文明发展的主要力量，"美"的人格塑造并未在大学校园里得到较好的培育。

（二）大学生学习过程的异化

学习和研究学问是大学生学校生活的重心，要为之"废寝忘食"方能有所成就。可许多时候，高等学校往往变成一些学生自我放松、消遣的场所，他们在这里没有经受挫折和失败，有的只是如同婴幼儿的溺爱和宽容。课堂教学中的旷课、种种"联谊、文娱"活动成了大学的一道"风景线"，然而，这并不影响他们通过考试前的突击记忆而考核及格，甚至获得优异成绩，连考试中的作弊也只有形式上的"警告"而无实质性的教育惩处。总之，大学生在学校里缺乏研究学问的耐心和为之付出努力的意志，他们没有将推动知识和文化的创新与发展、社会问题的解决、人类文明的进步作为自己的使命，更多看重的是专业学习所带来的职业回报。因此，一批批大学生在"泾渭分明"的专业内部"各自为战"，他们成为名副其实的"专业人"，从专业——

职业——金钱、名利的互置中使自我变成工具，割裂了完整物质生命和精神生命的统一，异化为单向度的实体存在。可以说，大学生的学习目的是功利的，在功利的指引下他们的学习内容往往局限于自己的专业知识，认为非专业的知识或学习内容是无用的，和自己将来的职业选择是没有关系的。这会造成学习内容狭窄化，与此对应的是大学生学习方法、方式的封闭化，他们常常停留于课堂、学科教材的理论化学习中，而如何用这些理论来发现和分析问题，他们并不清楚。所以，在大学生学习过程中普遍存在的一个现象就是通过学习来获得众多概念、理论，却缺乏实践，最终难以形成自己的知识体系和思想个性，出现"考完试即忘"且没有内化为能力与品质的状况。可以说，大学生的学习过程整体呈现出异化倾向，从目的、内容、方法都在进行"作茧自缚"，使其完整的知识、生命、思想变得碎片化。

总之，大学生审美教育的缺失已然普遍，思想自由、精神独立的大学精神被多样绚丽的物欲所主宰，大学生的人性之善、人格魅力、独立个性失去了对美的追求。

二、大学生审美教育回归的必要性

审美教育在高校里缺位，大学生学习生活有了工具化倾向，其危机是巨大的，一方面造成大学生个体生命的异化，另一方面是整个大学教育精神的崩塌。因此，大学教育必须进行反思，摆脱功利化的办学导向，回归教育的本质属性，培养大学生德智体全面发展，并以美的价值和情感对其进行统一，其缘由在于以下两方面。

（一）美是教育的本质属性

关于教育的本质人们往往停留于"培养人的活动"这一界定上，然而这种界定虽然避免了许多争议，却也使得人们对教育本质的认识过于笼统模糊。所以，什么是教育的本质？回答这个问题之前必须要先回答"教育培养人什么方面的发展？"毋庸置疑，教育的对象是人，而人立足于天地系统中从出生到死亡都必须面对三大关系，即人与自然、人与社会（他人）、人与自我的关系。上文也讲述过，从人与自然的关系看，美的特征和价值是求真；从人与社会（他人）的关系来看，美的特征和价值是向善；从人与自我的关系来看，美的特征是幸福的体验。所以，教育的本质属性必然包含美，美是教育的本质属性，大学是研究学术的场域，理应培养的是有怀疑、批判、反思、创新精神的高素质人才，而这恰恰契合了美育在追求真、善过程中的不泥常规、敢于标新立异、独辟蹊径的品性。

（二）人文精神是美的核心

美是一种情感体验，美的感受既可以来自人们对大自然神奇的"惊叹"，也可以来自获得物质、名利、身份、地位时的满足，还可以来自人们实现自我目标、理想和价值时的精神享受。可以说，美具有多元化、个性化、历史性的特征，不同时代、不同的审美主体对美有不同追求和判断，但我们不可否认的是美的普遍性，这种普遍性源于人性中对真、善、美统一的价值追求，是人类社会不断迈向文明的标尺。在教育回归美的本质的过程中，对大学生进行的审美教育需要突出人文精神，防止其思想道德发展的庸俗化和学习生活的功利化，将仁爱、自由等普世价值作为自我思想道德境界提升的价值维度，而不再沉溺于大众媒体所宣扬的娱乐文化及其价值标准，理应对其进行反思和抵制，自觉弘扬人类社会发展所积淀的永恒价值。此外，大学生的学习需要体现出与大学生身份符合的精神气质，不应因专业划分而"画地为牢"。评价大学教育质量的高低，绝对不是某一专业学生的所谓就业率的高低，而应是整个大学生群体在接受高等教育后是否受到"启蒙与解放"，成为有自由思想和独立精神的社会个体。

三、大学生审美教育回归的路径

大学生审美教育的目的在于培养引领社会发展的高素质人才，而这样的社会主体绝不是因循守旧的工具人，而是充满激情、正义、仁爱、创新的社会主义公民。那么，实现这样的培养目标能不能依然沿用传统的美学理论课程教学、思想政治宣传、参观访问等形式呢？无疑，如此的审美教育是植入式的，审美主体与审美对象因缺乏交流难以生发内在情感共鸣。因此，大学生审美教育需要转换思路，从外在要求灌输向内在启蒙自觉转变。

（一）加强大学生入学教育的有效性

许多高校虽然有大学生入学教育这一流程，但其重心是学校的各种管理制度以及学校资源的宣讲，最为重要的大学生学习目的、学习方式和专业精神的教育却是空缺的。因此，在许多时候，不同专业的大学生普遍存在不知怎样设计或制订自我学习计划，以致毫无选择、反思地将学校开设的一门门课程当成学习的全部，加之学校考核管理的松散，许多学生对这些课程也采取一种应付态度，只在考试前突击复习获取学分了事。可以说，在这个过程中，学生的学习变成一种任务，而没有体现出学问性，即大学生缺乏一种研究学问的学习自觉，他们不会将探索自然宇宙和解决人类社会矛盾作为自己的使命。所以，其在学习过程中难以生发出质疑、反思和追崇真理等的意志情感。为此，大学生入学教育需要加强它的有效性，其核心在于让大学生明白大学学习应该具有怎样的精神和个性，通过怎样努力和途径方能达成，以及清楚自己专业的学科结构、专业精神、治学方法与自然、人类、社会发展之间的关系等。虽然入学教育不可能就此方面展开细致、全面的教育，但至少给学生在入学初期确定自我的学习规划一个启发，使其逐渐在大学学习中寻找到学问的真谛，这是大学审美教育在展开过程中面向所有学生的重要而基础的环节。

（二）加强大学生阅读的经典性

大学生审美教育的一个重要方式是榜样的力量，也就是集知识、智慧、美德于一身的大师及其"师徒式"的教育教学来引导学生的健全发展。然而，不可否认的是，当下的高等教育有着明显的工具化色彩，沟通、交往、对话式教学较少存在，学生难以在学习过程中感受到师者的高尚人格和深邃思想，并引发自我的精神解放和灵魂的荡涤。那么，大学生审美教育的科学精神和人文精神可以通过什么途径来塑造呢？一个较好的选择就是让大学生回到"图书馆或书架上"，加强他们阅读的经典性，通过阅读中西方经典名著与人类历史上伟大的思想家进行对话，去体验人性、苦难、正义、幸福、罪恶等主题所进行的深刻审视，反思当下人类社会生活的虚浮、功利等弊病。人类的思想和精神发展水平并不随物质技术的发展而同步提升，它有停滞和倒退的可能，所以大学生作为引领社会文明发展的主体，在世俗化、大众化思想、价值成为人们普遍的行为导向的当下，需要多阅读一些永恒的经典著作，重新拾回人类灵魂中的圣洁，将人类优秀传统文化加以传承和发扬，使自我的精神充实和饱满，成为引领社会道德文明的主体。

（三）加强大学生学习的理论与实践结合

大学生在学习过程中时常遇到的一个疑问是"我们学的这些有什么用"。的确，大学生掌握的知识明显偏于理论而没有"接地气"，他们很难感受到知识对于反思生活和解决社会问题的力量。因此，为避免大学生学习内容、过程的概念化、抽象化而陷入迷茫，必须加强实践，通过田野调查、文献查阅、理论假设验证的方式与课程知识结合起来，让其发现理论知识存在的偏差、不足，并在这个过程中逐渐积累起自我的知识框架，培养起发现、解决问题的方法意识，向有自由思想和独立精神的审美主体迈进。当然，加强大学生学习的理论与实践结合，必须要处理好大学与社会之间的张力关系。一方面，大学生学习要和社会对接起来，学校将社会政治、经济、民生问题作为一种教育资源加以利用，让学生在理论知识学习过程中结合具体现实问题的分析、阐释来进行，并为学生提供专业理论知识运用实践的社会时空环境；另一方面，大学生学习要和社会保持一定距离，学校从教育教学、管理、评价都应拒绝和抵制社会中流行的不正之风，让学生的学习生活远离权力、金钱、等级的侵蚀而返璞归真，坚守住代表时代文明高度的大学精神。

综上所述，大学生是未来社会发展的主导力量，高校需要加强对其的审美教育，培养方式从外在要求向内在自觉改变，通过美育人文精神的导引，让他们成为有思想觉悟、责任担当、勇于创新的高素质人才。

第十章　边疆少数民族贫困大学生思想困境及转化

　　高校中有不少边疆少数民族的贫困大学生，了解这一群体学习生活和身心发展，对其思想困境及其成因进行把握和分析，以便提出相应的教育策略，这既是对他们个体身心健康发展的关切，也是对未来他们投入并推动社会文明进步而作出的积极贡献。

一、边疆少数民族贫困大学生思想困境的表现

　　边疆少数民族贫困大学生思想状况总体是良好的，但其在学习生活中面对诸如与他人竞争、自我要求、社会实践、就业选择、专业学习等问题时，存在着思想上的困惑，具体表现在以下四个方面。

（一）个人竞争与文化资本弱势的冲突

　　不可否认，物质生活窘迫是边疆少数民族贫困大学生求学过程中的"常态"，然而，他们在思想上接受和意志上克服经济拮据的同时，更令其难以摆脱的苦恼在于物质贫困背后潜藏着的"个人竞争及文化资本"弱势，这一境遇以一种无形的习惯性力量影响着整个学习生活进程。由于大学所处的社会环境是以主流文化价值为标准，边疆少数民族贫困大学生长期在少数民族文化背景中形成的"非竞争、谦和、忍让"的习性难以在充满"比较、竞争"的大学校园中"胜出"或获得"发言权"，这可从各种评奖推荐、班干部选聘活动中表现出来，同等条件下边疆少数民族贫困大学生往往以一种退让的方式来面对评选评优。无疑，此种情况的存在、发生与他们所受的民族文化熏陶有关，可身处在主流文化环境下，虽不能完全否认其行为的"合理性"，但

也应意识到边疆少数民族贫困大学生在他们一个个"忍让行为"的背后，自己失去的是未来面对同样机会时的乏自信，与他人竞争的价值思维及行为实践等。此外，"个人竞争与文化资本弱势"问题也反映在边疆少数民族贫困大学生的勤工俭学方面，他们在大学期间可能参与了许多兼职打工活动，然而这些工作内容常常并不是自己的专业，且从事的工作类型变换频繁，这种"游击式打工"在补贴了学生日常开支之外，还会导致其对专业学习的"无力"和"无心"，造成本末倒置、学业不精。

可以说，不少边疆少数民族贫困大学生在校学习过程中面临上述问题时，思想上往往表现出困惑或迷茫。由于受民族文化和中小学"残缺"的主流文化升学教育的影响，边疆少数民族贫困大学生在高校的学习生活中明显存在个人竞争与文化资本的弱势问题，在正视这一问题之后，作为个人要确立好学习目的，并通过努力学习全面提升自我素质。

（二）职业理想和就业选择之间的矛盾

边疆少数民族贫困大学生的职业理想和就业选择之间的矛盾在其思想方面的反映主要集中在以下几个方面。

首先，职业理想的"优越化"和就业选择的"狭窄化"。具体来说，许多边疆少数民族贫困大学生的职业理想是从事能够发挥自己专业所长，又有优越工作环境和报酬较高的职业。之所以有这样的选择，一方面，当下整个社会的主导价值是金钱、社会地位；另一方面，由于边疆贫困民族大学生试图摆脱物质贫困，故而追求富裕生活造福家庭的愿望较强烈。然而，这种职业理想往往与现实的就业环境相矛盾，社会能提供给大学生向上流动的渠道"狭窄化"，加之边疆贫困民族大学生社会资本薄弱，他们中较少的人能跻身"理想的职业圈"，这种情况成为一种"固化"的社会现实以后，无疑会弱化其学习动力，使其迷茫等。

其次，职业性质认识的"合理化"和就业选择的"客观化"。职业性质认识的"合理化"，是指边疆贫困民族大学生能够正确看待不同性质职业的重要性，有职业无贵贱、无高低之分的价值判断，这种合理化的认识，并不能与就业选择的职业去向保持一致，二者之间可能会不相符。虽然边疆少数民族贫困大学生在思想意识上不会赞同职业有高低之分，但具体到自己时，不少学生还是不愿意下基层、到边疆或脱离自己的专业而从事其他工作。究其原因有两个方面：一是他们在高校学习生活期间，所接受的教育及所处社会的主导价值塑造、影响着其职业价值观；二是其民族地区社会、家庭及成员等的教育观念所致，不少人认为接受大学教育就应该高人一等，比其他人有出息，特别是经济收入方面有所超越，边疆贫困民族大学生深受这种"价值教育"影响。可现实的就业选择中，职业理想的美好很难如其所愿，二者之间的反差必然引致边疆少数民族地区贫困大学生思想方面的困惑与波动。

（三）专业知识和综合发展的不统一

作为一名大学生，既要专注于自己专业知识的学习，也要尽可能加强自身的综合素质。那么，边疆少数民族贫困大学生在学习生活中如何对待自己的专业知识学习以及其他方面的综合素质呢？其专业知识和综合素质二者之间是否协调？虽然他们中绝大多数有积极的学习态度；但在实际的学习中，他们的学习态度、目标并没有完全落到实处，出现"思想与行动"不相符的状况。如部分学生学习态度不端正，不肯通过个人努力获得好成绩，对一些不良现象采取"事不关己则高高挂起"的冷漠态度，其在大学里的学习热情和意志努力没有成为一种自觉和习惯，仅仅将其作为一种"任务"来对待，没有将大学专业学习视为自己后续学习和人生成长的基础。

边疆少数民族贫困大学生在"专业知识和综合发展相统一"方面并不和谐，其原因在于，首先，在边疆民族地区，能够上大学的人数较之非民族地区要少得多，上大学在民族社会成员看来是光耀门楣的大喜事。在这种思想观念笼罩下，"上大学就意味着有学问，有学问的人才能上大学"的逻辑应运而生（当然是片面的），因此，上大学后要有所作为成为边疆少数民族贫困大学生的普遍愿望和想法。然而，进入大学之后，由于长期积累的基础知识与非民族地区学生来说存在着一定的差距，这种差距在大学学习期间会存在很长一段时间，这在无形之中造成其学习成绩、素质教育方面"落后"，在这种压力下他们容易出现各种异常的学习心态和行为表现。其次，边疆少数民族地区，学生的学习除了学校教育之外还存在着多种形式的"活"的教育，诸如宗教教育、生产劳动教育、歌舞教育等等，这些教育形式往往具有随境性、活动性、开放性等特征，通过这些形式的教育，社会成员能够融入当地社会，并获得人们的认可。在高校生活当中，他们学习的内容常常以分设的专业内容为主，专业之余的其他知识或其本民族的文化内容较少涉及，因此，远离自己民族文化生活的边疆少数民族贫困大学生一般在高校学习生活中处于弱势地位，这种弱势地位表现在其主流文化素质的各个方面，如文体艺术素质、社会交往能力、语言表达能力等表现出劣势。因此，他们在专业知识和综合能力统一发展中遇到的困境，必然在其思想方面有所体现。

（四）学校学习和校外生活之间的不共谐

高校大学生的学习生活是一个整体，学习空间不局限于教室、课堂、校园，学习内容也不限于自己的专业和课程，像师生关系、同学关系、校园文化活动、校外社会实践等都是影响其发展的重要因素。对于边疆少数民族贫困大学生来说，如何协调学校学习和校外生活，是其思想发展过程中所必须要正视的。虽然许多边疆少数民族贫困大学生比较重视专业理论学习，且能取得较好的考试成绩，但其专业课程之外的综合知识积累是比较薄弱的，对社会政治、经济生活的认识只停留于个人"随境性"生活的感悟和体验上，他们较少通过广泛阅读和参与社会实践活动来提升自己的综合素质和能力。当然，这种状况与他们的经济负担和成长的文化背景有关，也与高校专业、学科的分割式教育有关。可以说，边疆少数民族贫困大学生要想在大学期间学有所成，不仅应关注学科限定的专业知识，还需要学习与自然的发展、人的发展、社会的发展相关的其他学科知识，以及参与学校之外的社会实践活动和本民族优秀传统文化的继承与创新，如此才能自如应对未来复杂多变的社会生活。

边疆少数民族贫困大学生在思想发展过程中面临着一些困境，形成这些困境的因素是多方面的，包括了学校、社会、家庭及学生个人等，要解除困境必须通过多方面因素的参与协调。

二、解除边疆少数民族贫困大学生思想困境的教育对策

针对边疆少数民族贫困大学生思想存在的问题，有必要进行"对症下药"的思想教育，以促使其在高校学习中"德才兼备、体智两全"，在思维、价值、知识、能力等方面能够在适应当下社会发展需要的同时，又能够不断反思自我，进而创造性地应对各种复杂的社会环境。

（一）加大资助力度，创造多元"助学"形式

边疆少数民族贫困大学生在高校学习生活期间，最先也是最现实的困境是物质生活的贫困，他们面临着学费、生活费等方面的负担，而且这种负担会长期伴随其大学生活，间断性地干扰学习生活。因此，为了减缓其在高校学习中的经济负担，学校应该给予他们一定的生活补助，而且在力度上应有所加强。因为当下生活消费水平较之过去要高出许多，他们多半来自农村，当下农村家庭的农业收入相当微薄，无力负担孩子高校学习的各种支出；所以，学校有必要加大资助力度。当然，学校的资助只是一个外在的条件，根本之策是培育他们的独立能力与社会实践能力，通过自己的智慧和努力来获得经济上的回报。因此，高校的"助学"形式理应坚持两个原则：其一，"助学"并不仅是为其提供经济的"刚性"扶助，更重要的在于"助学"过程中培养其独立的精神意志和学习各种知识的饱满热情。其二，为了实现助学目的，其形式不应是单一的诸如"打扫卫生、整理借阅图书"等，而应改变这种单一的助学形式和助学观念，建立起"物质资助＋精神资助"的多维体系，提升他们的自立能力。

（二）创设民族文化生活空间，增强文化资本"力"

边疆少数民族贫困大学生身上凝聚着独特的民族文化，表现在他们的语言、习惯、信仰、价值观等各个层面，由于这些方面的独特性而使得他们在

学校里"与众不同"，而这种"与众不同"的背后却藏着他人对其的"异样眼光与评价"。之所以如此，是因为不少人对边疆少数民族贫困大学生所属民族的民族文化不熟悉，并且因整个社会包括大学校园对其文化的漠视而忽略了他们的民族文化独特性在其思想道德中的作用。其一，一些来自非民族地区的大学生错误地认为少数民族文化是落后、愚昧的，这种思想观念无形中会投射到边疆少数民族贫困大学生身上，误认为他们是"贫困、愚昧、野蛮"的，这种想法会在他们的语言、行为上体现出来，进而排斥与边疆少数民族贫困大学生交往。面对这种情况，边疆少数民族贫困大学生难以融入群体中，他们多少会对将其文化"拒之门外"的他人有抵触情绪，这种情绪会在其学习态度、社会交往中表现出来。其二，边疆少数民族贫困大学生由于长期生活于相对封闭的民族农村地区，其民风民俗相对淳朴，人与人之间的交往关系比较单纯、稳定。这种生活方式已成为一种习惯，并会运用在其高校学习生活中，而此种表现往往以一种负面的影响作用于边疆贫困民族大学生，因为在高校学习生活中他们与同学交往时不善言辞表达，在交往中常常处于被动状态。同时，在课堂教学和各种学习中，由于受民族思维习惯的影响，不能迅速、及时或准确掌握其要旨，因而在其学习中往往要慢半拍。总之，由于边疆少数民族贫困大学生的民族文化个性与主流文化价值之间的差异，使得在校学习主流文化知识的过程中处于单向和分裂状态，这容易造成他们的抵触心理，或者对主流文化趋之若鹜，或对本民族文化嗤之以鼻，甚至因对他人及主流文化的排斥而封闭自我。因此，学校应该为边疆少数民族地区贫困大学生创设民族文化生活空间，增强其文化资本"力"，这样，他们才会平等地参与且发挥出自身的优势去学习和参与各种实践活动，在活动中增强自信心，融洽地与同学相处，其思想道德也才能得以健康和谐地发展。

（三）加强校外教育资源，构建校内外互补"合力"

边疆少数民族贫困大学生是高校里的弱势群体，这种特性使其在高校中的生活成长显得更加复杂，而其复杂的生命要想得以整全发展，对其进行的思想教育也必须是"复杂"的，这里的复杂主要指的是思想教育不应仅仅是学校内部课堂里的文本宣讲式的教育，虽然这种思想教育方式有系统性，但也很难代替或有效解决学生在实际学习生活中遇到的各种思想方面的现实问题。此外，校园内部的思想教育往往面向的是全体大学生，很少有针对边疆少数民族大学生的。因此，仅依靠校园内"一统"的思想教育文本来对边疆少数民族贫困大学生进行教育是行不通的，需要将校外利于其思想发展的各种资源吸收进来，构建起促进其思想积极发展的校内外互补教育机制。具体来说，校园内部应该将边疆少数民族贫困大学生所属民族的民族文化内容开发成思想教育资源，而校外，特别是政府部门要有意识地借助图书出版、网络信息等渠道向包括边疆少数民族贫困大学生在内的所有大学生进行中华民族文化多元一体的文化教育，使其认识到少数民族文化是中华民族文化必不可少的组成部分，其民族文化精神是和中华民族精神相通的，只有校内外形成利于边疆少数民族贫困大学生思想积极发展的互补教育力量，才能使其思想发展获得知识性和实践性的保障。

（四）改革"数量化"管理模式，确立"人本化"的教育实践观

对边疆少数民族地区贫困大学生而言，要使其在校学习充实且有意义，至关重要的还在于学校要改变长期以来的"数量化"管理模式。以分数、职务、证书等计量方式来管理、评价教学或学生优劣的模式使边疆少数民族地区贫困大学生因"综合资本"薄弱而成为弱者。因此，要克服上述提及的边疆少数民族贫困大学生"职业理想和就业选择之间的矛盾""专业知识和综合发展的不统一"等问题，需要学校摒弃"计量化"的工具价值思维，真正确立"以人为本"的教育观，从入学教育开始就让学生树立起良好的学习观，明了"大学精神、专业精神"，并以人的发展所面临的矛盾为纽带为学生提供综合发展的平台，让其拥有能解决与自然、社会、自我发生关系时的综合知识和基本态度。换言之，边疆少数民族地区贫困大学生在学校里学习应是一种"为己"之学，而不是一种与他者进行"攀比竞争"的学习，他们能在学校宽容、民主、沟通的环境中寻找到"自我"需求和价值，从而在大学里进行自我发展的设计。

综上所述，在边疆少数民族贫困大学生思想教育过程中，学校应该给予他们特别关注，这种关注需要从物质帮扶向意志独立转换。同时，需要反思以往的单一教育形式，而应以一种校内与校外、中华文化与少数民族文化价值互补与并举的立体性综合教育予以保证。

参考文献

［1］马克思恩格斯全集（第42卷）［M］.北京：人民出版社，1979.

［2］马克思恩格斯全集（第1卷）［M］.北京：人民出版社，1966.

［3］马克思.1844年经济学哲学手稿［M］.北京：人民出版社，1979.

［4］马克思.1844年经济学哲学手稿［M］.北京：人民出版社，1979.

［5］马克思恩格斯全集（第26卷）.［M］.北京：人民出版社，1973.

［6］马克思.资本论（第1卷）［M］.北京：人民出版社，2004.

［7］马克思恩格斯全集［M］.北京：人民出版社，1956.

［8］黑格尔.精神现象学（上卷）［M］.北京：商务印书馆，1981.

［9］张世英.张世英演讲录［M］.长春：长春出版社，2001.

［10］海德格尔.形而上学导论［M］.北京：商务印书馆，1996.

［11］康德.实用人类学［M］.重庆：重庆出版社，1987.

［12］康德.道德形而上学探本［M］.北京：商务印书馆，1962.

［13］黑格尔.历史哲学［M］.北京：商务印书馆，1963.

［14］郑也夫.吾国教育病理［M］.北京：中信出版社，2013.

［15］恩斯特·卡西尔.人论［M］.上海：上海译文出版社，2004.

［16］张诗亚.回归位育——教育行思录［M］.重庆：西南师范大学出版社，2009.

［17］张诗亚.化若集［M］.南京：南京师范大学出版社，2010.

［18］马小平.叩响命运的门［M］.长沙：湖南文艺出版社，2015.

［19］大卫·W·奥尔.大地在心：教育、环境、人类前景［M］.北京：商务印书馆，
　　　2013.

［20］康德.论教育学［M］.上海：上海人民出版社，2005.

［21］庞庆举.人性问题——"生命·实践"教育学人学之基［M］.上海：华东师
　　　范大学出版社，2015.

［22］埃·弗洛姆.为自己的人［M］.北京：生活·读书·新知三联书店，1988.

［23］王杰.荀子［M］.唐镜，注释.北京：华夏出版社，2011.

［24］霍布斯.利维坦［M］.北京：商务印书馆，1985.

［25］马克思恩格斯全集：第8卷［M］.北京：人民出版社，1979.

［26］傅云龙.老子［M］.陆钦，校注.北京：华夏出版社，2000.

［27］潘乃谷，潘乃和.潘光旦教育文存［M］.北京：人民教育出版社，2002.

［28］雅斯贝尔斯.什么是教育［M］.北京：生活·读书·新知三联书店，1991.

［29］郝经春.教师必读的外国教育名著［M］.长春：吉林大学出版社，2010.

［30］肖川.教育：让生命更美好［M］.北京：北京师范大学出版社，2015.

［31］杨自伍.教育：让人成为人［M］.北京：北京大学出版社，2010.

［32］论语［M］.张燕婴，译注.北京：中华书局，2006.

［33］中庸［M］.王国轩，译注.北京：中华书局，2006.

［34］赫伯特·马尔库塞.单向度的人——发达工业社会意识形态研究［M］.上海：上海译文出版社，2006.

［35］李亦园.人类的视野［M］.上海：上海文艺出版社，1996.

［36］张诗亚.祭坛与讲坛——西南民族宗教教育比较研究［M］.昆明：云南教育出版社，1992.

［37］贾馥茗.教育的本质——什么是真正的教育［M］.北京：世界图书出版公司，2006.

［38］王国轩译注.中庸［M］.北京：中华书局，2006.

［39］智效民.民国那些教育家［M］.成都：四川文艺出版社，2013.

［40］雅克·马里坦著，高旭平译.教育在十字路口［M］.北京：首都师范大学出版社，2010.

［41］邓晓芒.哲学史方法论十四讲［M］北京：生活.读书.新知三联书店，2019.

［42］李泽厚.人类学历史本体论［M］.青岛：青岛出版社，2016.

［43］杨斌.什么是真正的教育［M］.福建教育出版社，2010.

［44］克里希那穆提著，周豪译.教育就是解放心灵［M］.北京：九州出版社，20102.

［45］刘再复.教育论语［M］.福建：福建教育出版社，2012.

［46］程平源.中国教育问题调查［M］.北京：清华大学出版社，2013.

［47］殷海光.中国文化的展望［M］.上海：上海三联书店，2002.

［48］赫伯特·马尔库塞.单向度的人——发达工业社会意识形态研究［M］.上海：上海译文出版社，2006.

［49］李亦园.人类的视野［M］.上海：上海文艺出版社，1996.

［50］雅克·马里坦著，高旭平译.教育在十字路口［M］.北京：首都师范大学出版社，2010.

［51］邓晓芒.实践唯物论新解：开出现象学之维（增订本）［M］.北京：2019.

［52］克里希那穆提著，周豪译.教育就是解放心灵［M］.北京：九州出版社，2010.

［53］马克思，刘丕坤译.1844年经济学——哲学手稿［M］.北京：人民出版社，1979.

［54］李泽厚.己卯五说［M］.北京：中国电影出版社，1999.

［55］理查德.利基.人类的起源［M］.上海：上海科学技术出版社，2007.

［56］刘丕坤译.1844年经济学——哲学手稿［M］.北京：人民出版社，1979.

［57］潘乃谷，潘乃和.潘光旦教育文存［M］.北京：人民教育出版社，2002.

［58］张诗亚.西南民族教育文化溯源［M］.上海：上海教育出版社，1994.

［59］（美）杜威.民主主义与教育［M］.王承绪，译.北京：人民教育出版社，1999.

［60］庄孔韶.教育人类学［M］.哈尔滨：黑龙江教育出版社，1988.

［61］（印度）克里希那穆提.教育就是解放心灵［M］.张春城，唐超权译.北京：九州出版社，2010.

［62］王国轩译注.中庸［M］.北京：中华书局，2006.

［63］安双宏.印度高等教育：问题与动态［M］.哈尔滨：黑龙江教育出版社，2001.

［64］郑也夫.吾国教育病理［M］.北京：中信出版社，2013.

［65］肖川.学校，用什么来吸引学生［M］.北京：北京师范大学出版社，2015.

［66］程平源.中国教育问题调查［M］.北京：清华大学出版社，2013.

［67］周国平.让教育回归人性［M］.武汉：长江文艺出版社，2017.

［68］杨斌.什么是真正的教育［M］.福州：福建教育出版社，2010.

［69］马克·贝磊.比较教育学：传统、挑战和新范式［M］.彭正梅，译.上海：

华东师范大学出版社，2007.

［70］罗崇敏.教育的价值［M］.北京：人民出版社，2012：19.

［71］纪伯伦.纪伯伦论人生［M］李唯中，译.上海：上海人民出版社，2013.

［72］［英］怀特海.教育的目的［M］.徐汝舟译.北京：生活·读书·新知三联书店，2002.

［73］［美］约翰·杜威.民主主义与教育［M］.王承绪译.北京：人民教育出版社，2001.

［74］郝经春.教师必读的外国教育名著导读［M］.长春：吉林大学出版社，2010.

［75］杨自伍.教育：让人成为人——西方大思想家论人文与科学［M］.北京：北京大学出版社，2010.

［76］单中惠，朱镜人.外国教育经典解读［M］.上海：上海教育出版社，2004.

［77］王德峰.论马克思的感性意识概念［J］.云南大学学报（社会科学版），2016（5）.

［78］张曙光.马克思主义哲学研究应有的现实与超越性——一种基于人的存在及其历史境遇的思考与批评［J］.中国社会科学，2006（4）.

［79］金生鈜.无立场的教育学思维［J］.华东师范大学学报：教育科学版，2006（3）.

［80］布雷芩卡.教育学知识的哲学——分析、批判、建议［J］.华东师范大学学报：教育科学版，1995（4）.

［81］南怀瑾.教育与人性［J］.求知导刊，2014（4）.

［82］项贤明.教育学的马克思主义阐释［J］.中国人民大学教育学刊，2015（3）.

［83］叶澜."新基础教育"内生力的深度解读［J］.人民教育，2016（3）.

［84］叶澜.教育的魅力，应从创造中去寻找［J］.内蒙古教育，2016（4）.

［85］叶澜.融通"教""育"，深度开发学科的育人价值［J］.今日教育，2016（3）

［86］邓晓芒.教育的艺术原理［J］.湖北大学学报（哲学社会科学版），2003（2）.

［87］赵志业.道德教育回归日常生活世界的张力与路径［J］.内蒙古社会科学，2019（5）.

［88］叶澜.终身教育视界：当代中国社会教育力的聚通与提升［J］.中国教育科学，2013（3）.

［89］管彦波.火塘：西南民族文化的传承场［J］.民族大家庭，1994（4）.

［90］崔新建.文化认同及其根源［J］.北京师范大学学报：哲学社会科学版，2004（4）.

［91］刘薇琳，侯丽萍.关于少数民族社区教育的思考［J］.云南民族大学学报：哲学社会科学版，2004（2）.

［92］程浩萍.倡导"渔"之理念拓展高校贫困生助学新模式［J］.浙江师范大学学报：社会科学版，2010，（2）.

［93］潘光旦.忘本的教育［J］.华年，1933，（43）.

［94］杨东平.试论以人为本的教育价值观［J］.清华大学教育研究，2010（2）.

［95］叶澜."新基础教育"内生力的深度解读［J］.人民教育，2016（Z1）.

［96］程方平.今天的学校和教师应该忙什么？［J］.教育科学研究，2009（8）.

［97］吴康宁.教育究竟是什么——教育与社会关系的再审思［J］.教育研究，2016（8）.

［98］鲁洁.教育：人之自我构建的实践活动［J］.教育研究，1998（9）.

［99］王自贵，郑艳.社会变迁下的高校师德困境及应对策略［J］.重庆广播电视大学学报，2010（1）.

［100］吴国友.师德信仰：高校师德建设的几点思考［J］.高教论坛，2013（4）.

［101］谢晓晖，谢金金.大学师德建设的三维视角：需求理论、学校和教师［J］.沧桑，2013（1）.

［102］朱广兵.师德自我建构的困境与对策［J］.基础教育研究，2013（4）.

［103］马月.中国传统道德文化视野下青少年道德教育的危机与路径［J］.现代教育科学（普教研究），2015（1）.

［104］邓婕，杨淑萍.中小学生公民意识培养的道德教育反思［J］.江苏教育研究2016（Z1）.

［105］杨亚凡.青少年道德教育的现实与超越［J］.中学政治教学参考，2016（1）.

［106］张正江.试论符合人的本性的道德教育［J］.教育理论与实践，2016（4）.

［107］尹伟.竞争性道德教育及其超越［J］.高等教育研究，2015（6）.

［108］石中英.关于中小学开展社会主义核心价值观教育的几点思考［J］.中国教师，2015（1）.

［109］石中英.社会主义核心价值观教育不能是一阵风［J］.人民教育，2015（23）.

［110］张志刚.培育和践行社会主义核心价值观有效路径探析：以中小学为例

［J］.集美大学学报（教育科学版），2014（2）.

［111］张诗亚.华夏民族认同的教育思考［J］.北京大学教育评论，2003（2）.

［112］田夏彪.农村教育与经济发展负效应的成因及消解策略［J］.昆明理工大学学报（社科版），2013（6）.

［113］刘雨.重建乡村文化：培育乡村教育的精神之根［J］.教育科学论坛，2011（7）.

［114］漆永祥.中小学加强传统文化教育的几点建议［J］.语文建设，2014（1）：14.

［115］周晔.城镇化背景下农村教育新探［J］.河北师范大学学报：教育科学版，2013（7）.

［116］孙钰华.高校教师教学能力研究的回顾与反思［J］.中国大学教学，2009（8）.

［117］刘晓颖.高校教师教学能力的培养和提升［J］.中国成人教育，2014（1）.

［118］朱新武.高校教师教学能力提升存在的问题与对策［J］.教育探索，2013（6）.

［119］何静.高校教师教学能力提升的制约因素与解决对策——基于WSR方法论的解读［J］.高等农业教育，2015（6）.

［120］赵静.地方高校青年教师发展体系的构建［J］.教育评论，2014（11）.

［121］毛洪涛.高校教师教学能力提升的机制探索［J］.中国高等教育，2011.

［122］彭书明.构建高校教师教学能力发展体系研究［J］.继续教育研究，2015（8）.

［123］徐微，闫亦农.终身教育视野下的高校教师教学能力培养［J］.教育与职业，2016（3）.

［124］孙钰华.高校教师教学能力研究的回顾与反思［J］.中国大学教育，2009（8）.

［125］余承海，姚本先.论高校教师的教学能力结构及其优化［J］.高等农业教育，2005（12）.

［126］林永柏.浅谈高校教师教学能力的构成及其养成［J］.教育与职业，2008（9）.

［127］李茂科.高校教师教学能力阻滞因素探析［J］.企业家天地，2006（3）.

[128] 李亚文. 高校教师教学能力"高原期"现象新思考 [J]. 辽宁师专学报: 社会科学版, 2001（6）.

[129] 刘凤英, 韩玉启, 糜海燕. 美国高校教师培训与管理的借鉴意义 [J]. 江苏高教, 2007（5）.

[130] 刘肖芹. 国外高校青年教师教学能力培养模式管窥: 以美、英、澳、印为例 [J]. 广州番禺职业技术学院学报, 2011, 10（1）.

[131] 刘益春. 澳大利亚大学教师管理、培训的特点与启示 [J]. 外国教育研究, 2006, 33（1）.

[132] 项亚光. 美国学区新教师的入门培训及启示 [J]. 外国教育研究, 2003, 30（6）.

[133] 姚吉祥, 汪本强. 国外院校提升教师实践教学能力的成功经验及对我国的启示 [J]. 安徽科技学院学报, 2010, 24（5）.

[134] 董文. 国外职教师资队伍建设及借鉴 [J]. 淮南职业技术学院学报, 2002, 2（2）.

[135] 陈幼德. 德国职业教育教师资格及其培养模式的启迪 [J]. 教育发展研究, 2000（2）.

[136] 罗时进. 高校师生关系为何失范 [J]. 社会观察, 2014（12）.

[137] 贺香玉. 构建高校和谐师生关系的策略 [J]. 教育探索, 2008（9）.

[138] 张俭民, 董泽芳. 从冲突到和谐: 高校师生课堂互动关系的重构——基于米德符号互动论的视角 [J]. 现代大学教育, 2014（1）.

[139] 陈中文. 高校师生关系与制度文化探讨 [J]. 学校党建与思想教育, 2012（5）.

[140] 罗时进. 高校师生关系为何失范 [J]. 社会观察, 2014（12）.

[141] 贺香玉. 构建高校和谐师生关系的策略 [J]. 教育探索, 2008（9）.

[142] 张俭民, 董泽芳. 从冲突到和谐: 高校师生课堂互动关系的重构——基于米德165. 符号互动论的视角 [J]. 现代大学教育, 2014（1）.

[143] 陈中文. 高校师生关系与制度文化探讨 [J]. 学校党建与思想教育, 2012（5）.

[144] 河清. 文化个性与文化认同 [J]. 读书, 1999,（9）.

[145] 田夏彪. 大学生审美教育缺失的审视 [J]. 黑龙江高教研究, 2014,（8）.

［146］王艳华，孙黎.文化认同对大学生思想内隐形成的影响及教育对策［J］.思想政治教育研究，2013（2）

［147］姚亮亮，李艳.大学生的文化自觉问题及教育方略［J］.现代教育科学，2013，（2）.

［148］金耀基.重思大学之道［J］.探索与争鸣，2013（9）：84.

［149］郑晓芒.当代人文精神的现状及出路［J］.开放时代，1997（2）.

［150］陆有铨.关于学生人文精神的养育［J］.教育学报，2005（6）.

［151］王丹丹.西方文化思潮影响下的大学生审美教育［J］.当代教育论坛，2007（6）.

［152］张发钦.当代大学生审美娱乐化倾向的文化思考［J］.现代教育科学，2003（6）.

［153］诸小妮.大学生审美教育研究文献综述［J］.文学教育，2010（8）.

［154］马芹芬.蔡元培美育思想对当前高校审美教育的启示［J］.宁波大学学报：教育科学版，2011（6）.

［155］刘邦胜.高校贫困大学生思想道德问题研究［J］.教育与职业，2010，（26）.

［156］吴佳凡.高校贫困思想道德初探［J］.湖北函授大学学报，2011，（7）.

［157］迟凤云.人文关怀视域下高校贫困生思想道德教育［J］.哈尔滨学院学报，2008，（12）.

［158］曹月如.内地少数民族大学生文化认同与心理和谐［J］.湖南师范大学教育科学学报，2010，（3）.

［159］陶知翔，张建中.文化冲突与大学生民族文化认同［J］.江西理工大学学报，2010，（2）.

［160］徐延宇.建立高校教师教学能力提升的有效机制［J］.中国高等教育，2011（3）.

［161］费孝通.反思对话文化［A］.潘乃谷、王铭铭.田野工作与文化自觉［C］.北京：群言出版社，1998.

［162］陈利.基于绩效技术的大学教师教学能力开发研究［D］.南京：南京航空航天大学，2006.

［163］王国维.教育之宗旨何在？［N］.中国教师报，2015-01-21.

［164］资中筠.教育与启蒙［N］.东方早报，2013-08-20.

［165］钱颖一. 均值高方差小——教育与人才培养状况的影响性分析［N］. 北京日报，2016-11-21.

［166］柴葳. 深入推进中小学社会主义核心价值观教育：全国中小学社会主义核心价值观教育经验交流暨德育工作会议召开［N］. 中国教育报，2015-10-12（1）.

［167］邓晖. 站稳讲台，用社会主义核心价值观涵养学生心灵：专家学者谈培育和践行社会主义核心价值观［N］. 光明日报，2015-02-08（3）.

［168］方朝晖. 反思教师失德现象［N］. 东方早报，2013-9-26（A23）.

后　记

　　"全部历史是为了使'人'成为感性意识的对象和使'人作为人'的需要（自然的、感性的）而作准备的发展史"[1]。马克思此论显示，全部历史是自然向人生成的历史，发展着的历史是作为感性的人在对象性意识活动关系中的生成创新，作为"人的人"是"感性意识"的对象化存在，自然经由"感性意识"而成为属人的自然，自然被打上了属人的印记，感性的人的意识在自然对象的改造上来获得其证明。作为感性存在的"人"经由"感性意识"而成为具有社会属性的人，感性的他人和感性的自我在"感性意识"中相互确认而使其存在具有了社会性。因此，历史发展中"意识"不是主体，感性活动的人的主体性才是历史的动因，不是"意识决定生活，而是生活决定意识"[2]，"意识在任何时候都只能是被意识到了的存在，而人们的存在就是他们的现实生活过程"[3]。也就是说，"感性意识"不是纯粹的，它是与人们的现实生活过程交织在一起的，亦即，是在人的感性活动中的意识。它应当被称为"感性意识"[4]。今天，马克思的"感性意识"概念为我们在新时代教育实践提供了重要的反思视域，让教育立足于具体的"人"的现实生活来培养"人"，将学生的全面发展和个性发展辩证统一建立在感性意识的社会存在上，而不是脱离了现实生活背景的抽象知识或纯粹思辨的既定事实上。

　　以全面发展教育来说，让"五育"切实地深入学生的学习生活和身心发

---

［1］　马克思恩格斯全集（第42卷）［M］.北京：人民出版社，1979：128.

［2］　马克思恩格斯全集（第1卷）［M］.北京：人民出版社，1966：30.

［3］　马克思恩格斯全集（第1卷）［M］.北京：人民出版社，1995：75,

［4］　王德峰.论马克思的感性意识概念［J］.云南大学学报（社会科学版），2016（5）：5.

展中，以"感性意识"为视域来反思并将之作为学校教育实践的本源基础是十分重要的。何以言此？直观看来，"五育"融合是对既往的"五育"并举或分立的反思性改革和推进，但"五育"融合仅仅是表面或形式上的变化吗？融合之后是不是意味着"五育"并举或分立就不复存在或自动消除？抑或是在"五育"并举或分立之外又多了融合"五育"的"另一育"？细究起来，这些问题在学校"五育"融合实践中是不明晰的，重要的原因在于长期以来主导教育实践逻辑的是理性或抽象之"知识原则"，人们对学校"五育"融合的理解、反思和实践也明显持有知识论的立场，虽倡导和坚持"育人"要在内容上"多元系统"、形式上"融合互补"的"认知和价值"，但终究还是停留于价值"认同"和"应当"的局面，现实中依然难逃抽象的命运。而反观既在的"五育"并举或分立，纵使其在一定程度上遵循和体现了社会发展要求的事实性教育原则，即学校培养的学生身心素质要与社会发展对人才的需求相一致，学生通过学校提供的分门别类的学科和专业知识、技能的学习、内化、创新来推动社会的变革，但在实践中它还是走了一条知识化或抽象化的道路，学校教育在人才培养上明显存在"滞后"或"脱节"的现象，从而也才有了"五育"融合的迫切诉求。由是观之，如何避免学校教育抽象化的知识论进路是问题的关键，而相应的解决之道在于学校"五育"融合实践要以人的"感性意识"为基础和归向，学校师生关系、课程内容、教学过程、管理评价凸显教育主体的"感性意识"存在方式，注重学生身心发展与社会时代精神的切己性和统一性，现实、具体地而非抽象、虚无地选择、组织、设计、实施全面而个性化的育人实践，摆脱过往"德、智、体、美、劳"构成之"五育"在学校教育中"忽此忽彼"的分离现象和内卷于"抽象知识"的形式虚化局面，而是在"感性意识"的教育教学中开显出生命潜能和意义的无限性。

既然培养人和促进人的发展乃教育的宗旨目的，问道教育之学就不能不将人作为核心来追思和探究。人生天地间，与自然宇宙同为一体。作为人的人是历史的存在，此存在永不停歇地向人显露世界的意义，于是历史似一个没有端点的直线所围拢的"将圆"，"将圆"而"未圆"，"未圆"又"将圆"，过去、现在、未来无限地双向回旋且漫延扩展在不可合口的巨大"将圆"上，它承载着人与自然、人与社会、人与自我的实践关系，经由时间淘洗而形成自然与社会、物质与精神、感性与理性、身体与心灵、语言与言说等种种一体矛盾构成的人文世界。可以说，身处世界中的人创造了历史又被历史创造，而无论是创造历史还是被历史创造，人与世界的本源共生、与时偕行是作为人类及个体发展的深厚土壤，只有在这片土地上展开对象性的感性活动，人们才有持续不断的将世界的本真透显的可能。正是基于这样的进路，本书各篇章节在教育的影响下，主要围绕在世界中的人之存在及发展，让历史的智慧和个体的个性在代际更迭绵延中保持着活力，同时又将人的培养融身于现实的世界中来使诸如知识、技术、理论、概念、逻辑等保有着与大地、生命、生活的亲缘性，以便人的全面个性发展成为一种现实向实践中的教育主体走来。不过，由于人的存在无"本质性"，人与世界的关系唯在历史中方能显露迹象和真义，因而问道教育之学也是无止境的，本真的教育或活的教育须在理论与实践的辩证中不断得到揭示，这就得将对教育的析思触角延伸进本源的教育生活中，从身处在教育文化中的众多当事者教育主体（教师、学生、家长、学校、教育行政管理部门、社会教育服务机构）的切身需求、感受、交往之现实关系来开启、反思、把握、升华、推进教育之改革与发展。

教育之道深广，求学之路不尽。我在教育人生旅途中受到过很多人的教诲，在此要特别感谢张诗亚、王凌、张润发等老师的学业指导，师恩教诲在心难忘。

感谢为本书出版提供经费支持的大理大学、教师教育学院及既是同事又是领导的褚远辉教授、何志魁教授、孙亚娟教授、李荆广教授、杨民教授、张九洲教授等，与之共学共事乐在其中。感谢为本书出版而筹划周细的九州出版社周红斌老师，其慧心干练，着事有道，为人处事之风同然于心。也感谢我的学生王琳、彭淑静、董琳琳为本书作文献注释付出的辛苦。另，念及父母、妻儿，感激、感恩、感动时常涌动心间，情深无价。

本书成书过程仓促，书中如有不当之处，还请读者多多包涵，也欢迎读者对此提出宝贵意见，我在此感激不尽。